AF554041

EL LIBRO DEL DESEO

RABBÍ ABRAHAM ABULAFIA

ספר החשק

Sefer HaJeshek

EL LIBRO DEL DESEO

Si este libro le ha interesado y desea que le mantengamos informado de nuestras publicaciones, escríbanos indicándonos qué temas son de su interés (Astrología, Autoayuda, Ciencias Ocultas, Artes Marciales, Naturismo, Espiritualidad, Tradición...) y gustosamente le complaceremos.

Puede consultar nuestro catálogo en www.edicionesobelisco.com

Colección Cábala y Judaísmo
El libro del deseo
Rabbí Abraham Abulafia

1.ª edición: mayo de 2026

Título original: *Sefer HaJeshek*
ספר החשק

Traducción y corrección: *Juli Peradejordi*
Maquetación: *Isabel Also*

Edita: Ediciones Obelisco, S. L.
Collita, 23-25. Pol. Ind. Molí de la Bastida
08191 Rubí - Barcelona - España
Tel. 93 309 85 25
E-mail: info@edicionesobelisco.com

ISBN: 978-84-1172-385-5
DL B 2684-2026

Impreso en los talleres gráficos de Romanyà/Valls S. A.
Verdaguer, 1 - 08786 Capellades - Barcelona

Printed in Spain

PRÓLOGO DEL EDITOR:

«Por lo tanto, si ves a un hombre que anhela conocer la verdad por amor a la verdad misma, es inevitable que su deseo arda como un fuego interior mientras estudia el libro que anhela, aquel que enciende los corazones de los amantes del Eterno y les concede como recompensa una abundancia luminosa del ser de la sabiduría deseada».

Sefer haJeshek

El *Sefer haJeshek* de Abraham Abulafia fue impreso por primera vez en la ciudad de Breslau en el año 1802, aunque su circulación es anterior y se dio inicialmente en forma manuscrita en los círculos cabalísticos. Nos hallamos, pues, ante una obra que pertenece a una zona de tránsito: entre la transmisión reservada y la edición tipográfica, entre el círculo reducido de iniciados y el lector que, sin pertenecer a una cadena viva de recepción, se acerca al texto impulsado por su curiosidad o tal vez por una sed genuina de conocimiento.

Conviene advertir desde el inicio que este libro no debe confundirse con el *Sefer haJeshek* de Hillel Baal Shem, una voluminosa obra compuesta en Ucrania en 1739, una obra rara y de carácter reservado, asociada a la cábala práctica y al entorno espiritual en el que comenzó a manifestarse la enseñanza del Rabbí Israel ben Eliezer, el Baal Shem Tov, fundador del jasidismo. El *Sefer haJeshek* que aquí presentamos pertenece a otra línea, más antigua, más especulativa, más interiorizada, y claramente vinculada a la tradición abulafiana.

En dos tratados de Abraham Abulafia[1] publicados recientemente ya ofrecimos una semblanza biográfica de su autor. Dado que desde entonces no han salido a la luz nuevos datos relevantes, remitimos al lector a esos trabajos y nos concentraremos aquí exclusivamente en el contenido de esta obra, que, aun siendo incompleta (la tercera parte parece haberse perdido), no deja de ser de un interés excepcional para quien se adentra con rigor en el pensamiento cabalístico.

Jeshek, «deseo», es presentado por Abulafia como una fuente directa de *Binah*, el entendimiento. No se trata de un deseo psicológico ni emocional en sentido ordinario, sino de una potencia cognitiva: el impulso que permite recibir la Verdad y, una vez recibida, asimilarla, digerirla, integrarla en la estructura misma del ser. La Verdad no se contempla desde fuera; se incorpora, como un alimento, por medio de la *Binah*.

La guematria de *Jeshek* es 408, cifra con la que Abulafia juega de manera constante a lo largo de la obra. Este número ocupa un lugar significativo en la literatura cabalística: es la guematria de *Zot* (זות), «ésta», término que los sabios interpretan como una referencia directa a la *Torah*, apoyándose en la expresión *Zot haTorah* que aparece en *Números* (XIX-14). Pero 408 es también la guematria de *Even haSapir* (אבן הספיר), la «Piedra de Zafiro» sobre la que se asienta el Trono en la visión de *Ezequiel* (I-26). El deseo, así entendido, no es carencia: es fundamento, soporte del conocimiento y base de la visión.

La palabra *Jeshek* (חשק), habitualmente traducida como «deseo», «amor» o «apetencia», procede de la raíz *Jashak* (חשק), cuyo significado primario es «juntar», «ligar», «atar». De esta misma raíz deriva *Jeshakah* (חשקה), que designa la pasión en su acepción más carnal. El verdadero amor, nos sugiere el texto, no es el que se disuelve en la emoción, sino el que liga y une. Y aunque la cábala recurre con frecuencia al simbolismo de la unión entre lo masculino y lo femenino,

1. *La luz del intelecto* (*Or haSejel*) y *El libro de la vida en el mundo venidero* (*Sefer Jaie Olam haBa*), ambos publicados en esta misma colección.

aquí la referencia última es más alta: la unión del Santo, bendito sea, con su *Shekinah*, la confluencia del Cielo y la Tierra.

Cabalistas posteriores, como Isaac Luria, formularán este principio con una precisión técnica inequívoca: la intención fundamental del trabajo espiritual es en última instancia la unificación del (o reunificación) IHVH con el nombre *Adonai*. En términos de guematria, esta unión equivale a la suma de 26 y 65, cuyo resultado es 91. Este número corresponde tanto al nombre *haElohim* como a la palabra *Amén*. No se trata de una mera coincidencia numérica, sino de una enseñanza cabalística primordial: la unificación se sella, se confirma, se hace efectiva en el *Amén*.

Abulafia lo expresa con su lenguaje característico cuando afirma que el secreto de la combinación se asemeja al «deseante, al deseado y al deseo». No hay conocimiento sin esta tríada. Conocedor, conocimiento y conocido son lo mismo. Como enseña el ángel Raziel en el libro que lleva su nombre, «el conocimiento verdadero no exalta al hombre, lo vuelve humilde; no lo separa del mundo, lo une a su origen. Y quien ha comprendido esto ya no pregunta, porque sabe que toda respuesta está viva en su interior».

El deseo actúa como un imán que atrae aquello que comparte su misma naturaleza. Sin embargo, el texto no idealiza el deseo, antes al contrario, advierte de su ambigüedad. Un deseo excesivo, violento o desordenado puede convertirse en un obstáculo para su propia realización, esto es algo que sabe cualquier mago. Por ello, los sabios recomiendan entregarlo a Dios, para que sea Él quien lo encauce y lo cumpla sin causar daño ni al deseante ni a sus criaturas. Por esta razón escribía Louis Cattiaux: Añadamos siempre esto después de haber rezado al Señor generoso: «Satisfaz mi deseo, padre todopoderoso, si ello no ha de perjudicarme ni perjudicar a tus hijos». El deseo, incluso cuando es legítimo, no se absolutiza; se entrega, se somete a una medida que lo preserve de volverse contra quien lo alberga. La lengua hebrea conserva esta ambivalencia en otra palabra de la misma raíz, *Teshukah* (תשוקה), que designa el deseo en su vertiente de lujuria. El *Sefer haJeshek* no elude esta tensión, sino que la integra en una comprensión más amplia del deseo como fuerza que debe ser purificada, orientada y vocalizada correctamente. Y no es casual que Abulafia descomponga la raíz חש״ק no sólo como concepto, sino como una combinación de vocalizaciones: *Jirik* (ח), *Shevá* (ש) y *Kamatz* (ק). El deseo, aquí, no es únicamente una idea: es una dinámica sonora, un movimiento interno del lenguaje que, bien articulado, conduce a la unificación; mal pronunciado, a la dispersión.

Este libro exige del lector una disposición interior rigurosa: un deseo que no aspire a poseer la verdad, sino identificarse con ella, unirse a ella. Conocer es un acto de unión, no de apropiación. Sólo entonces el fuego del *Jeshek* cumple su función auténtica, que podríamos llamar «cohesionadora» y se transmuta en luz. Lo que en su estado ordinario se percibe como pecado, figurado por la letra *Jet* (ח) y por el *Jirik*, el punto de descenso y fijación, al ser atravesado y transformado por el fuego de la *Shin* (ש), deja de ser caída para convertirse en tránsito. De esa combustión nace la *Keddushah*, la santidad, simbolizada por la Kof (ק): no como negación del abismo, sino como su integración y elevación. Aquí lo impuro no se reprime; se recalibra y, al hacerlo, se vuelve apto para lo santo.

En la *Torah*, el deseo no es algo unilateral. Cuando el salmista declara: «Mi alma tiene sed de Dios» y «mi alma se apega a Ti» (*Salmos* XLII-3 y LXIII-9), no describe un anhelo sentimental, sino una fuerza de adhesión real: *Devekut* (דבקות). Ese movimiento ascendente del hombre hacia Dios es el primer polo del *Jeshek*. Pero la *Torah* afirma algo aún más radical: «el Eterno se apegó» y «el Eterno deseó» (*Deuteronomio* VII-7 y X-15). Aquí aparece explícitamente la raíz *Jeshek* (חש״ק) aplicada a Dios mismo. No se trata de metáfora pedagógica: el deseo pertenece también a lo Alto.

Abraham Abulafia lee esta reciprocidad como una estructura operativa. El deseo humano que asciende cuando ha sido depurado y encuentra su correspondencia en el deseo divino que desciende. El *Jeshek* auténtico no es carencia ni exceso: es coincidencia de movimientos. Por eso Abulafia puede hablar del «deseante, del deseado y del deseo» como un solo misterio. El hombre no alcanza a Dios por acumulación de méritos, sino por identificación; y Dios no se revela por condescendencia, sino por ligadura.

En este marco, *Jeshek* no se refiere a una emoción, sino al punto exacto donde el deseo humano y el deseo divino se reconocen como de la misma naturaleza. Cuando ambos deseos se alinean, la unión se realiza y el conocimiento deja de ser representación para convertirse en presencia.

El editor

חלק א

PARTE I

המשלש החכמה מגלה סתריה מניע מעגלי אדיר, חשוקים הם וחשק האצילים הביאוני הלום להיות ליועץ,
שמם חקוק בלבי תם ונשלם, בחסד האכילוני פרי עץ, קדושתו משלישית לעולם, נפשי שאלה אל צור חלקה, אם יש לאל פה אז אך נשקתיו:

La sabiduría triple revela sus secretos, moviendo círculos poderosos; son oscuros y deseados por los nobles. Me han traído hasta aquí para ser su consejero. Sus nombres están grabados en mi corazón, completos y perfectos. Con misericordia (בחסד) me alimentaron con el fruto del árbol,[1] cuya santidad es triple para la eternidad. Mi alma pidió a la roca (צור)[2] su parte: si él tuviera boca, lo besaría.

הקדמ מפני (היום) [היות] הדיעות האנושות משונות זה מזה כשנוי צורות פניהם, היה צורך הכרחי לתת להם מהשם יתברך הנותן חומרם וצורתם והחונן להם המדע - מתנות מנהיגות הכלל מתנות מנהיגות הפכו, עד אשר יהיה סדר קבוע נערך במערכה ישרה בכל דור ודור כפי מציאות ברור, והמתן הכללי לתת ערך כללו לפרט אחת, מפני אדם בדמותינו נמצא, והאיש ההוא התכני יפרש על ברורו כפי מה שיראה הזמן האיש ההוא, וזמן לפעמים שהיה מלך ונביא ולפעמים יזדמן שיהיה נביא לבד או מלך לבד, ויתכן שיהיה לא זה ולא זה, אבל יהיה בהם כח מתדמה לזה או לזה לשניהם יחד, מקום לנו על שעבר נתראה:

1. El conocimiento.

2. *Tzur* (צור), literalmente «roca», también se aplica a Dios. Véase Isaías (30, 29).

הקדמ

INTRODUCCIÓN

[Debido a que] (hoy) las opiniones de los hombres difieren unas de otras como difieren las formas de sus rostros, fue preciso que se les otorgara, por parte del nombre bendito que les da su materia y su forma y les concede el conocimiento, dones de liderazgo general. Los dones de liderazgo van cambiando, hasta que haya un orden establecido dispuesto en un sistema recto en cada generación conforme a una realidad esclarecida. La entrega general (המתן הכללי)[1] da valor al conjunto por medio de un individuo, pues el hombre fue hecho (ser) a nuestra imagen. Y este hombre destinado explicará claramente según lo que le parezca conveniente en su tiempo. A veces será rey y profeta, y a veces será sólo profeta o sólo rey, y puede ser que no sea ni lo uno ni lo otro, pero tendrá una fuerza que se asemejará a uno o a ambos a la vez. Así nos ha sido mostrado lo que ha pasado.

1. O entrega completa o total.

היודע אמיתת המציאות יהיה יותר עניו ושפל רוח מזולתו, והעד אמרו על רבן של כל הנביאים ע"ה והאיש משה עניו מאד מכל האדם אשר על פני האדמה (במדבר יב, ג), מכל מקום אם ירצה להשתרר תהיה כעיתו בהשתררותו, הפך מכונת המשתררים משאר העם, כי כל איש זולתו למבקש שררה מפני שימשול על העם כארי ואכול והוא לבדו מבקש שררה, כדי שיקבלו העם ממנו תורה ומצות, ויחפוץ שכל העם ידמו לו בחכמה כמו שנאמר על מי שנתנה התורה והמצוה על ידו, ומי יתן כל עם ה' נביאים כי יתן ה' את רוחו עליהם (במדבר יא, כט), וזה הפך מן (ההמיט) [ההדיוט] המושל, שהנה הוא לא יחפוץ שידמה לו שום אדם מכל העם, והשם יתברך דמה את האדם השלם אל עצמו בזה שגם הוא יחפוץ להשלים את האדם עד שידמה לו, וזה החשק המשותף עם השפע הנשפע מאתו על האדם הביאו להמציאו כלים מביאים את האדם לידי התדבקותו בו בקלות:

El que conoce la verdad de la realidad será más humilde y de espíritu más abatido que su prójimo, y la prueba es lo que se dijo acerca del maestro de todos los profetas, la paz sea con él: *«Y el hombre Moisés era muy humilde, más que cualquier hombre sobre la faz de la Tierra»* (Números 12, 3). No obstante, si quisiera gobernar, será en su tiempo y con su gobernanza, que es lo contrario a la que suele ser la tendencia de los demás gobernantes del pueblo. Porque cualquier hombre que busque gobernar lo hace para dominar al pueblo como un león y devorarlo, mientras que él sólo busca gobernar para que el pueblo reciba de él la Torah y los preceptos, y desea que todo el pueblo se le asemeje en sabiduría, como fue dicho sobre aquel a quien fue otorgada la Torah y los preceptos: *«¡Ojalá todo el pueblo de Dios fuera profeta, y que Dios pusiera su espíritu sobre ellos!»* (Números 11, 29). Y esto es lo contrario del (vulgar) gobernante [ignorante], que no desea que nadie del pueblo se le asemeje. Y el Eterno bendito comparó al hombre completo consigo mismo en esto: que también él desea perfeccionar al hombre hasta que se le asemeje. Y este deseo compartido con la abundancia (שפע) que fluye de él hacia el hombre llevó a proveerle herramientas que conducen al hombre fácilmente a su adhesión a él.

והספר הכתב הנכתב בספר, והוא יורה על (המים) [האמת] הנמצא והנחשב בלב, והמציא הלב והמוח במחשבה ואלה הם המעשים הטובים אשר (ש)החיצונים הוצרכו לו ולזולתו למשלים חפציו החיצונים, והכתב מפני שהפעמים הוצרכו לו לחשב כל מה שיאמר עליו היה והוה ויהיה, כדי להשלים במחשבה ההיא עצמו וזולתו, וכל זה ישלם במתן תורה, הכללים אשר נתן ה' לפרט בני אדם הראויים אצלו יתברך:

El libro, la escritura grabada en el libro, señala hacia [la verdad] (y no las aguas),[2] que se halla y se considera en el corazón. Y el corazón y el cerebro producen el pensamiento; y éstas son las buenas acciones que los elementos exteriores (חיצונים)[3] necesitaban para sí mismos y para otros para completar sus deseos externos. La escritura, porque a veces se necesitaba para calcular todo lo que se dirá sobre lo que fue, es y será, a fin de completar con ese pensamiento a sí mismo y a los demás. Y todo esto se completará en la entrega de la Torah, los principios que Dios dio a cada individuo digno ante él, bendito sea.

ואמנם המתן על הפרט, הוא אשר נקנו משם לכל חי מדבר בפרט, וממנו נשפע ונהיה גם לזולת החי המדבר בעבור החי המדבר וכמותינו לפי המורגש והמושכל, שהדבר הוא כן בלא ספק, והשם חינן לי מעט מדע ברחמיו הרבים יתברך, חפצינו גם אנחנו לו להתדמות לו ולתת ממדעונו זה לנמצא הראוי לקבלו כאשר הביאנו אליו חשק אהבתו בהיות יבוא לחסות בצל כנפי השכינה לקבל שום דבר מחכמה העליונה:

Y, en verdad, el otorgamiento (מתן) al individuo es aquello que fue adquirido de allí arriba por todo ser viviente que habla, en particular,

2. Véase el Talmud, tratado de *Jaguigah* (14b) a propósito de los cuatro que entraron en el Jardín.

3. Se podría traducir también como «los heréticos» o «los sectarios». Son aquellos que consideran únicamente la letra exterior de la Torah e ignoran su espíritu, que es interior.

y de él fluye y llega también a otros seres que no hablan gracias al ser viviente que habla, y semejantes a nosotros según lo que se percibe y se mide, pues así es sin duda. Y el Eterno me ha agraciado con un poco de conocimiento en su abundante misericordia, bendito sea, y nuestro deseo también es asemejarnos a él y dar de nuestro conocimiento a aquel que sea digno de recibirlo, ya que su amoroso deseo nos ha traído hacia él para refugiarnos a la sombra de las alas de la *Shekinah*[4] y recibir algo, aunque sea mínimo, de la sabiduría superior.

ועל כן אני הצעיר נעתיאל בן רזיאל [בגי' אברהם] בן (שלי"י) שלויאל [בגי' שמואל] וכתבתי ספר זה הנקרא ספר החשק לאיש חושק חושקו הוא סעדיה בר יצחק, ועמו בחברתו בחור נמשך אחר דעתו ורצונו יעקב בר אברהם באי אסקליהה במדינת מסיני, הבחור הנחמד והנזכר בבואו לבקש החכמה בחשק נורא חשקה נפשו בו, ולא מצאתי בכל כלי חפץ לתתו לו במתן שאדע שייטב בעיניו יותר מזה הספר, ועל כן קראתיו בשם החושק לאמוץ בו החושק אשר בנינו לכבוד השם יתברך, וכאשר (נאתון) [נאתיו] הוכן זה החפץ הטוב לי, בפרט הזדמן עוד גם כן שיועיל לזולתו כמו שרמזנו בסוד מציאות, כי השפע האלוהי הבא על כפינו בכונה, ברוח רבים לקבל טובי כלי כונת השפע משופע התמידי, וכן זה הספר והדומים לו צריך להיות בם תחלה התחלת כונה מיוחדת והוא למיוחד, ומשם תתפשט הכונה על הרבים:

Y por ello yo, el joven Na'atiel hijo de Raziel [cuyo valor numérico es Abraham],[5] hijo de (Sheluial) Sheluiel [con valor numérico Samuel],[6] he escrito este libro llamado *Libro del Deseo* para el hombre que desea su deseo,[7] que es Saadia hijo de Isaac, y junto a él, en su compañía, un joven atraído tras su entendimiento y voluntad, Jacob hijo de Abra-

4. Presencia divina.

5. Es decir, 248.

6. Es decir, 377.

7. Juego de palabras entre *Joshek* (חושק), «que desea» y *Joshkó* (חושקו), «su deseo».

ham, de los habitantes de Ascalón en la provincia de Masinia. El joven encantador y recordado vino a buscar la sabiduría con un deseo terrible que albergaba en su alma, y no encontré entre todos mis objetos preciados nada que pudiera darle como presente y que supiera que le agradaría más que este libro. Por ello le he dado el nombre de *El Deseante*,[8] para fortalecer en él el deseo que hemos edificado para la gloria del Eterno, bendito sea. Y cuando (*Naaton*) [*Naatin*] fue preparado para mí este buen objeto, ocurrió además que resultaría de provecho para otros, como insinuamos en el secreto de la existencia, pues la abundancia divina que fluye a través de nuestras manos con intención, dirigida al espíritu de muchos para recibir el bien, y hace que los recipientes de la intención sean incesantemente colmados. Así también, este libro y otros semejantes a él deben tener una intención inicial particular, destinada a lo particular, y desde allí la intención se extenderá y abarcará a muchos.

והנה תדע כי כלי המשגל היו מספיקים להמצאת המינים הנולדים מהם, אך בעבור שהן צריכים אל עזר אחר נתן להם העזר הראוי, וכן כלי המחשבה היו מספיקין להשגה, אלא מפני שהם צריכים אל עזר המציא להם ה' העוזרים כולם, וכן האיש השלם היה די לעולם אך לא ימצא בלא עוזרים, ועוד יתהווה ויפסד, ע"כ נתנו לו כל עוזריו והוכנו כוחות אישים באישים להמציאו אחר התהוות האחד העתיד להפסד, כדי שלא יחסר בכל דור ודור איש שלם אחד או רבים, שאם זה היה חסר היה המציאות האנושי לבטלה, ולפיכך נמצאו הצדיקים והחסידים והחכמים והנביאים והדומים להם כדי שישלם העולם, ובהיות האיש שלם - נשלם גם העולם הקטן. ואני כונתי בספרי זה כדי להשלים בו העולם הקטן הנזכר והדומים לו:

8. En el sentido de «el que anhela», «el apasionado».

He aquí que debes saber que los órganos de la procreación eran suficientes para la existencia de las especies que de ellos nacen; pero debido a que necesitan de una ayuda adicional, se les dio la ayuda adecuada. Así también los órganos del pensamiento eran suficientes para alcanzar el conocimiento, pero dado que necesitan ayuda, el Eterno les creó todos los ayudantes. Asimismo, el hombre completo sería suficiente para el mundo, pero éste no existe sin ayudantes, y además nace y perece. Por ello, le fueron dados todos sus ayudantes y se prepararon fuerzas en individuos concretos para hacer surgir otro tras la desaparición de uno, para que no falte en cada generación un hombre completo, o muchos. Pues, si esto no fuera así, la existencia humana sería en vano. Y por eso existen los justos, los piadosos, los sabios, los profetas y los semejantes a ellos, para que el mundo sea perfeccionado. Y cuando el hombre es completo, también se completa el mundo pequeño (העולם הקטן).[9] Y yo he orientado este libro mío con la intención de perfeccionar con él ese mundo pequeño al que me refiero, así como a quienes le son semejantes.

וחלקתיו לשלשה חלקים הנרמזים בחרוזים מפני היות כל כונתי
כדי לדבר בסתרי ה' הקדוש המשולש באותיות המחכים חכמי לב,
והמביא השפע המשכילים בגוף ובנפש ובשכל, ובדמות שמש וירח
וכוכבים:

Y lo he dividido en tres partes insinuadas en rimas,[10] dado que toda mi intención ha sido hablar de los secretos del Santo, bendito sea, triplicado en las letras[11] que instruyen a los sabios de corazón, y que concede abundancia a los esclarecidos (משכילים) en cuerpo, alma e intelecto (שכל), y en la figura del Sol, la Luna y las estrellas.

---

9. Lo que se conoce como «microcosmos». Véase el Discurso 4.º en *Cuzary. Diálogo Filosófico*. Ediciones Obelisco, Barcelona, 2025, pág. 170.

10. En el texto hebreo, se entiende.

11. Es decir, el nombre יהו.

וכל חלק וחלק עוד יכלול ג' חלקים עד היות החלקים הג' והקטנים והפרטיים ט':

Y cada parte incluirá aún tres partes, hasta que las tres partes, pequeñas y particulares, sean nueve en total.

ובחלק הראשון הכללי סמנתי לפני הקדמתו זאת נרמז על חרוזים, ולפני כל הקדמה והקדמה שאקדים בכל אחד מן החלקים הכלליים, אכתוב חמריהם מסומנים בג' שמות כלומר שמי, ושם חבירי, ויהיו מצורפים זה עם זה בדמות החסידים הראשונים, וכולם ישתנו הסימנים בצרופים לבד בדמות שינויי הפכי צורות מעכבות צרוף שם הנכבד שבהם כונתי לרמוז קצת מדרכי צרופיו, והם העדה למה שאני בו, ואולם ידמה סוד הצרוף לחושק ולחשוק ולחשק שהוא השם משולש ומיוחד בדמות השכל המשכיל את המשוכל שהוא דבר אחד בהמצאו בפועל, והוא בהכבדם לי היותי בכוח:

Y en la primera parte general señalé, antes de su introducción, esto que había insinuado en rimas. Asimismo, antes de cada introducción que antecederá a cada una de las partes generales, escribiré sus materias correspondientes con tres nombres: es decir, mi nombre y el nombre de mi compañero, y estarán unidos uno con otro a semejanza de los primeros *jasidim*.[12] En todos los signos, sólo variarán las combinaciones según las formas de las figuras opuestas, que impiden la unión del nombre más honorable entre ellos. Mi intención fue insinuar un poco los modos de sus combinaciones, y ellos son el testimonio de lo que soy. Y, sin embargo, el secreto de la combinación se asemejará al deseante, al deseado y al deseo (לחושק ולחשוק ולחשק),[13] que es el nombre triple y unificado en la figura del intelecto que concibe al concebido, siendo ambos una sola cosa en su existencia en acto, mientras que en mí permanecen en potencia al honrarme.

12. Literalmente «piadosos».

13. Guematria 1338, que es tres veces la guematria de *haEmet* (האמת), «la verdad», 446.

והנה אנחנו שלשתינו הנרמזים בחרוזים והיה במציאות שכלם דבר הצפה בצפת שכלינו מן הכוח אל הפועל:

Y he aquí que nosotros tres, insinuados en las rimas, nos hallamos en la realidad de que todos somos receptáculos de la abundancia en Safed, elevando nuestras mentes de la potencia al acto.

ויהיה נרמז בחושק משולש ומיוחד:

Y esto será insinuado en el deseante, triple y único.

וחשק משולש ומיוחד:

En el deseo, triple y único.

והחושק משולש ומיוחד:

En el deseado, triple y único.

וזה הוא סוד השם בעבורו, שהוא כולל את כולם, והמתין ישמח ויאמין ומודיע לו כבר את קונו יכין אזניו ואותיותיו לכף ורוח יכין:

Y éste es el secreto del Eterno por causa de él, que incluye a todos. Quien espera se alegrará y creerá, y entonces le será revelado su creador. En ese momento dispondrá su oído y sus letras sobre la palma (de la mano), y su espíritu se pondrá en orden.

ואחר שהקדמתי זאת ההקדמה הראשונה לפני החלק הראשון - שר החרוזים, כמו החמדה כונת החלק. ואחר כן הוא על החשק הראשון. ולפני החלקים הקטנים אכתוב ג"כ שני חרוזים לרמוז, ולדורות זה יהיה הכל:

Tras esta primera introducción –el príncipe de los versos, como la joya que revela la intención de esta sección–, la primera parte tratará sobre el primer deseo. Y antes de cada capítulo escribiré también dos versos a modo de insinuación; y para las generaciones, esto será todo.

וזהו השיר האהוב ותכשיר ימירה ותימיר צמונתה ותעשיר:

Éste es el canto amado, que prepara la elevación, intensifica su anhelo y lo enriquece.

לבב דש מגודש ומשולש. באחד קבע השם מיוחד ומשפע בפחד חשוב שם המפורש:

Un corazón renovado, colmado y triple. En uno (באחד)[14] fijó el nombre singular, y de la abundancia, con temor, estableció el nombre explícito (שם המפורש).

14. Guematria 15, como *IH* (יה), la primera parte del Tetragrama.

סימן א
חלק א סימן א
החלק הראשון:

CAPÍTULO 1

Parte I, primer apartado

הסתכל במה שכתוב בספר היצירה (פ"א מ"א) על ענין ג' ספרים ומנה שלשה פעמים ג' (ספרי) [ספרים] הנזכרים שם, ותמצאם עולים שלש מאות אמות, והנם ג' שמות הקדש אשר מהם החכמה נשפעה והבינה מהם נאצלה, וכל מה שתמצא בשום ספר מהספרים מענין ידיעה זה, ראוי שתעיין בה בשכל זך עד שתשוב בעדה מחשבתך שכלית משגת, ויודעת החושק האנושי הבא מאצילות משפע האלהי, להחזיר אליו שפעו להכירו בכלי המחשבה להכיר העינים את האור המורגש בכוח האור המאיר עליהם, שכך נאמר על זה ברמז כתוב כי עמך מקור חיים באורך נראה אור (תהלים לו, י). והדבר המביא לידי המעלה העליונה בקלות הוא אור כפול, שהוא מקור חיים כפול מורה על סוד זהרורית האותיות, אשר בהם יתגלו רזי תורה והם מגלים המסתר, ועל סודם נחלק זה הספר לג' חלקים הנזכרים בו והנה אור מרובע בהם ג'ב', והנה שם חשוק מקור חיים אשר שמו מיוחד שי"ן דל"ת יו"ד כפול, והוא קוד"ש עיר וקדי"ש בסימנו נלכדות כל עשר ספירות בלימה (ספר יצירה פ"א מ"ב) ומי שיאהב האותיו"ת תמצא שהחכמ"ה אש אהבת"ו כפולה בם, ובם חשק"ו כפול:

Observa bien lo que está escrito en el *Sefer Yetzirah* (1, 1) a propósito del asunto de los tres libros,[1] y cuenta tres veces «tres [libros]» mencionados allí, y los encontrarás sumando trescientos codos, y son tres nombres sagrados de los cuales emana la sabiduría y de ellos emana el entendimiento. Y todo lo que halles en algún libro acerca de este conocimiento, debes meditarlo con intelecto puro, hasta que tu pensamiento se torne, por sus propios medios, en tal entendimiento intelectual que alcance y reconozca el deseo humano proveniente de la emanación divina, para devolverle su influjo y para reconocerlo en el instrumento del pensamiento, así como los ojos reconocen la luz sensible mediante la fuerza de la luz que brilla sobre ellos, pues así se insinuó en el versículo: «Porque contigo está la fuente de la vida; en tu luz veremos la luz» (Salmos 36, 10). Lo que lleva fácilmente a la altura suprema es una luz doble, que es un manantial de vida doble que indica el secreto de la luminosidad de las letras, en las cuales se revelan los secretos de la Torah y ellas descubren lo oculto. Por su secreto este libro fue dividido en tres partes mencionadas en él. Y he aquí que una luz cuadrada en ellas es tres veces dos. Y he aquí un nombre deseado, manantial de vida, cuyo nombre singular es *Shin, Dalet, Iod* [doble]. Este nombre es santo y sublime y en él son atrapadas todas las diez sefirot en un solo encadenamiento (ספירות בלימה) (*Sefer Yetzirah* 1, 2). Y quien ame las letras encontrará que la sabiduría y la llama de su amor están duplicadas en ellas, y que en ellas también se encuentra el deseo duplicado.

1. Existen varias versiones de este clásico de la cábala. Ediciones Obelisco ya publicó en el año 1983 la traducción de Joan Mateu Rotger, que se ha ido reimprimiendo hasta la fecha; también apareció en 2013 una traducción parcial con comentarios de Najmánides *(El Libro de la Formación.* Ediciones Obelisco, Barcelona, 2013); y, por último, en junio del año 2025, apareció la muy completa versión del rabino Arieh Kaplan.

והנה היסוד כוללים באמת (ע"ב) [עשר] ספירות אשר הם כל המציאות משביעות זמן י' מושפעות, סוד מעשה מרכבה הכפול כי הרכבת שם בשם הוא הרכבת חכמ"ה ובינ"ה, בדמות הרכבת חמה ולבנה והתהפכות הגלגלים יורה על צורת התהפכות האותיות, ובגלגלים תתחדש החכמה במחשבה השכלית, ותתחייב הבינה לתת דרך למשכיל להבין חדושים רבים, כמו שיתחדשו המתחדשים כלם מסיבת גלגול הגלגלים כולם:

He aquí que el fundamento incluye en verdad las [diez] sefirot,[2] las cuales son toda la existencia influenciada por diez tiempos, el secreto de la Obra del Carro (מרכבה מעשה) duplicada, pues la combinación de un nombre con otro nombre es la combinación de sabiduría y entendimiento, del mismo modo que la conjunción del Sol y la Luna y la rotación de los astros indica la forma de la rotación de las letras. En los astros se renueva la sabiduría en el pensamiento intelectual, y el entendimiento está obligado a abrir el camino al sabio para que comprenda muchas innovaciones (חדושים),[3] como se renuevan todos los cambios a causa de la rotación de todos los astros.

והנה התחברו פרטי כל החכמות על האותיות, ובהם נכללו המשפטים הפרטים תורת כלולים בעצמם, והסוד שהם ד' רוחנים כפולים דבר בדבר מוכפל כמפעליו, כתוב ג' פעמים חלק ותמצא חצי האותיות כפלם ותמצאם כלם, וכל חלק כללים בו כי כלל החכמה, הוא חלק הו"א, וכן כלי החכמה חלק ובכל חלק כלל והנה כל חלק כלול בכל בכפל"ו, וסודו בקו"ל גם בעיון השם כוחת האוזן והעין ובנה חלקו, והנה השם הנכבד הם ער"ב בק"ר ורמזם מק"ל שק"ד, והם מדת יו"ם ומדת לילה שסודם שלשה ספרים המורים על החכמ"ה, ועל הבינה, ועל הדעת:

2. En algunas versiones 72.

3. Suele referirse a interpretaciones nuevas y originales de la Torah.

He aquí que los detalles de todas las sabidurías se han unido a las letras, incluyendo en ellas los juicios particulares, como una Torah de principios integrados en sí mismos. Y el secreto es que son cuatro fuerzas espirituales duplicadas, cosa por cosa, replicadas como sus propias obras. Está escrito tres veces «parte» (חלק), y hallarás que la mitad de las letras aparecen duplicadas; las encontrarás todas. En cada parte hay inclusiones, porque el total de la sabiduría es la parte de *Vav-He*, y de igual modo el instrumento de la sabiduría es parte, y en cada parte hay un todo. Y he aquí que cada parte está incluida en cada una en su duplicación, y su secreto se encuentra en *Kol* (בקו"ל),[4] también en la contemplación del nombre, en la fuerza del oído y del ojo, que construye su propia parte. Y he aquí que el nombre honorable es *Ayin-Resh-Beth*[5] y *Beth-Kof-Resh*,[6] y su insinuación es *Mem-Kof-Lamed*[7] y *Shin-Kof-Dalet*,[8] y ellas son la medida del día y la medida de la noche, cuyo secreto son los tres libros que indican la sabiduría, el entendimiento y el conocimiento.

4. La guematria de *Jelek* (חלק) «parte» es 138, que también es la guematria de *Bekol* (בק"ל), «en Kol».

5. *Erev* (ערב), «tarde».

6. *Boker* (בקר), «mañana».

7. *Makal* (מקל) «vara».

8. *Shaked* (שקד), «almendro»; la suma de las guematrias de *Erev* (ערב), «tarde» y *Boker* (בקר), «mañana» es 574 o sea la misma que la de la suma de *Makal* (מקל) «vara» y *Shaked* (שקד), «almendro».

וסוד הכפו"ל הוא סוד הכלל ורמזו קה"ל ומפני שתבין כונתי בקולו"ת אמסור לך קבלות ידועות מהם שקבלתים מחכמי הדור פה אל פה ומהם שקבלתים מהספרים הנקראים ספרי הקבלה אשר חברום החכמים הקדמונים המקובלים ז"ל בעניינים הנפלאים אשר נזכיר בע"ה, ומהם שנתגלו לי מה' יתברך ובאו אלי מה' יתברך בדמות בת קול והם קבלות עליונות. ולפי שכונתי להוסיף לך חשק על חשק באלו הדרכים המפלאים, אכתוב לך מהן מה שאירע שאין שם חושק מחושק האמת ראוי להיותו ריקם מהם, ואחל בשם הראשון המביא לידי החשק אשר הוא יתעלה שהכל נשען עליו שהיא כעמוד האמצעי עובר מצד אל צד פנים ואחור, וראוי לקרוא שמו יתעלה יתברך כפול וגם ראוי לקרא עמוד עונה לכאן:

Y el secreto de la duplicación es el secreto de la totalidad (הכלל), al que aludió *Kohelet* (קה"ל). Y para que entiendas mi intención en estas voces, te transmitiré tradiciones conocidas: algunas de ellas las recibí de los sabios de cada generación, de boca en boca, y algunas las recibí de los libros de la cábala, que compusieron los antiguos sabios cabalistas, de bendita memoria, sobre los asuntos maravillosos que mencionaremos con la ayuda de Dios. Y algunas de ellas se me revelaron directamente de Dios, bendito sea, y me llegaron de él en la forma de *Bat Kol* (eco celestial), y éstas son recepciones superiores. Y puesto que mi intención es añadirte deseo sobre deseo por estos caminos maravillosos,[9] escribiré para ti algunas de las cosas que acontecieron, pues no hay verdadero deseante que sea digno de estar vacío de ellas. Y comenzaré con el primer nombre que conduce al deseo, el cual es él, el Exaltado (הוא יתעלה), pues todo se apoya en él; y es como la columna central (עמוד האמצעי)[10] que atraviesa de un lado al otro, hacia el frente y hacia atrás. Y es justo llamarlo «doble», bendito y exaltado sea su nombre; y también es justo llamarlo «*la columna que responde aquí*».

9. La guematria de *Peliot* (פליאות), «maravillosos», es 527 como la de *Hu Italeh* (הוא יתעלה), «el exaltado».

10. Representa el equilibrio perfecto en el *Árbol de la Vida:* conecta *Keter* con *Maljut* pasando por *Tiferet,* el corazón del árbol.

והנה השם הנקרא שם הן ע"ב, הנכתב במכתב שליש מן ג' פסוקים
בו כל כ"ב אותיות חוץ מג' שאין בו, כלומר שזה השלש הוא עצמותו
ואינו מקרה נוסף עליו, ולא משותף אליו:

He aquí el nombre llamado *Hen* de 72,[11] escrito en escritura tripartita a partir de tres versículos, en los cuales están todas las veintidós letras, excepto tres que no aparecen en él,[12] es decir, que estas tres son su esencia y no un accidente añadido ni algo compartido con él.

והנה תדע כי הוא מצורף בצרופים רבים ידועים, ויש לו בג' מערכות
נפלאות, כמו שיש מערכת לגלגלים, ולשני המאורות ולכוכבים
ולמזלות, והם מדרכים הנקראים בקבלה סוד העיבור, ויש להם
התחלות
ידועות ומערכות נמשכות כסדר ויש להם גלגולים רבים, והנה לך
סוד מערכת השם הנכבד והנורא כאשר קבלוהו:

He aquí que debes saber quc él está combinado en muchas combinaciones conocidas, y posee tres sistemas maravillosos, como existe un sistema para los astros, para las dos luminarias, para las estrellas y los signos zodiacales. Éstos son caminos denominados en la cábala como el secreto del *Ibur,*[13] y ellos tienen comienzos conocidos y ordenados en sistemas que se extienden en orden y que tienen múltiples rotaciones. He aquí para ti el secreto del sistema del nombre sublime y temible (השם הנכבד והנורא), tal como lo han recibido.[14]

---

11. *Hen* (הן), «gracia», se asocia con la sefirah de *Hessed,* cuya guematria es 72. Se está aludiendo aquí al *Shem HaMeforash* de 72 nombres, obtenido a partir de tres versículos del *Éxodo* (14, 19-21).
12. Las letras *Guimel, Tet* y *Tzadi.*
13. *Ibur* (עיבור), «embarazo», escrito aquí con *Iod.* El Talmud no especifica cuántos días dura el embarazo, sin embargo, la *Halajah* habla de 280, cifra que se acerca sorprendentemente a 286, la guematria de *Ibur* (עיבור), «embarazo».
14. Los sabios cabalistas.

סוד חלק א' קטן, סימנו א':

Secreto del primer apartado

מזוג מזג ותם מים ביין. וגלגל סוד שמאל מיש לאין. שאל ימין בשם מאיר לקין. ותראה אור אמת עין בעין:

Haz una mezcla y completa agua con vino[15] y haz girar el secreto de la izquierda de algo hacia la nada, pregunta a la derecha en el nombre que ilumina a Caín. Y verás la luz de la verdad ojo a ojo.[16]

זה החלק הקטן הוא ראשון לכל הקטנים. כתוב זה השער תחילה כשורה זה, משולש כצורה זו שהיא צורתו הראשונה ותבין ממנו סודות אלהיות וזה הוא:

Este apartado es el primero de todos los apartados. Este umbral está escrito al principio como esta línea, triangular en esta forma, que es su forma original, y de él comprenderás los secretos de la divinidad. Y esto es:

וי"ס עמ"ל אכ"ה. אח"ר יה"מ וי"ס: אל"ה ימ"ה הל"כ. עע"מ וד"ה ענ"ן: לפ"נ ימ"ח נה"י. מפ"נ יה"ם וי"ע: שר"א לו"י לכ"מ. מד"ם אח"ר יה"ם: וי"ב אב"י נמ"ח. נו"ה חש"כ וי"א: נה"מ צר"י מו"ב. רא"ת הל"י לה"ו: ינ"מ חנ"ה יש"ר. לא"ק רב"ז הא"ל: אל"ו יה"י הע"נ. זה"כ לה"ל יל"ה: וי"ט מש"ה את"י. ימ"ע זה"כ לה"ל: דו"ע לה"י מו"י. יל"ה וי"ש מא"ת: ול"כ יה"ו הא"ת. הי"מ לח"ר בה"ו: הי"מ בר"ו חק"ד. יב"ק עו"ה מי"ם:

15. Combina la misericordia con el rigor.

16. Es decir, al descubierto, sin velos.

Vajis Samej, Ayin Mem Lamed, Alef Kaf He. Alef Jet Resh, Iod He Mem, Vayis Samej;

Alef Lamed He, Iod Mem He, He Lamed Kaf. Ayin Ayin Mem, Vav Dalet He, Ayin Nun Nun;

Lamed Peh Nun, Iod Mem Jet, Nun He Iod. Mem Peh Nun, Iod He Mem, VaIod Ayin

Shin Resh Alef, Lamed Vav Iod, Lamed Kaf Mem. Mem Dalet Mem, Alef Jet Resh, Iod He Mem;

VaIod Bet, Alef Bet Iod, Nun Mem Jet. Nun Vav He, Jet Shin Kaf, VaIod Alef

Nun He Mem, Tzadi Resh Iod, Mem Vav Bet. Resh Alef Tav, He Lamed Iod, Lamed He Vav;

Iod Nun Mem, Jet Nun He, Iod Shin Resh. Lamed Alef Kaf, Resh Bet Zayin, He Alef Lamed;

Alef Lamed Vav, Iod He Iod, He Ayin Nun. Zayin He Kaf, Lamed He Lamed, Iod Lamed He;

VaIod Tet, Mem Shin He, Alef Tav Iod. Iod Mem Ayin, Zayin He Kaf, Lamed He Lamed;

Dalet Vav Ayin, Lamed He Iod, Mem Vav Iod. Iod Lamed He, VaIod Shin, Mem Alef Tav;

Vav Lamed Kaf, Iod He Vav, He Alef Tav. He Iod Mem, Lamed Jet Resh, Bet He Vav

He Iod Mem, Bet Resh Vav, Jet Kof Dalet. Iod Bet Kof, Ayin Vav He, Mem Iod Mem

הנה נשלמה זה הדרך הראשונה של השם במערכתו, הישרה והיא המערכה הראשונה המקובלת, וממנה המערכה השניית ומן השניית השלישית, עד הפוך כל מערכותיו המשולשות, היוצאות זה מזה כל ג' כמו שתאמר שהתחיל וי"ס עמ"ל אכ"ה אל"ה, וכולם תוליכם כן עד הסוף קבלנו בדרכיו כי אם שלש צורות נערכות השמים הן אלו הנזכרות שהן ראשיות במערכות השלש ולמערכות הרבוע, וסודם בראשית שלש"ה, ארבעה שלשה בדמות שלשה (ספר יצירה פ"ד מ"א) ב'ג'ד' כ'פ'ר'ת':

He aquí que se completó este primer camino del nombre en su sistema, el recto, y es el primer sistema recibido; de él proviene el segundo sistema, y del segundo el tercero, hasta invertir todos sus sistemas triplicados, que salen uno del otro en grupos de tres, como se indicó en el comienzo de «diez sefirot *Amal Akeh Elah*», y así los conducirás todos hasta el final. Recibimos en sus caminos que sólo tres formas ordenan los cielos: éstas son mencionadas y son las principales en los tres sistemas y en el sistema cuádruple, y su secreto es *Bereshit,* tres de cuatro, cuatro de tres, a semejanza de tres (*Sefer Yetzirá* 4, 1) *BeGaDKePRaT.*[17]

והנה סודו בשני ראשים בראשי שנים בראש שמיני, שסודו של ראשית מלאכת המעשה אשר התגלגל הדבר מז' לז', ובא יום שמיני כדמות יום ראשון והוא שמיני והוא אחד, ובגלגול עוד בא יום ט"ו ביום אחד שוה לראשון ולשמיני, וסימן של [אלו] שהם אהי"ה, ועוד בא יום כדמות ראשון אי"ה וי"ה, והנם כ"ב ומורכבים כ"ב בכ"ב וסודם כי"ם, ובזה הצורה מתגלגלים כל הראשים בסימני כל שבוע עד תשלום השבועות:

He aquí su secreto en dos cabezas, en los comienzos de los años, al principio del octavo, cuyo secreto es el principio de la obra de la Creación, en que el asunto se transforma de siete en siete, y vino el octavo día como semejanza del primer día, y es octavo y es uno. Y en otro ciclo vino el día quince, que equivale al primero y al octavo, y su signo es que éstos son *Ehieh* (אהיה). Y, además, vino un día semejante al primero, *Ehieh* y *Iah* (אי ויה), y son veintidós y están compuestos de veintidós en veintidós, y su secreto es *Iam.* Y de esta forma van rotando todas las cabezas en las señales de cada semana hasta la conclusión de las semanas.

---

17. בגד כפת (*Begad Kefat*) es el nombre tradicional de un grupo específico de seis letras hebreas: ב ג ד כ פ ת (*Beth, Guimel, Dalet, Kaf, Pe, Tav*). Estas letras tienen una particularidad fonética: su pronunciación cambia dependiendo de si llevan o no un *dagesh* (punto diacrítico dentro de la letra).

ואמנם סימני עשרה סופיהם הם ז' י"ד כ"א כ"ח ורמזם ובחרת בחיי"ם, חשוב עוד כאלו הם ז' ימי בראשית הם א'ב'ג'ד'ה'ו'ז' ורבעם אחר שתמנה מספרם הכללי שהוא הנקי פשוט ותמצא הפשוט בכללו כ"ח, והוא בכלל כל ימי השבועות, הארבעה [שבועות] הנקראים חדש, שהם כ"ח ימים והוא כלל, ועוד רבעם ויעלה רבועם קמ"ח, ברם עד כ"ח תמצאם קס"ח והוא המספר הכולל כל שעות השבוע, וסודם זי"ן יו"ם ה"ם זמני"ם היו, ועוד עקבם ועגלם בדרך זה יעלו כולם תשפ"ד עם קי"ב ועם כו"ח יעלו תתקנ"ע, וסוד שביעותם בקבלה קלה אחבק ביו"ם ובליל"ה באופן:

Y, en verdad, los signos de los diez, sus finales son 7, 14, 21, 28, y aluden a «y elegirás la vida».[18] Considera, además, como si fueran los siete días de la Creación: *Alef, Beth, Guimel, Dalet, He, Vav, Zain,* y su número total general, que es limpio y simple, y encontrarás el total como 28,[19] que es en total todos los días de las semanas, las cuatro semanas llamadas mes, que son 28 días en total. [20] Y si los multiplicas, su cuadrado será 148. Pero hasta 28 los encontrarás 168,[21] y es el número total de todas las horas de la semana, y su secreto es *Zain Iom Hem Zemanim Haiu* (וסודם זי"ן יו"ם ה"ם זמני"ם היו).[22] Y, además, si los sigues y los redondeas de este modo, subirán todos a 784, con 112 y con 28 ascenderán a 959, y el secreto de sus semanas en la recepción es *Kalah Ajbak BeIom UveLaila* (קלה אחבק ביו"ם ובליל"ה) de este modo.

---

18. Véase Deuteronomio 30, 19. La guematria de *beJaim* (בחיי"ם), «la vida», es 70, esto es, la suma de 7, 14, 21 y 28.
19. La suma de los valores *Alef* (1), *Beth* (2), *Guimel* (3), *Dalet* (4), *He* (5), *Vav* (6) y *Zain* (7) es 28.
20. Es decir, 4 semanas de 7 días.
21. 24 horas multiplicado por 7 días nos da 168.
22. Guematria 452.

ודע שקבלנו בשם הזה [של ע"ב] מערכה שלישית והיא מערכת העיגול, ועיין בטוב בם, ואם תמצא שום טעות סופר או שגיאה בם תקנם אחר רוב עיון, כי הסופרים מוסיפין וגורעין ואין טעות נמצא עם רוב עיון:

Y debes saber que hemos recibido en este nombre [de 72] un tercer sistema, que es el sistema del círculo. Examínalos bien y, si encuentras algún error de escriba o equivocación en ellos, corrígelo tras mucha reflexión, porque los escribas añaden y omiten, y no se halla el error sino con abundante reflexión.

אמנם (אי) [זה] הדרך המעוגלת להצורות רבות ולצורה תולדתה חכמה, אך יש דרך למי שצורה להזכיר זה השם הנכבד שיזכירוהו בקדושה ובטהרה והוא שיזכירוהו,

Sin embargo, este camino circular lleva a muchas formas, y de la forma nace la sabiduría (חכמה). Pero hay un camino para quien tiene forma de invocar este nombre sublime, que lo invoque con santidad y pureza, y que lo invoque.

וה"ו יל"י סי"ט מה"ש לל"ה אכ"א: על"ם הז"י אל"ד כה"ת יז"ל מב"ה:
לא"ו הה"ע לא"ו הר"י הק"ם נל"ך: כל"י לו"ו פה"ל יי"י מל"ה חה"ו:
נת"ה הא"א יר"ת רי"י או"מ לכ"ב: שא"ה יח"ו לה"ח וש"ר אנ"י הע"מ:
כו"ק מנ"ד הה"ה רה"ע יי"ז סא"ל: מי"כ וו"ל יל"ה ער"י עש"ל מי"ה:
וה"ו דנ"י הח"ש נג"א ני"ת מב"ה: עמ"מ נמ"מ יי"ל פו"י ומ"ב יה"ה:
הר"ח מצ"ר דמ"ב ענ"ו מח"י רא"ה: מנ"ק אי"ע חב"ו יב"מ הי"י מו"מ:

Vehu Iali Sit Mahash Laleh Aka;
Alam Hazi Elda Kehat Yezal Meva;
Lau Hea Lau Hari Hakem Nelej;
Keli Lavu Pel Yiy Maleh Hahu;
Netah Haa Yirat Rii Om Lekav;

Shahe Yahu Leh Shear Ani Haam;
Kuk Menah Hehe Rea Yiz Saal;
Miku Vul Yelah Ari Asal Mih;
Vehu Dani Hahash Nega Nit Meva;
Amam Nemem Yil Pui Umev Yehe;
Harah Metzar Demev Anu Mehai Rea;
Menak Eia Havu Yevam Hii Mum.

ויכוין לכל אות שמזכיר לומר לפניה דברים שהם עיקר השם והם שלושה שכוללים כל שם ושם ואלה הם שלשתם, ראש, תוך, סוף. ויאמר ראש הראש באימה וברעדה, משותפות עם שמחה שכלית, או ראש התוך או ראש הסוף לפי מציאות האות, או יאמר תוך הראש תוך התוך תוך הסוף, או יאמר [סוף הראש] סוף התוך סוף הסוף ולא יפרד מגלגול שלשה דברים אלו המורים על ג' הפסוקים המדברים, שסודם סת"ר א"ש כופ"ו:

Debe tener la intención, para cada letra que invoque, pronunciando antes de ella palabras que son la esencia del Eterno, y son tres, que abarcan cada nombre: cabeza (*Rosh*), interior (*Toj*), final (*Sof*).[23] Y debe decir «cabeza de la cabeza» con temor y temblor, acompañado de alegría intelectual, o «cabeza del interior», o «cabeza del final», según la posición de la letra. O puede decir «interior de la cabeza», «interior del interior», o «interior del final». O puede decir «final de la cabeza», «final del interior» o «final del final»; y no debe apartarse de este ciclo de tres cosas que aluden a los tres versículos que hablan, cuyo secreto es *Satar Esh Kufo*.[24]

23. Correspondientes a principio, medio y final, así como a las tres letras madres, *Alef, Mem* y *Shin*. Véase *Sefer Yetzirah* 1, 2.

24. Literalmente, «secreto del fuego de su poder».

והנה אש כופו עוד בלשון יון מדע, גם בלשון לעז כופו הוא אש בעצמו, ומספרם כ"ף זכו"ת וכ"ף חוב"ה בעלי צורה ובכללם תכשף או"ר ס"ו, כלומר אור גנו"ז, שש כנפים (יחזקאל א, ו) ארבע ארבע כנפים שש, והכל בע"ב כלומר בגלגו"ל, בחסד ועליך שתדע שאלה הג' הדברים המתגללים עם כל שם ושם מן ע"ב שמות, שהם מושפעות להשפיע עליו שפע חכמה, שהוא ש"ר פר"י המחשבה, ושפע בינה שהוא פרי חכמה, ומחשבה ודעת שהוא פרי בינה וחכמה:

He aquí que *Esh Kufo*[25] en lengua griega es «conocimiento», y también en lengua extranjera *Kuofo* es «fuego» en sí mismo, y su número es *Kaf Zejut y Kaf Jobá*,[26] poseedores de forma, y en su totalidad *Tajashef Or* 66,[27] es decir, luz oculta (גנוז).[28] Seis alas (Ezequiel 1, 6), cuatro alas cada una, seis en total, y todo en 72, es decir, en su rotación (בגלגול), en misericordia (בחסד).[29] Y debes saber que estos tres asuntos que giran con cada nombre de los 72 nombres son influencias (שפעות) destinadas a otorgarle abundancia (שפע) de sabiduría, que es el fruto puro del pensamiento, y la emanación de entendimiento, que es el fruto de la sabiduría, y el pensamiento y conocimiento, que son el fruto del entendimiento y la sabiduría (בינה וחכמה).[30]

25. *Ion* (יון), guematria 66.
26. Literalmente, «*Kaf* de mérito» y «*Kaf* de deuda». *Kaf*, que se refiere a la palma de la mano, remite también al platillo de una balanza. Abulafia está aludiendo aquí al *Sefer Yetzirah* (2, 1), que habla del platillo del mérito y el platillo del pecado.
27. *Tajashef* significa «encantamiento» y *Or* significa «luz».
28. La guematria de *Ganuz* (גנוז), «oculta» o «reservada», es 66.
29. La guematria de *beHessed* (בחסד) es la misma que la de *beGuilgul* (בגלגול), 74.
30. Guematria 146, es decir, el doble de 73, la guematria de *Jojmah* (חכמה).

כל אלה הדברים נשפעים מן השכל הפועל המודיע לאדם אמתת מהות עצמו באמצעית צרוף האותיות, והזכרת השמות בלא ספק עד שישוב האדם במדרגת השכל להיותו דבק בו בחיי העולם הזה כפי כוחו, ובחיי העולם הבא כפי השגתו, ועל זה אני מעוררך אל צורת ההזכרה, ואל חכמתה עד שלא תחסר ממך כוחה בע"ה, ושים לבך להבין ולהבחין כל מה ביארנו אליך בעניין:

Todas estas cosas fluyen del intelecto agente (שכל הפועל), el que comunica al hombre la verdad de la esencia de sí mismo por medio de la combinación (*tzeruf*) de las letras, y la invocación de los nombres sin lugar a duda, hasta que el hombre retorne al nivel del intelecto, adhiriéndose a él en la vida de este mundo según su capacidad, y en la vida del mundo venidero según su comprensión. Y por esto te incito hacia la forma de la invocación y hacia su sabiduría, para que no te falte su fuerza con la ayuda de Dios. Y presta atención para entender y discernir todo lo que te hemos explicado al respecto.

הנה כל עת אשר תרצה להזכיר שם משמות הקדש או שם בן ד' עם כל נקודיו או שם בן י"ב שהוא משולש המרובע, כלומר שהם ג' פעמים שם בן ד', או שם בן י"ב שהוא עוד י"ב שמות שלמים ומצורפים וגם יקרא משולש ומרובע, או שם בן מ"ב שהוא משולש י"ד והוא מתגלגל על סוד י"ג שהוא ז"ו, או שם בן ע"ב הנזכר היוצא מן כ"ו על דרך התוספת, כמו שאודיעך כל אלה הדרכים לפנים בעזרת ה':

He aquí, cada vez que desees invocar un nombre de los nombres sagrados, ya sea el nombre de cuatro letras con todas sus vocalizaciones; o el nombre de doce letras, que es el «triple del cuadrado», es decir, tres veces el nombre de cuatro letras; o el nombre de doce letras, que es otros doce nombres completos y combinados, y que también es llamado «triplicado y cuadrado»; o el nombre de cuarenta y dos letras, que es «triplicado de catorce» y que gira en torno al secreto del trece, que es seis y siete (*Zayin Vav*); o el nombre de setenta y dos letras ya mencionado, que procede de veintiséis[31] por vía de la adición, en todos los casos, te enseñaré todos estos caminos más adelante, con la ayuda de Dios.

אתה צריך להכין עצמך מהכנה הראויה לזה החכמה הנבואית האלוקית והיא זו הקדמה. כידוע שהאדם בטבעו אוהב בעניני העולם הזה הרבה בחושק אמיץ, מפני שעליהם נתגדל, ובם רואה המעלות הרבות האנושיות זו על זה, וטבע חשקו מבקש ממנו שישתדל להשיגם בכל יכלתו, ויטרח יום ולילה עליהם, אלי ישיג מהם מעט או רב, כמו שרואה שהשיג מהם זולתו שהוא בעיניו פחות ממנו או מעולה ממנו, שכל אדם משער עצמו אל זולתו:

Debes prepararte con la preparación adecuada para esta sabiduría profética y divina, y ésta es la introducción: como es sabido, el hombre por su naturaleza ama mucho las cosas de este mundo con un deseo poderoso, porque en ellas ha crecido y en ellas ve los muchos grados de excelencia humanos, unos sobre otros. Y la naturaleza de su deseo le exige que se esfuerce en alcanzarlos con toda su capacidad, y trabajará día y noche por ellos, hasta que logre de ellos, poco o mucho, tal como ve que otro los ha alcanzado, sea éste a sus ojos inferior o superior, pues todo hombre se mide a sí mismo en relación con los demás.

והנה השיעור משולש בחלקיו הקצוות, והם מי שהוא למעלה מן המשער בקצה האחד מן המעלה בדבר מן הדברים, ומי שהוא בקצה האחרון של הפחיתות בדבר ההוא בעצמו, כלומר בימינו, ומי שאמר שהוא תוך הקצוות בשוי, מכריע בנתים אצלו והוא אשר הוא כמוהו בענין ההוא, ואין ספק שאין בטבע תאות בני אדם להיותם חושקים דבר שהוא אצלם פחיתו, אצל מה שהם כן אם אין כדבר ההוא הנכתב תועלת רב או מעט או הנאה רבה או מעוטה, כי התאוה יש לה שמות הרבה וכולם מורים ענין, כגון רצון וכונה ובחירה ואהבה וחושק וכיוצא בהן:

31. Guematria del Tetragrama.

He aquí que la medida está dividida en tres partes en sus extremos, y éstos son: en un extremo, quien se sitúa por encima de lo medido, es decir, quien se halla en lo más alto respecto a cierta cosa; en el extremo opuesto, quien se encuentra en lo más bajo en relación con esa misma cosa, es decir, a su derecha; y quien afirma estar en medio de los extremos, en equilibrio entre ambos, según su percepción, y que, en cuanto a ese asunto, es como él. No cabe duda de que no está en la naturaleza del deseo humano apetecer algo que se le presenta como vil o despreciable, a menos que dicho objeto proporcione, como se ha dicho, un gran o pequeño beneficio, o un gran o pequeño placer. Pues el deseo (התאוה) tiene muchos nombres, y todos ellos expresan un mismo sentido: voluntad, intención, elección, amor, anhelo, y otros similares.

וכל אלה הכללים בשם החושק שהוא כתר עליון לכולם, שאלמלא ההשתוקקות הרב שהוא החושק והוא הקצה האחרון של התאוה, והקצה הראשון לההוא החיצון והשאר כולם אמצעיים, בין הרוב והמיעוט, הנה לא היה האדם (התעורר) [מתעורר] במחשבתו להתנועע כדי להשיג השגה מההשגות גופניות או רוחניות, ואם כן זה מופת שהמניע הראשון הקרוב למחשבה והמעורר תנועתה לבקש המבוקש הוא הרצון והמחשבה שניהם דבר אחד, כי לא יפרד זה מזה ולא ימצא זה בלא זה, אלא שאנו יודעין שהרצון מתעלה בכל מעלותיו, עד שהגיעו אל מעלת החושק שהוא תכליתו, וגם לחושק בעצמו מדרגות אין קץ, הנה הוא כצורה למעלות המחשבה מראשיתה שהוא החשבון ועד תכליתה, שהוא השכל והמשכיל והמשוכל כאשר הוא המושג הנחשב עד היות המחשבה המחשבת המציירת ציור האותיות, המצוירות המושכלות הנחשבות מחשבות שכליות מלאה אותיות, שהם הצורות האמתיות, מצוירות בצלם ודמות כמלאכי השרת שכל אות מראה ממראות הנבואה וכן כולם זהרורית זכה:

Todas estas reglas se agrupan bajo el nombre del deseo (*Joshek*), que es la corona suprema de todas ellas. Pues si no fuera por la intensa ansia, que es el *deseo* (*Joshek*), y que es el último extremo del anhelo y el primer extremo de lo exterior, y todo lo demás son intermediarios entre la mayoría y la minoría, entonces el hombre no se despertaría en su pensamiento a moverse para alcanzar una comprensión, ya sea de las percepciones corporales o espirituales. Por lo tanto, esto es prueba de que el primer motor cercano al pensamiento y el que despierta su movimiento para buscar lo buscado es la voluntad y el pensamiento, que son una sola cosa, pues no se separan uno del otro ni se encuentra uno sin el otro. Sólo que sabemos que la voluntad (הרצון) se eleva en todos sus grados hasta que llega al grado del deseo (*Joshek*), que es su culminación, y también el deseo mismo tiene grados sin fin. De este modo se presentan los grados del pensamiento desde su comienzo, que es el cálculo, hasta su culminación, que es el intelecto, el pensador y lo pensado, siendo lo pensado considerado hasta que el pensamiento actante forma la imagen de las letras, las letras comprendidas y consideradas pensamientos intelectuales llenos de letras, que son las formas verdaderas, formadas a imagen y semejanza de los ángeles servidores, donde cada letra muestra una de las visiones proféticas. Y así todas ellas: resplandores puros.

ואם כן הנה האותיות משכן נושא המחשבות שהן הספירות והחשבונות וכל המדות והשיעורים, ובהתגבר הרצון עד שובו חשק, תכיר הנפש החושקת המחשבת את הדבר החשוק שהיא המושכל, ותשוב אז הנפש דבקה בחשקה דבר אחד דבוק עם חשוקה אשר חשקה ברוב חשק, וסבת כל זה היתה צאת המחשבה לפועל אחר היותה בכח, ונותן החושק היא האות והוא יהו"ה אלהי"ם צבאו"ת, אשר [צבאו"ת] נאמר עליו אות הוא בצבא שלו, והאמצעי שבינינו ובינו היא מחשבת תורתו הקדושה, אשר התחלתה כ"ב אותיות והתחלתן ותכליתן אותיות ההעלמה, והם שרשי המספרים הנזכרים, שהם בדמות שלוש נקודות, הקו שהם ראש תוך סוף הנזכרים למעלה:

Y si es así, las letras son la morada portadora de los pensamientos, que son las sefirot, los cálculos, todas las medidas y proporciones. Y cuando la voluntad se intensifica hasta transformarse en deseo (*Jeshek*), el alma que desea reconoce, mediante el pensamiento, el objeto de su deseo, que es lo inteligible, y entonces el alma queda unida a su deseo: una sola cosa adherida a lo que anhela con gran pasión. La causa de todo esto es que el pensamiento pasa del estado de potencia al acto. Y quien otorga el anhelo es la letra, y ella es el nombre *IHVH Elohim Tzevaot* (יהוה אלהים צבאות), sobre quien fue dicho: «Él es una letra (אות) en su ejército», y el intermediario entre él y nosotros es el pensamiento de su santa Torah, cuyo inicio son las veintidós letras, y su principio y su fin son letras de ocultamiento (אותיות העלמה). Y ellas son las raíces de los números mencionados, que tienen la forma de tres puntos y una línea, que son principio, medio y fin, como fue mencionado anteriormente.

ובצורה הזאת בעצמה תמצא כל חושק אנוש גופני עד שאפילו הדומם הושם בו טבע בדמות חושק, אלא שלא הסמכנו לקראת שם חשק אבל המשותף עם הציור כמאמר השם יתברך כאומרו כי בי חשק ואפלטהו, אשגבהו כי ידע שמי. וקרא כן על ציור החושק הנקי יודעת השם החושק והוא שהודיענו שמי שיחשוק בידיעת שמו הוא אשר חשק בו, שאין לאדם דרך להשיב חשקו זולת שמו, ושמו מורה על אמתת עצמו, לפי מה שאפשר לבעלי החומר השכל הזה להשיג ממנו יתברך שמו:

De esta misma forma encontrarás en todo deseo humano corporal, hasta tal punto que incluso en lo inanimado fue puesto un instinto en forma de deseo; sólo que no nos hemos acostumbrado a llamar a esto «deseo» (*Jeshek*). Pero comparte un aspecto con la imagen (*tsiur*), como dice el nombre bendito en el versículo: «Porque en mí ha puesto su anhelo y yo lo libraré; lo exaltaré, porque ha conocido mi nombre» (Salmos 91, 14). Y llamó así al esquema del anhelante puro, que conoce el nombre deseado. Y nos enseñó que aquel que anhela conocer su nombre es aquel a quien él mismo ha deseado. Porque el hombre no tiene otro modo de satisfacer su deseo sino mediante su nombre, y su nombre señala hacia la verdad de su esencia, en la medida en que es posible para los seres materiales alcanzar con su entendimiento algo de él, bendito sea su nombre.

ואמנם הטבעים שהם בלתי משיגים אשר לזה חנן השם דלים נושאי הציורים בכח בדומם והיסודות והצמחים, והחומר הראשון והצורות הראשונות הקרבות לו והמניעות אותו, הנה גם בהם נתן במדת חשק אך לא חשק, והוא שהוטבעו בהם כוחות לבקש התחלותיהם תוליד חמוד, ולפי זה החומר הראשון פושט צורה פרטית לחלק מחלקו, ולבש צורה טבעית אחרת פרטית אשר היותה נמצאת במינה בכח ויצאה לפועל, כי הכללית אינה בכח לעולם אבל היא בפועל תמיד, אך הפרטיות ההוות הנפסדות אשר היו כהוות בכח ויצאו מן הכח אל הפועל, ובהם עוד כח ההעבר, להיותן אחד זמן בלתי מציאות פרטי בעל חומר, פרטי מיוחד לעצמו, ועוד בחומר כח לקבל זולתו כי לא ימצא שום חלק מכל חלקיו ריק מצורת מה, כלומר בלתי צורה מהצורות הטבעיות המתגלגלות עליו והרוכבות עליו, והמניעות אותו זה אחר סוד זה:

Y en cuanto a las naturalezas que no son capaces de percepción,[32] para las cuales el Eterno ha otorgado a los humildes portadores de las formas en potencia en lo inanimado, en los elementos y en las plantas, y en la materia primera y las formas primeras que se le acercan y lo mueven, también en ellas puso una medida de deseo (חשק), pero no deseo en sentido pleno. Esto significa que se les imprimieron fuerzas para buscar sus orígenes, generando así deseo latente. De acuerdo a esto, la materia primera abandona una forma particular en una parte de sí misma y asume otra forma natural particular, cuya existencia estaba en su especie en potencia y entonces salió al acto. Pues la forma general no está nunca en potencia, sino que siempre está en acto; pero las formas particulares y perecederas que son generadas estaban en

32. Los seres inanimados.

potencia como entes posibles, y salieron de la potencia al acto. Y en ellas permanece aún la capacidad de pasar, ya que son una existencia temporal y no una existencia particular con materia específica propia. Además, en la materia hay una capacidad para recibir otras formas, pues no existe ninguna de sus partes que esté vacía de alguna forma, es decir, que no tenga alguna de las formas naturales que se le adhieren y cabalgan sobre ella, moviéndola una forma tras otra, un secreto tras otro.

כן החומר הוא אחד וצורותיו הן רבות מאד והן מינין הרבה, וזה החומר הוכן להיותו נושא הצורות כולן בדמות המראה שמקבלת כל המראים, ובדמות השעוה המקבלת כל הצורות של החותמות, והשעוה אחת, וידוע שכל שהשעוה קבלה צורת חותם אחד, אי אפשר לצייר בה צורת חותם אחר עד שתוכל לסבול שתי צורות יחד בזמן אחד, וזה מושכל ראשון, אך יש בה הכנה לקבל צורת חותם אחר, אחר ההעבר צורת זה החותם הראשון אשר קבלה, והצורה ההיא היא אשר הכינה לה כח לקבל צורה אחרת, והוא אשר היה טרם בא לה הצורה ההיא הב' בעצמה, וכל צורה וצורה מכינה לה כח לקבל צורה אחרת, בלבד אחר העבר עצמה, כן החומר הצורה שבו עתה היא הכינה כח בו, לקבל זולתה אחר סורה, כן המחשבה היא צורה לאות זה והאות הוא חומר נושא המחשבה, והמחשבה האחת מכינה צורת כח באות לקבל מחשבה אחרת, כי לא תקבל האות שתי מחשבות בזמן אחד וזה מושכל נפשי, כמו שלא יוכל האדם להוציא מפיו שתי אותיות ביחד בזמן אחד וזה מורגש, אבל הוא יוציא הדיבורים המצורפים ברוב אותיות אות אחר סוד אות אחרת השומע כך גם יקבלם כך אות אחר אות, ואז המחשבה בוחנת אותם בדמות, מה שקבלתי האין, כך גם אות אחר אות, וכך הענינים כלם אשר במציאות כי גם הגלגל חלק תנועות יש לו, וכן התענוגות כולם וא"כ כלו דמה בנמצאים בדמות חושקים רודפים זה את זה, ויש עתים שיעמוד הענין מצוייר ולא יסור, ואז לא יוכל המצוייר להוסיף עליו ולא לגרוע ממנו עד שישוב הציור מתנועע מאשר היה בו אל זולתו או למעלה [או] לפחיתות:

Así también la materia es una, y sus formas son muy numerosas y pertenecen a numerosos géneros. Esta materia fue preparada para ser el soporte de todas las formas, a semejanza del espejo que recibe todas las imágenes, y a semejanza de la cera que recibe todas las impresiones de los sellos: y la cera es una sola. Y es sabido que cuando la cera ha recibido la impresión de un sello, no puede recibir la impresión de otro sello hasta que sea eliminada la forma del primer sello que había recibido. No puede soportar dos formas al mismo tiempo, esto es un principio evidente, pero posee la disposición para recibir una nueva forma tras la eliminación de la forma anterior. Esta capacidad fue establecida en ella por la misma forma que tuvo primero. Así, cada forma la prepara para recibir otra forma, pero sólo después de desaparecer ella misma como forma.

Del mismo modo sucede con la materia: la forma que tiene ahora en ella es la que ha preparado su capacidad para recibir otra forma después de su desaparición. Así también el pensamiento es una forma para la letra, y la letra es la materia que porta el pensamiento. Un pensamiento prepara en la letra una capacidad para recibir otro pensamiento, porque una letra no puede contener dos pensamientos simultáneamente, esto es un principio evidente del alma, del mismo modo que una persona no puede pronunciar dos letras a la vez en el mismo momento, lo cual es evidente por experiencia.

Más bien, el habla está compuesta por muchas letras emitidas una tras otra, según un orden, y así también las recibe quien escucha: letra tras letra. Entonces el pensamiento las examina según el patrón y se dice: «¿Qué he recibido? La nada», es decir, letra tras letra. Y así ocurre con todas las cosas en la existencia, pues incluso el movimiento del firmamento está dividido en segmentos, y lo mismo los placeres, todos ellos. Así que, en todo lo que existe, hay un modelo semejante al de los que desean, y se asemejan unos a otros. Por lo tanto, todo en los seres existentes se asemeja a deseantes que se persiguen unos a otros. Hay momentos en los que la cosa representada se mantiene fija y no cambia, y entonces la forma representada no podrá ni aumentarse ni disminuirse, hasta que la imagen vuelva a ponerse en movimiento, saliendo de donde estaba hacia otra cosa: ya sea hacia algo superior o hacia algo inferior.

והוא שם כי סודות כח טבעי בדמות חושק שישוב כל אחד למקומו תטבעי לו, ומקום האש הוא גבהות החומר הראשון, ומקום העפר הוא שפלותו, ושניהם בעלי איכות אחת, והיא היובש ונבדלו להלחם באיכות שנית ושלישית וסודם א'ב'ג':

Y éste es el *nombre (שם)*,[33] porque los secretos de la fuerza natural son en forma de deseo (*Jeshek*), de modo que cada cosa regresa a su lugar propio, que le es natural. El lugar del fuego es la elevación de la materia primera, y el lugar del polvo es su bajeza. Y ambos comparten una misma cualidad, que es la sequedad, pero se distinguen por luchar contra una segunda y una tercera cualidad. Y su secreto es *Alef, Beth, Guimel* (א'ב'ג').

והאחת שקראונה שלישית שנית היא החום אשר חמה האש נושא אותו תמיד על עוד שהאש אש, והשנית אשר קראונה, שלישית היא הקור אשר חומר העפר נושא אותו תמיד בטבע ומשתנה עליו במקרה שבעת שיתגבר עליו חום האש יעביר קור העפר ממנו ועודנו עפר עד שישיבנו אש כמוהו, ולולי שיש כח בעפר לשוב אש איך היה שב אליו להיותו הוא, הוא אחר מלחמה חזקה וכן בשאר היסודות:

La primera, a la que llamaron «tercera» [y en realidad es la] «segunda», es el calor, que el fuego lleva siempre consigo mientras sea fuego. La segunda, a la que llamaron «tercera», es el frío, que la materia del polvo porta naturalmente, aunque puede cambiar accidentalmente: cuando el calor del fuego predomina sobre él, elimina el frío del polvo, y aún sigue siendo polvo hasta que el fuego lo transforma en algo semejante a sí mismo. Si no existiera en el polvo una fuerza para volverse fuego, ¿cómo podría transformarse en él sino tras una lucha intensa?[34] Y así sucede también con los demás elementos.

33. En el sentido de «el significado».

34. La transformación no es la imposición de algo ajeno, sino la actualización de una potencia latente.

ולולי שהיתי יוצא מכוונתי הייתי מבאר זה בהפלגה, והייתי מביא
על התחלת אלה הכוחות מופתים מורגשים ומושכלים ומקובלים
בקבלות אלהיות, אך אין זה מקום עניינים ההם, ולאחר עוד שדמות
החושק הוא נמצא אפילו בדומם, והעדים במחט עם האבן הזוחלת
שרץ אליה בטבע בעבור היות מקור הברזל וקרוב לטבעו, וידוע
שהדבר הרץ בטבע לא ירוץ אלא על הקרוב לו תחלה כמו האש
שבארץ שהוא שבאויר תחלה ברצותו לשוב אל טבעו האש, ואולי
לא נשאר בו כח עד שנשאר עם טבע האויר, ויהיה אויר גמור
בפועל, ויש לי בזה הדרך סודות נפלאות בחכמת ספר יצירה שהוא
מורה על חכמת הטבע, אשר כנוהו בשם מעשה בראשית, וגם יש לי
מופתים מושלים מושכלים אלהיים בחכמות האלהות שהיא חכמת
השמות, כמו שתשמע לפנים בעז"ה:

Y si no fuera porque me desviaría de mi propósito, explicaría esto en gran detalle y aportaría pruebas sensibles, racionales y recibidas por tradición divina acerca del origen de estas fuerzas. Pero éste no es el lugar para tratar esos asuntos.

Se deriva de todo esto que la figura del deseo (*Jeshek*) se encuentra incluso en lo inanimado (בדומם). La prueba está en la aguja y la piedra imantada, donde la aguja corre naturalmente hacia la piedra debido a que ésta es fuente de hierro y cercana a su naturaleza. Y es sabido que aquello que corre por naturaleza no se mueve sino hacia lo que le es más afín, como el fuego en la tierra que primero se eleva hacia el aire en su deseo de regresar a su naturaleza ígnea; y quizá no le quede suficiente fuerza y se quede así con la naturaleza del aire, convirtiéndose en aire pleno en acto.

Sobre este asunto poseo secretos maravillosos de la sabiduría del *Sefer Yetzirah*, que enseña la sabiduría de la naturaleza y que llamaron *Maasé Bereshit* (el Misterio de la Creación). Y también poseo pruebas dominantes, inteligibles y divinas, dentro de las sabidurías de la divinidad, que es la sabiduría de los nombres, como oirás más adelante, con la ayuda de Dios.

אבל עתה אקצור העניין פה ואשוב להדיעך כוונתי בהכנה שאתה צריך להכין עצמך אליה, כשתרצה להזכיר השם, שבעבורה הקדמתי זה ההקדמה, כדי להודיע בה בכלל בקצור דברים, שהמחשבה כדמות צורה לאות, והוא כחומר לחושק, והחושק כחומר לציור, והציור כחומר לשכל האנושי, והשכל האנושי כחומר לשכל האלוהי, שהוא השכל הפועל, והנפש הוא הכח המוכן לשאת כל אלו הנשואים באמצעות הגוף שהוא משכן לכל, וחומר אחרון לכל, ואיבריו כלים לצורף, המצרף בם השכל המצורף בצרוף האותיות שהוא הכח הנקרא נפש ואשר בה כח לפעול כל אלה הפעולות:

Pero ahora abreviaré el asunto aquí y volveré a explicarte mi propósito en la preparación que debes hacer en ti mismo cuando desees invocar el nombre, para lo cual he anticipado esta introducción, a fin de informarte de manera general y resumida que el pensamiento es como una forma para la letra, y la letra es como la materia para el deseo (*Jeshek*), y el deseo es como materia para la imagen (*tsiur*), y la imagen es como materia para el intelecto humano, y el intelecto humano es como materia para el intelecto divino, que es el intelecto agente (השכל הפועל). Y el alma es la fuerza preparada para portar todos estos portadores mediante el cuerpo, que es la morada de todos ellos y la materia última de todo, y cuyos miembros son los instrumentos del orfebre (צורף), que en ellos funde el intelecto mezclado a través de la combinación de las letras (בצרוף האותיות),[35] que es la fuerza llamada «alma», en la cual reside el poder para realizar todas estas acciones.

35. Señalemos que *Tzoraf*, «orfebre» y *Tzeruf*, «combinación», comparten su raíz. Nos hallamos ante una imagen del alma como *artesano* que *refina* (המצרף) la materia bruta hasta convertirlo en *intelecto refinado* (שכל מצורף), mediante la *combinación de las letras* (בצרוף האותיות).

וא"כ ההכנה הנמצאת בנפש בכח, הוא אשר צריך להוציאה לפועל מושכל, והיציאה אשר בנפש מן הכח אל הפועל צריכה אל כלים רבים, והכלים הראשונים להוציא הנפש מן הכח אל הפועל, בכל דבר ודבר הקרובים לה הם האותיות, שהמחשבה מניעה אותם על פי הרצון שהוא כלי מצוייר, מה שרוצה ומה שאינו רוצה, כלומר מצוייר בדעתי ומעיין אם הוא סובל שיצא המצויר אצלי לפועל אין, או דעתו סובלת אבל מניעו הרצון מלהמצא הדבר, כאלו תאמר אדם אחד רצה לאכול לחם, וצייר מהות הלחם, והנה הלחם מינים הרבה, כי יש ממנו שהוא של חטים, ואחר הוא משערים, ואחר משבולת שועל, ואחר משיפון, ואחר מכוסמין, ואלו הן חמשת המינים שהלחם נעשה מהם, שהרי ברכתם אחת שוה והיא המוציא לחם מן הארץ:

Por lo tanto, la preparación que se encuentra en potencia en el alma es la que debe llevarse al acto inteligible. Esta salida del alma de la potencia al acto necesita de muchos instrumentos (כלים רבים).[36] Y los primeros instrumentos para llevar el alma de la potencia al acto son, en todo caso, las letras, que el pensamiento mueve conforme a la voluntad. Esta voluntad actúa como un instrumento configurado según lo que desea y lo que rechaza. Es decir, está configurada en mi mente, evaluando si lo que he concebido puede pasar a la existencia, o si mi entendimiento lo permite pero la voluntad lo impide. Es como si dijéramos: un hombre desea comer pan y se representa la imagen del pan. Ahora bien, el pan tiene muchas especies: hay pan de trigo, pan de cebada, pan de avena, pan de centeno y pan de espelta. Y éstos son los cinco tipos de cereales de los cuales se hace el pan, cuya bendición es una misma: *haMotzi Lehem min haAretz,* es decir, «quien saca el pan de la tierra».

36. O recipientes.

ואולם נודע לכל שהציור הרצוני מתבושש הוא בעצמו בין הין ולאו ומחשב מתוך האותיות תחלה בין בלשון הקדש בין באיזה לשון שתרצה והוא מצוייר השוק שמוכרין בו הלחם הנקי הסלת העשוי מן החטה, וכן מצוייר השאר, ואז בוחן ובוחר באחד מהם כל זה באמצעות אותיות, ואע"פ שיש מי שיצייר ולא ידע שהוא מצייר באותיות כמו שיחשוב איש שהוא מתנועע בלתי מניע, כן ההכנה היא כלי ראשון קרוב להשגה, וכולה תלויה בצרוף האותיות ובכל דרכי הידועים למקובלים כולם:

Sin embargo, es sabido por todos que la representación voluntaria vacila por sí misma entre el sí y el no, y reflexiona al principio a través de las letras, ya sea en lengua hebrea o en cualquier otro idioma. Y el hombre se representa el mercado donde se vende el pan refinado, la flor de harina hecha de trigo, así como se representan las demás clases. Entonces examina y elige una de ellas, y todo esto es mediante letras, aunque haya quien imagine sin saber que está imaginando con letras, igual que un hombre podría pensar que se mueve sin ser consciente del movimiento. Así, la preparación es el primer instrumento cercano al entendimiento, y todo depende de la combinación de letras y de todos los métodos conocidos por los cabalistas.

ואחר שתמצא ההכנה הראויה לנפש שהיא הידיעה במחשבת ציור ענין האותיות, ויחשוב המצייר בם כאלו הם מדברים עמו כאשר ידבר איש אל רעהו, וכאלו הם בעצמם איש בעל דבור שמוציא מפיו דברים, והאיש ההוא יודע שבעים לשונות, ויודע כונה ידועה מכוונה בכל אות ובכל תיבה, וזה השומע מצייר להבין מה שהוא אומר ומכיר השומע, הוא שאינו מבין כי אם לשון אחת או שתים או שלוש או יותר מעט, אבל מבין (מדי) שהמדבר אינו מדבר לו שום דבור לבטלה כי אם אחר שהוא יודע כל הלשונות, הנה כל דבור ודבור אצלו מוכן בפירושים רבים ואע"פ שהשומע אינו מבינם, וכן [גם] אחר ציורו שהכל עיקר, א"כ הנה החסרון בא מאתי, וע"כ צריך לבחון תמיד על כל דבור ודבור עד שיסכים עמו ויבין כל דבריו אשר ידבר לו, כן הוא דרך ההכנה כדמות קשת הסכמה ידועה מבעל לשון שהשומע לא הבינו עד עתה. ומבקש להבינו עתה וחוקר כל אות ואות ושרשיו ומה שחיבר אל השורש והעיקר, בין בסופו בין בראשו בין בעצמו, כי אין שם דרך רביעית בשום פנים כי אם בזאת המשולשת והיא ראש תוך סוף, גם רוב שרשי לשון הקודש השלמים נבנים על שלוש זה שהוא ראש תוך סוף בדמות שם בן ע"ב במלת שמר שהשי"ן ראש, והמי"ם תוך, והרי"ש סוף, מלת שמ"ר, ולפעמים יהיה השורש כלו נמצא ולפניו אות שהוא משמשו כאמרך לשמור או לאחריו כאמרך שמריני, ולפעמים יהיו המשמשים רבים, תיבות או פעולת, באים לשמש השרשים ושרשי כל השרשים הם השמות:

Cuando se ha hallado la preparación adecuada del alma, que consiste en comprender mentalmente la configuración del significado de las letras, el que imagina debe concebirlas como si le estuvieran hablando, igual que un hombre habla con su prójimo, y como si ellas mismas fueran un hombre dotado de habla que emite palabras desde su boca. Este hombre sabría setenta lenguas y poseería una intención conocida y precisa para cada letra y cada palabra. El que escucha trata de entender lo que se dice y reconoce que sólo entiende una lengua o dos o tres o más, pero entiende que el que habla no dice nada en vano, sino que, como conoce todas las lenguas, cada palabra que pronuncia está llena de múltiples interpretaciones, aunque el oyente no las comprenda.

Así también, tras concebirlo, entiende que todo es esencial, y si hay carencia, ésta proviene de mí. Por ello, es necesario examinar siempre cada palabra hasta concordar con ella y comprender todo lo que se dice. Así se debe proceder en la fase de preparación: como una especie de arco que busca una concordancia precisa con el poseedor de la lengua, que el oyente hasta ahora no entendía, pero que ahora busca entender, investigando cada letra y su raíz, y lo que se ha añadido a la raíz, ya sea al final, al principio o en medio de ella. No existe un cuarto método en absoluto, sino este método tripartito: principio, medio y fin.

También, la mayoría de las raíces de la lengua sagrada se construyen sobre esta tríada, que es principio, medio y fin,[37] como el nombre de setenta y dos en la palabra *shamar* (שמר), donde *Shin* es el principio, *Mem* es el medio, y *Resh* es el fin: שמ"ר (*shamar*). A veces la raíz aparece entera con una letra añadida antes, como en *lishmor* (לשמור, «guardar»), o después, como en *shmoreni* (שמריני, «guárdame»). A veces los añadidos son muchos, palabras o conjugaciones que sirven a las raíces, y las raíces de todas las raíces son los nombres.

37. Las palabras y verbos hebreos están formados en su inmensa mayoría por raíces trilíteras.

וידוע שכל שם ושם יורה על עניין ואם אינו מפורש אינו כי אם לפי חסרון המבין כשם אהרן שלא אמרה תורה מאין נגזר, אבל שם משה כבר אמרה תורה שהוא נגזר מן משיתהו, ואע"פ שהוא סוד, ויבן מן הכתוב שגלהו באומרו ותקרא שמו משה ותאמר כי מן המים משיתהו (שמות ב, י) והוא חסר י' שנית וסודו י"ה שמות גם סוד בת פרעה שמה בתי"ה (שמות ב, י), והיא בת שם י"ה, והוא שם בתיה ותבין זה מאומרו וילך איש מבית לוי ויקח את בת לוי(שמות ב, א), וסוד בת פרעה עוד י"ה שמות והנה סוד י"ה שמות שלמים [של בן ד'] עולה שמי"ם והוא סוד השכינ"ה:

Es sabido que todo nombre alude a un asunto, y si no es explícito, ello se debe únicamente a la falta de comprensión por parte del que lo interpreta. Así, el nombre *Aharón* no fue explicado por la Torah de dónde se deriva, mientras que el nombre *Moshé* sí fue explicado, pues la Torah dice que se deriva de *meshitéhu* («lo saqué»), aunque es un secreto. Y se entiende por el versículo que lo revela cuando dice: «Y lo llamó Moshé, y dijo: porque de las aguas lo saqué» (Éxodo 2, 10), donde falta una segunda *Iod* (י) y su secreto es *IH* (י"ה) nombres,[38] y también es el secreto de Batia (בתיה), hija de Faraón, cuyo nombre contiene *Bat-IH* (בת־י"ה), «hija de IH». Y entenderás esto cuando veas que dice: «Un hombre de la casa de Leví fue y tomó por mujer a una hija de Leví» (Éxodo 2, 1), pues el secreto de *la hija del Faraón* (בת פרעה) se halla también en *IH nombres*.[39] Y el secreto de *IH* nombres completos (de cuatro letras) equivale en valor numérico a *Shamaim* (שמים), que es el secreto de la *Shekinah* (השכינ"ה).[40]

38. En 15 nombres.

39. El nombre de la hija del Faraón es *Batiah* (בתיה), o sea «*Hija de IH*». El midrash *Vaikrá Rabá* (1, 3), dice que Dios le cambió el nombre por haber adoptado a Moisés. Este nombre contiene explícitamente las letras IH (יה).

40. La guematria de *Shamaim* (שמים), «cielos», es 390, como la de *haShekinah* (השכינ"ה), «la *Shekinah*», o sea 15 (IH) veces la guematria del Tetragrama, 26.

ואמנם י"ה שמות שלמים עולים פר"י הרי שניהם מפורשים ורמזם אם תאירה פני מהם וכיוצא באלו השמות יש מהם בתורה הרבה שהם נגזרים ויש מתנגדים, ורבים ג"כ בלתי הנגזרים כגזרים, ויש מהנגזרים שהם מוסיפים ונגרעים על הוראתם, ויש שהם נראים מצורפים, ויש מהם משונים מאד כשם אברהם שהורה הכתוב עליו שהוא שם נגזר מאב המון, ואין ספק באמונה זאת אצלינו שאלה הם רמזים נפלאים על השמות, והנה שם קין נגזר מן קניתי איש (בראשית ב' א) והוא נחלף ובהם רבים אין קץ, רק אין זה כלום כי אם הערה שהעירתנו התורה הקדושה על ידיעת ס תרי השמות, שהנה גם אנחנו אנשי לשונינו הסכמנו, וגם נמשכנו אחר המוסד הראשון על היות ש"ם אלהים כולל, והוא כנוי לכלל כל הכוחות הטבעיות אחר היותו בכלל ש"ם לסבה הראשונה, וגם לאחת ממדותיו אשר הוא יתעלה נבדל בה מכל הנמצאים ובה מבדיל בין כ"ח לכ"ח, וסודו י"ה אלא וגם הו"א דיי"ן הנ"ה יו"ד ה"א לנ"ו עלאי גם הוא חוז"ה מחז"ה החזיו"ן, וע"כ נקרא מד"ת הדי"ן, אשר הכוונה בם להיותה צורה ולכל צרכי המשפטים כי כל דרכיו משפט (דברים לב, ד), וגם תבין שכל שם שהודיע לנביאיו להיותו נקר"א כ"ן, בו היא לענין הוראת כח מן הכוחות המיוחדות לו יתברך, שבכוח ההוא יודע שהוא נבדל מזולתו תכלית ההבדל, וזה הוא מופת מקובל אצלינו על [כל] שם ושם משמותיו:

Y, en verdad, *IH* nombres completos suman el valor numérico de *Pri* (פרי) «fruto»,[41] así que ambos están explícitos. Y su alusión está en [el versículo]: «Si iluminaras tu rostro de ellos» (Salmos 4, 7). Y así, en estos nombres hay muchos en la Torah que son derivados, y otros que se oponen; y también hay muchos que no son derivados como raíces, y entre los derivados hay algunos que agregan o quitan en su significado, y otros que parecen compuestos, y algunos son muy extraños, como el nombre *Abraham*, sobre el cual el texto explica que es un nombre derivado de *Av Hamon* (אב המון), «padre de multitudes». Y no hay

41. 390.

duda en nuestra fe de que todos éstos son maravillosas alusiones a los nombres.

Así, el nombre *Caín* se deriva de *Kaniti Ish* (קניתי איש), «he adquirido un varón», (Génesis 4, 1), aunque ha sido transformado. Y son incontables los casos semejantes. Pero todo esto no es sino una indicación que nos da la sagrada Torah para conducirnos al conocimiento de los secretos de los nombres.

Nosotros, también, los hombres de nuestra lengua, hemos aceptado esta regla y nos hemos guiado según el principio original que el *nombre* Elohim es un nombre inclusivo, y es un epíteto para todas las fuerzas naturales después de ser en general un nombre para la causa primera, así como también para uno de sus atributos por el cual, exaltado sea, se distingue de todos los seres, y mediante el cual distingue fuerza de fuerza. Y su secreto es *IH* arriba, y también se relaciona con *He* y *Vav* de *Dayan* (דיין), y *He* y *Iod* arriba, lo cual es *Jozeh (*חוז"ה*)*,[42] de *Jazon* (חזון, «visión»).

Por eso se llama *Middat haDin* (מידת הדין), «Atributo del Juicio», cuya finalidad es ser forma para todos los requerimientos de los juicios, pues «todas sus sendas son justicia» (Deuteronomio 32, 4). Y debes entender que todo nombre que dio a conocer a sus profetas, y por el cual fue llamado así, es para indicar una fuerza de entre las fuerzas que le son particulares a él, mediante la cual se sabe que está separado de todo lo demás en grado máximo de separación. Y éste es un principio aceptado entre nosotros acerca de cada uno de sus nombres.

---

42. Guematria 26, como el Tetragrama.

ועל כן ראוי שתדע שסוד ההזכרה, בהיות שם ידיעה קודמת חזקה וחשוקה אל המזכיר עד שלא יחשוב בדבר זולתה, ויהיה נקי מהבלי העולם ומחשבתו בשם, ועם השם זכה ברוב ונקיה, ורודף וחושק להדבק בסבתו עת מן העתים, ואינו מוצא בעצמו שום מונע משום צד, ואחר כל זאת ההכנה השלמה הוא מזכיר:

Por lo tanto, debes saber que el secreto de la invocación [del nombre] consiste en que haya un conocimiento previo, firme y deseado intensamente por quien lo invoca, hasta el punto de que no piense en nada más fuera de ello, y esté limpio de las vanidades del mundo, y su pensamiento esté concentrado en el nombre. Y junto con el nombre esté purificado en gran medida y limpio, persiguiendo y anhelando adherirse a su causa en algún momento, y no encuentre en sí mismo ningún impedimento de ningún tipo. Y sólo después de toda esta preparación, entonces puede invocarlo.

הנה נודע לך שזה דומה למי שהמלך שלח אחריו ורוצה לדבר אתו על כל פעם, שהנה המלך חושק לדבר אתו יותר ממה שהוא רוצה לדבר עם המלך ועל זה אמרו חכמינו ז"ל (פסחים קיב.) יותר ממה שהעגל רוצה לינק פרה רוצה להניק, והתקין (לפרס דוד) [לעצמך דרך] לפרוזדור כדי שתכנס לטרקלין:

Ahora ya sabes que esto se parece a alguien a quien el rey ha enviado a llamar y desea hablar con él en todo momento. Pues he aquí que el rey desea hablar con él más de lo que él desea hablar con el rey. Y sobre esto dijeron nuestros sabios, bendita sea su memoria (Pesajim 112b): «Más de lo que el ternero desea mamar, la vaca desea amamantar». Y prepárate [a ti mismo] un camino ya desde el vestíbulo para que puedas entrar en el salón del trono.

זכור זכרון מחוקק שם לבבות. חדש לב ספירות מספרים. ועת תקרא לנשכחות נקבות. קרא טרם להזכרות זכרים:

Recuerda el recuerdo del Legislador que imprime nombres en los corazones. Renueva el corazón con las sefirot y los números. Y cuando llames a las olvidadas, las femeninas, llama primero a los recordados, los masculinos.[43]

43. El recuerdo se asocia con lo masculino y el olvido con lo femenino.

סימן ב
חלק א סימן ב
החלק ב' קטן, סימנו ב':

CAPÍTULO 2

Parte I, segundo apartado

כשתרצה להזכיר שם בן ע"ב אחר ההכנה הנזכרת אתה צריך לתקן עצמך להיותך במקום מיוחד להזכיר סוד שם המיוחד ולהיותך מופרש ומובדל מכל חי מדבר, וגם מכל הבלי שותפיו, שלא תשאר בלבך שום מחשבה מהמחשבות הקודמות האנשיות ולא טבעיות ולא הכרחיות ולא רצוניות וכאלו אתה האיש אשר נתתה גט לכל ציורי העולם השפל אשר נתנו האיש אשר עשה צוואה בפני עדים וצוה להשגיח באשתו
ובניו והונו לזולתו, והוא סגר לעצמו כל דין והשגחה והעבירו ממנו ועבר והלך לו:

Cuando desees invocar el nombre de 72 [letras] después de la preparación mencionada, debes disponerte a estar en un lugar apartado para pronunciar el secreto del nombre unificado (שם המיוחד), y estar separado y distinguido de todo ser viviente que hable, así como de todos los compañeros vanos, de modo que no permanezca en tu corazón ningún pensamiento previo, ni humano, ni natural, ni necesario, ni voluntario. Como si hubieras presentado tu divorcio a todas las imágenes del mundo inferior, como si hubieras hecho testamento en presencia de testigos y encomendado el cuidado de tu esposa, tus hijos y tu fortuna a otro, y cerraras para ti mismo todo juicio y supervisión, y los hubieras apartado de ti, y hubieras partido lejos de todo.

ואחר עשותך כן תכוין פניך כנגד השם [הנזכר], וחשוב כאלו הוא איש אחד, ועומד לפניך ומחכה ממך שתדבר [עמו] והוא מוכן לענות על כל מה שתשאלהו, ואתה אומר דבור והוא עונה, וזה הדרך לכה בו. והחל בכוונה שלמה לכבוד השם יתעלה ואמור תחלה, תכון תפלתי קטרת לפניך משאת כפי מנחת ערב (תהלים קמא ב'), ושא עיניך למרום, ושא את כפיך הימנית והשמאלית כדמות נשיאות כפים של הכהן, שהוא מחלק חמש אצבעותיו מפה וחמש מפה, והשתים הקטנות דבקות ושתים הקרובות להן ג"כ דבקות וחלוק באמצע והגודל פשוט לבדו, וכך לשתי ידיך בצורה זה, ולשונך תכריע בנתים כלשון הפלס:

Después de hacer esto, dirige tu rostro hacia el nombre [mencionado] y piensa como si se tratara de un hombre que está de pie delante de ti, esperando que le hables, y que está dispuesto a responderte a todo lo que le preguntes. Y tú hablas y él responde. Éste es el camino por el cual debes proceder.

Dirige toda tu intención hacia la gloria del nombre, exaltado sea, y di primero: «Sea mi oración como el incienso ante ti, el alzar de mis manos como ofrenda vespertina» (Salmos 141, 2). Levanta tus ojos al Cielo y eleva tus manos derecha e izquierda a semejanza del gesto de elevación de manos del sacerdote (*nesiat kapaim*), separando los cinco dedos de una mano hacia un lado y los cinco de la otra hacia el otro lado.[1] Los dos dedos más pequeños deben estar unidos, y los dos siguientes también entre sí, dejando un espacio en el medio, y el pulgar extendido solo. Así harás con ambas manos en esta disposición:

1. Como las manos del sacerdote cuando dice *Birkat haKohanim.*

Y tu lengua debe colocarse en medio, equilibrando ambas manos, como la lengua[2] de una balanza.

ואז [ואח"כ] תתחיל להזכיר ואומר תחילה, רא"ש הרא"ש באריכות הנשמה ובנחת הרבה ואח"כ חשוב כאלו [אדם] אחד העומד [לנגדך] עונה לך, וענה אתה בעצמך בשנוי קול, שלא תדמה העניה אל השאלה, גם לא תאריך בעניה כלל אבל אמור אותה בנחת ובישוב ואז תזכיר בעניה אות אחת של השם כפי מציאותה, וזו היא האות הראשונה שתענה בה [ו'], ואחר שעה תאמר עוד, סו"ף התו"ך ותענה עוד ה', ועוד תאמר רא"ש הסו"ף ותענה ו', ואחר שתשלים השם הראשון שהוא שם וה"ו שהוא נלקח מן ראש הראש שהוא ו' של ו'יסע, ומן סוף התוך שהוא ה' של הליל'ה, ומן ראש הסוף שהוא ו' של ו'יט, מיד תוריד ידיך בנחת אשר נשאת אותם לפני השם בדמות עשר ספירות חמש כנגד חמש במספר עשר אצבעות, חמש מימינות וחמש משמאילות, אלה לזכות ואלה לחובה, ואתה הפכת הכוחות וזכית החייב, וע"כ תשים יד שמאלך על לבך, פשוטה בחמש אצבעות, ושים עליה יד ימינך פשוטה בחמש אצבעות להורות שהמזכה גבר וכבש תחתיו את המחוייב, עד שהוא אסר עצמו והודה ונכבש, ועל זה אתה ישר לבך מיד והשתחוה לפני הצורה הנחשבת בלבך שהיא לפניך שהיא בעלת התנועה, ר"ל אשר הניעה העניה אשר ענית אשר טבע [לבך] לה בכסא כבוד, ושמה מלאך ה', והוא אמצעי שבינך ובין בוראך והוא כבודו יתעלה, ואחר שעשית כך לשם

2. Se refiere al fiel de la balanza.

הראשון ישר, עשה עוד לשם השני הפוך, ולשלישי ישר, וכן לכלם ג' ג' שמות תוליכם בגלגול יה"י, שסודם [ר"ת] י'שר ה'פוך י'שר:

Y entonces comenzarás a invocar, diciendo primero: *Rosh haRosh* (רא"ש הרא"ש),[3] con el aliento prolongado y con mucha calma. Después imagina como si un hombre estuviera de pie frente a ti y te respondiera. Responde tú mismo, cambiando la voz para que la respuesta no se parezca a la pregunta, y no alargues la respuesta en absoluto; más bien dila con calma y tranquilidad.

Luego menciona en la respuesta una letra del nombre conforme a su aparición. Ésta es la primera letra con la que responderás, que es *Vav* (ו). Y tras un momento dirás de nuevo: *Sof haToj* (סו"ף התו"ך),[4] y responderás con *He* (ה). Y nuevamente dirás: *Rosh haSof* (רא"ש הסו"ף),[5] y responderás con *Vav* (ו).

Después de completar el primer nombre, que es *Vav-He-Vav* (וה"ו), tomado del principio del principio, la *Vav* de *Vaisa* (וישא);[6] del final del medio, la *He* de *haLailah* (הלילה);[7] y de la cabeza del final, la *Vav* de *VaIet* (ויט),[8] bajarás de inmediato tus manos con suavidad, las que habías levantado ante el nombre en la forma de diez sefirot, cinco frente a cinco, representadas en los diez dedos: cinco de la derecha y cinco de la izquierda, unos para el mérito y otros para la culpa.[9]

Y tú has invertido las fuerzas y has dado mérito al culpable (החייב). Por eso pondrás tu mano izquierda sobre tu corazón, extendida con los cinco dedos, y sobre ella pondrás tu mano derecha, también extendida con los cinco dedos, para indicar que el que otorga el mérito ha dominado y subyugado al culpable, hasta que éste se ha rendido, ha confesado y ha sido doblegado.

---

3. Literalmente, «cabeza de la cabeza», pero también «principio del principio», es decir, el principio absoluto.
4. Literalmente, «fin del medio».
5. Literalmente, «cabeza del fin» o «principio del fin».
6. Literalmente, «y se alzó».
7. Literalmente, «la noche».
8. Literalmente, «y vino».
9. Véase *Sefer Yetzirah* 2, 1.

Entonces tu corazón se enderezará de inmediato y te postrarás ante la figura que imaginas en tu corazón como estando frente a ti: aquella que tiene movimiento, es decir, la que ha movido la respuesta que has pronunciado, y que tu corazón ha modelado en el trono de gloria. Su nombre es el ángel del Eterno, que es el intermediario entre tú y tu creador, y es su gloria, bendito sea.

Y después de hacer esto de manera recta para el primer nombre, haz para el segundo nombre de manera inversa, y para el tercero de manera recta, y así sucesivamente con todos ellos, los tres a la vez, llevándolos en un ciclo de *IHI* (יה"י), cuyo secreto son las iniciales: *Iashar* (ישר),[10] *Hafuj* (הפוך),[11] *Iashar* (ישר).

ופירושם ד"ם ד"ם ד"ם ועניינו עוד גלה"ו גלה"ו [גלה"ו], וב' מהם חברם ותמצא סודם נגל"ה וגם אתה גלה"ו, והנה סוד ראש תוך סוף ע"ד וסודו לד"ם, והוא כח לטל"ה, (שהוא בבא) [שהוא דם בכח], והנה כוכבו מאדים שסודו ד"ם י"ה ל"ו ובעדו הם המי"ם הי"ו לד"ם ביבש"ת (שמות ד, ט), בשבת"י שהוא כוכב הל"י שגם הוא ד"ם, והנה זה הוא סוד לה"ט החר"ב המתהפכ"ת (בראשית ג, כב) שסודו (כא"ב) [רט"ב] הלח"ה וסוד המתהפכ"ת תני"ן דכתב תל"י, שהיה ישר וכבר המתהפך בשחר במדת הדין ככוכבי לכת בחכמתם, כי להט החרב המתהפכת סודה גלה"ו גדעון בענין האות והמופת שבקש, בסוד יה"י, כענין החרב והטל אשר על הגיזה ועל הארץ (שופטים ו, מ):

Y su interpretación es *Dam* (דם), «sangre», repetido tres veces: *Dam, Dam, Dam.* Y su significado es también *Galahu, Galahu, Galahu* (גלה"ו).[12] Y si unes dos de ellos, encontrarás su secreto en *Nigaleh* (נגל"ה), «se ha revelado»,[13] y también tú eres *Galahu.*

---

10. Recto.

11. Invertido, contrario.

12. La guematria de *Dam* (דם), «sangre», y la de *Galahu* (גלהו), «revelar», es 44.

13. Cuya guematria 88 es el doble de la de *Dam* (דם), «sangre».

Y he aquí el secreto de *Rosh-Toj-Sof* (principio-medio-fin) como un camino, y su secreto es *Ladam* (לדם), «hacia la sangre», que es potencia para *Talé* (טל"ה), «rocío», es decir, sangre en potencia.

Y su estrella es Marte (*Maadim*), cuyo secreto es *Dam-IH-LV* (דם י"ה לו). Y a través de él son las aguas (*Maim*), el ser (*Havaiah*), y *Ladam* en sequedad, como está dicho: «La sangre estará seca» (Éxodo 4, 9), en *Shabtai* (שבתאי), que es el planeta Saturno (*Shabtai*), el cual también es *Dam*.[14]

Éste es el secreto de la espada flameante (לה"ט)[15] que se revuelve *Lat HaJerev HaMithapejet* (להט החרב המתהפכת) (Génesis 3, 24), cuyo secreto es *Ratav* (רט"ב)[16] «humedad»[17] y *Lachah* (לח"ה) «humedad viva». Y el secreto de *Mithapejet* («que se revuelve») es *Tanin* (תנין) escrito como *Tali* (תלי),[18] que estaba recto, pero ha sido invertido en la madrugada en la medida del juicio como los planetas errantes en su sabiduría.

Porque el secreto de la espada flameante invertida es *Galahu* (גלה"ו),[19] lo reveló *Gedeón* (גדעון) a través del signo y la señal divina que pidió, en el secreto de *Iehi* (יה"י, «sea»), como sucedió con la señal del rocío recibida sobre el vellón y sobre la tierra (Jueces 6, 40).

והנה סוד התחלת הטיפ"ה מרכב"ה, וכאשר התחלת מרכבה טיפ"ה, והנה המים טפ"ל את מאדים שהוא אש, חבר מאדי"ם גופו עם טל"ה שהוא ד"ם ויתחייב ממנו גוף אדם שהוא טיפה מאדים, כי היסודות אדי"ם, ומהם הכל והיא סודות הם תאומים בדמות השמאל והימין אשר עליהם היו השכל והדמיון חקוקים על כן צויתיך שתגביר השכל על הדמיון ותכריע כף זכות על כף חובה (ספר יצירה פ"ב מ"א):

14. Ambos planetas, Marte y Saturno, son considerados maléficos en astrología.

15. La guematria de *Lajat* (להט), «llama», también es 44, como la de *Talé* y la de *Dam*.

16. La guematria de *Jerev* (חרב), «espada», es 210, y equivale a la de *Ratav* (רט«ב), «humedad», que es 211.

17. Literalmente «mojado», en sentido figurado «jugoso», «lleno de savia».

18. Guematria 440, es decir, la guematria de *Dam* (דם), «sangre» multiplicada por 10.

19. Guematria 44, como *Dam* (דם), «sangre».

He aquí el secreto del inicio de la gota (הטיפ"ה) del carro celestial (*Merkavah*). Cuando comienza el carro celestial, observas que la gota (טיפ"ה)[20] y las *maim* (מים), las «aguas espirituales», gotean sobre *Maadim* (מאדים), que es fuego. Une el cuerpo de *Maadim* (Marte) con *Talé* (טל"ה), «rocío», que es sangre (*Dam*),[21] y de ello se formará el cuerpo del hombre, que es una gota procedente de *Maadim*, pues los elementos son vapores (אדי"ם), y de ellos proviene todo.

Y estos secretos son como gemelos, simétricos del lado izquierdo y del derecho, sobre los cuales están inscritos el intelecto (*Sejel*) y la imaginación (דמיון).[22] Por eso te he ordenado que hagas prevalecer el intelecto sobre la imaginación y que inclines la balanza hacia el mérito por sobre la culpa (*Sefer Yetzirah* 2, 1).

ואמנם אחר שתזכיר השם השני, ותאמר ראש הסוף ותענה י',
ותאמר עוד תוך התוך ותענה ל', ותאמר עוד סוף הראש ותענה י',
ועוד תשתחוה, וכן תעשה לשם השלישי שהוא סי"ט, תזכירהו ישר
כראשון והאמצעי הפוך לעולם בכלם, הנה הג' שמות ואילך אם
תרצה לישא ידיך יותר ג' הרשות בידך, ואם לאו אינך חושש, אבל
תזכיר השמות אחד אחד, (אחרי) הראשון והאחרון ישרים והאמצעי
הפוך כאשר צויתיך, אשר סודם במערכת תנועתם אח"ד שני"ם:

Ciertamente, después de invocar el segundo nombre, dirás *Rosh haSof* (ראש הסוף)[23] y responderás con *Iod* (י), luego dirás *Toj haToj* (תוך התוך)[24] y responderás con *Lamed* (ל), después dirás *Sof haRosh* (סוף הראש)[25] y responderás con *Iod* (י), y nuevamente te postrarás. Así harás también con el tercer nombre, que es *Sit* (סי"ט), lo mencionarás

20. Guematria 104, o sea 26, la guematria del Tetragrama, multiplicado por 4.
21. Porque su guematria es la misma, 44.
22. La guematria de *Iamin* (ימין), «derecha», y la de *Dimion* (דמיון), «imaginación», es la misma, 110.
23. «Principio del fin» o «cabeza del fin».
24. «Medio del medio».
25. «Fin del principio».

recto como el primero, y el intermedio siempre de manera invertida en todos ellos.

Así, con los tres nombres en adelante, si deseas levantar tus manos nuevamente después tres veces, tienes permiso para hacerlo; y si no, no es necesario. Pero debes invocar los nombres uno a uno, el primero y el último en línea recta, y el intermedio invertido, tal como te he instruido, cuyo secreto en el orden de sus movimientos es *Ejad Shenaim* (אחד שנים), «uno dos».

ואם אתה נקי ושלם בכל מה שהזהרתיך עליו אין ספק אצלי שהכבוד יתגלה לך, ויתראה לפניך בצורה שתוכל להכיר כוחו או יביא לך דבור שתבין כי הוא מאתו [יתברך] ואינו ממך, ומה אוכל ללמדך אני או אלף כמוני, שהנה הוא ילמדך ברגע קטן חכמות נפלאות אשר לא שמענום אנחנו לעולם, אך מה שיש לאל ידינו בדרך זה, [הוא] שנזהירך על התשובה, כלומר אם רץ לבך שוב למקום שלבך נאמר והחיות רצוא ושוב (יחזקאל א, יד), ועל דבר זה נכרת ברית:

Y si estás limpio y completo en todo aquello sobre lo que te he advertido, no hay duda para mí de que la gloria se te revelará y se te mostrará de forma que puedas reconocer su poder, o te traerá una palabra que entenderás que proviene de él, bendito sea, y no de ti mismo.

¿Y qué podría enseñarte yo, o mil como yo, si él mismo te enseña en un instante pequeñas maravillas de sabiduría que nosotros jamás hemos oído? Sin embargo, lo que está en nuestro poder en este camino es advertirte sobre la *Teshuvah* (el retorno): es decir, si tu corazón se escapa, siempre regresa al lugar donde debe estar tu corazón,[26] como ha sido dicho: «Y los seres vivientes corrían y regresaban» (Ezequiel 1, 14). Y sobre esto fue sellado el pacto.

---

26. Véase *Sefer Yetzirah* 1, 6.

אחר שהודעתיך הדרך המקובלת בהזכרת שם בן ע"ב, והזהרתיך ללכת בדרכיו ולחשוק עניינו וצירופיו, יש לך לדעת שאין קץ לחכמת השם הנכבד ההוא, אלא שיש לו דרכים רבים נפלאים וזה אחת מהם, עוד אחר הנזכרות והיא יוצאת מגלגול:

Después de haberte explicado el camino recibido (הדרך המקובלת)[27] en la invocación del nombre de setenta y dos [letras], y de haberte advertido que sigas sus senderos y anheles su significado y sus combinaciones, debes saber que no hay fin a la sabiduría de ese nombre glorioso, sino que posee muchos caminos maravillosos,[28] y éste es uno de ellos, que surge después de las invocaciones y que procede de la rotación (*gilgul*).[29]

וה"ו הז"י לא"ו וה"ו נמ"מ דמ"ב: מה"ש יז"ל נל"ך נג"א ומ"ב רא"ה: נת"ה יח"ו הה"ה יל"י אל"ד כל"י: רי"י אנ"י סא"ל לל"ה מב"ה יי"י: הא"א לה"ח מי"כ סי"ט לא"ו לו"ו: או"מ חע"מ ער"י אכ"א הר"י מל"ה: דנ"י יי"ל מנ"ק יר"ת כו"ק וו"ל: ני"ת יה"ה יב"מ לכ"ב רה"ע עש"ל: הח"ש הר"ח אי"ע שא"ה מנ"ד יל"ה: מב"ה עג"ו הי"י וש"ר יי"ז מי"ה: על"ס הה"ע פה"ל עמ"מ מצ"ר חב"ו: כה"ת הק"מ חה"ו פו"י מח"י מו"מ:

VeV He Vav, Zain Iod, Lamed Alef Vav, VeV He Vav, Nun Mem Mem, Dalet Mem Beth;

Mem He Shin, Iod Zain Lamed, Nun Lamed Kaf, Nun Guimel Alef, Mem Beth Resh He;

Nun Tav He, Iod Jet Vav, He He He, Iod Lamed Iod, Alef Lamed Dalet, Kaf Lamed Iod;

Resh Iod Iod, Alef Nun Iod, Samej Alef Lamed, Lamed Lamed He, Mem Beth He, Iod Iod Iod;

27. *HaDerej Mekubelet* (הדרך המקובלת), de la misma raíz que «cábala».

28. Los 32 caminos de que nos habla el principio del *Sefer Yetzirah* (1, 1).

29. Esta palabra significa también «reencarnación». Su guematria es 72.

He Alef Alef, Lamed He Jet, Mem Iod Kaf, Samej Iod Tet, Lamed Alef Vav, Lamed Vav Vav;

Alef Vav Mem, Jet Ayin Mem, Ayin Resh Iod, Alef Kaf Alef, He Resh Iod, Mem Lamed He;

Dalet Nun Iod, Iod Iod Lamed, Mem Nun Kaf, Iod Resh Tav, Kaf Vav Kaf, Vav Vav Lamed;

Nun Iod Tav, Iod He He, Iod Beth Mem, Lamed Kaf Beth, Resh He Ayin, Ayin Shin Lamed;

He Jet Shin, He Resh Jet, Alef Iod Ayin, Shin Alef He, Mem Nun Dalet, Iod Lamed He;

Mem Beth He, Ayin Guimel Vav, He Iod Iod, Vav Shin Resh, Iod Iod Zayin, Mem Iod He;

Ayin Lamed Mem, He He Ayin, Peh Lamed, Ayin Mem Mem, Mem Tzadi Resh, Jet Beth Vav;

Kaf He Tav, He Kof Mem, Jet He Vav, Peh Vav Iod, Mem Jet Iod, Mem Vav Mem.

הרי לך] שלש שלש מצורפים ט' אותיות לכל צרוף והיא הדרך]
שסימן צרופה שם א' ושם ט' ושם י"ז, והסימן (אך) [בם] ז"ך
[וסימניך טוב"י], ורמזו [בפסוק שנאמר] ויאמר אני אעביר כל טוב"י
על פניך (שמות לג, ט), וכן עד סופו בסימן א' ט' י"ז מתגלגל והוא מן
[ט' לט' וזהו היוצא מגלגולו הראשון (המרוב"ל) [המרובע

[He aquí para ti] tres en tres, combinados, nueve letras en cada combinación, y éste es el método en el que están señalados el primer nombre, el noveno nombre y el decimoséptimo nombre. Y el signo en ellos es *Bam Zakh* (ז"ך) [בם][y tu señal será *Tovi* (טו"בי)], y lo insinuaron en el versículo que dice: «Y él dijo: yo haré pasar toda mi bondad *(tovi)* ante tu rostro» (Éxodo 33, 19).

Y así sucesivamente hasta el final, con el signo de uno, nueve, diecisiete, girando en ciclos de nueve en nueve.

Y esto es lo que resulta de su primera rotación (*gilgul*) cuadrada (*meruba*):

האּ"ל וה"ז יו"ו לה"ז יל"ך שמ"נ: כל"ל יל"י אד"י לל"ב יי"ה מי"ה: וט"ל
ול"י אס"ו המ"ל אב"י רא"ה: הנ"ח תה"י הו"ה אג"י אס"י רל"י: כח"י
הא"ה מל"א אח"ר עמ"י עש"ו: כת"ר וו"ק ול"י כל"ב על"ע שר"ה:
הג"א הל"ש די"מ הש"ר ימ"ז יו"י: ומ"נ הו"ב דמ"מ אר"נ מנ"ב וא"ה:
די"נ מנ"י קל"י תב"י ני"ה מי"ה: אח"ה עה"ח רי"ש נו"ב עי"ה מי"ה:
עצ"ם מב"ר וח"מ ממ"ח יו"מ פי"ו:

HaEl veHaz, Iod-Vav-Vav leHaz, Iod-Lamed-Kaf, Shem-Nun;

Kol-Lamed, Iod-Lamed-Iod, Alef-Dalet-Iod, Lamed-Lamed-Beth, Iod-Iod-He, Mem-Iod-He;

Vav-Tet-Lamed, Vav-Lamed-Iod, Alef-Samej-Vav, Heh-Mem-Lamed, Alef-Beth-Iod,

Resh-Aleh-He;

He-Nun-Jet, Tet-Iod-He, He-Vav-He, Alef-Guimel-Iod, Alef-Samej-Iod, Resh

Lamed-Iod;

Kaf-He-Iod, He-Alef-He, Mem-Lamed-Alef, Alef-Chet-Resh, Ayin-Mem-Iod, Ayin-Shin-Vav;

Kaf-Tet-Resh, Vav-Vav-Kof, Vav-Lamed-Iod, Kaf-Lamed-Beth, Ayin-Lamed-Ayin, Shin-Resh-He;

He-Gimel-Alef, He-Lamed-Shin, Dalet-Iod-Mem, He-Shin-Resh, Iod-Mem-Zayin, Iod-Vav-Iod;

Vav-Mem-Nun, He-Vav-Beth, Dalet-Mem-Mem, Alef-Resh-Nun, Mem-Nun-Beth, Vav-Alef-He;

Dalet-Iod-Nun, Mem-Nun-Iod, Kaf-Lamed-Iod, Tav-Beth-Iod, Nun-Iod-He, Mem-Iod-He;

Alef-Jet-He, Ayin-He-Jet, Resh-Iod-Shin, Nun-Vav-Beth, Ayin-Iod-He, Mem-Iod-He;

Ayin-Tzadi-Mem, Mem-Beth-Resh, Vav-Jet-Mem, Mem-Jet, Iod-Vav-Mem, Pe-Iod-Vav.

הנה זהו השם המצורף היוצא מן הראשון זה הדרך תוכל גם אתה לעיין בשם הנכבד הזה ותוציא ממנו גלגולים כרצונך עד אין קץ, רק ראוי לך שתשמור מערכותיו תמיד בכל מה שתגלגלוהו, והזהר מן הד"ם התפוס שהוא המתעה, וממנו נברא (וחממה) [ונמצאו] הדמיון שהוא גלג"ל הד"ם, אבל התדבק בשכל והוא יתדבק בך, ולא תירא מדבר, והיה ה' עמך:

He aquí que éste es el nombre compuesto que sale del primero. De este modo podrás también tú meditar sobre este noble nombre y extraer de él permutaciones (גלגולים), según tu voluntad, hasta el infinito. Sólo debes conservar siempre tu disposición en todas las permutaciones que realices, y cuídate de la sangre atrapada (הד"ם התפוס),[30] que es la que engaña, y de él se crea y se hallan las imaginaciones, que son la rueda del *Dam*. Adhiérete, antes bien, al intelecto y él se adherirá a ti, y no temerás (תירא)[31] cosa alguna, y el Eterno estará contigo.

ואל יקשה בעיניך מפני שאמרתי לך שתוציא מעצמך ומדעתך מהשם מערכות נפלאות וסודות שהיו נעלמות ממך, ותבינם מתוך הבנתך, מה שתוציא מגלגול השם, שזה השם כולו יש לנו מופת על אמתתו, שהענין מוכרח להיות כן, והוא שתדע שכל מה שתחשוב אתה [בשם] כבר היה כן בעצמו טרם מחשבתך, מפני שהכל בו, והוא בכל, ואם כן כבר נחקקו בשם כל מחשבות הנבראים, וכל שכל מחשבותיך, וגם כל המחשבות העתידות להבראות, (ואמר) ואחר שהדבר כן, מה יוכל שום מלמד ללמדך בשכל נקי בו שיגיע אל קצה קטן מאשר ילמדך השם בו בעיונך בשכל נקי מכל מחשבות ההבל, ואם תאמר ואיך יתכן זה, הנה לך מופת מושכל ומקובל, וגם קצתו מורגש, שכל הדיבור יוצא מכ"ב אותיות, וכל שכן שיבנו החכמות על [רי"ו] כל אחד מאותיות שבשם:

---

30. *Tapus* (תפוס) en sentido figurado también significa «absorbida», «retenida».

31. Guematria 611, como Torah (תורה). No temerás porque estás con la Torah.

Y no te resulte difícil por el hecho de que te he dicho que extraerás de ti mismo y de tu propio entendimiento a partir del nombre sistemas maravillosos y secretos que estaban antes ocultos para ti, y que los comprenderás mediante tu propia comprensión, de lo que extraigas de la permutación del nombre; porque de este nombre tenemos prueba de toda su verdad, pues el asunto necesariamente ha de ser así. Y es que debes saber que todo lo que pienses [a propósito del nombre] ya existía en ti mismo antes de tu pensamiento, porque todo está en él, y él está en todo. Y si es así, ya están grabados en el nombre todos los pensamientos de las criaturas, y todo el intelecto de tus pensamientos, y también todos los pensamientos que en el futuro sean creados. Y si esto es así, ¿qué puede enseñarte cualquier maestro con un entendimiento puro que llegue siquiera a una mínima parte de lo que el nombre mismo te enseñará cuando lo contemples con una mente limpia de todas las vanidades? Y si preguntas cómo es esto posible, he aquí una prueba inteligible y aceptada, y en parte incluso perceptible: todo lo que se puede conocer proviene de las veintidós letras; ¡cuánto más lo las sabidurías, construidas sobre [216] combinaciones de las letras del nombre!

ואמנם צריך אני להודיעך בו כללים ראשונים, כדי שיהיו לך כמפתח לפתוח בו שערי בינה שהם חמשים, עם כ"ב אותיות, והוא שצריך שתדע כי זה השם המשולש, יצא מכח המשולש, והוא שם בן י"ב אותיות וזה היא צורת הוצאתו:

Sin embargo, debo informarte de ciertos principios fundamentales, para que te sirvan como una llave con la cual abrir las puertas de la inteligencia, que son cincuenta, junto con las veintidós letras. Y es necesario que sepas que este nombre triple proviene de la fuerza del triple (המשולש), y es un nombre de doce letras, y ésta es la forma de emanación:

י' י"ה יה"ו יהו"ה:
י' י"ה יה"ו יהו"ה:
י' י"ה יה"ו יהו"ה:
כ"י מ"ה ס"ג ע"ח:

Iod, Iod-He, Iod-Vav-He
Iod, Iod-He, Iod-Vav-He
Iod, Iod-He, Iod-Vav-He
Kaf-Iod, Mem-He, Samej-Guimel, Ayin-Jet

והנה כל שם ושם הוא ע"ב, ואמנם שלשתם יחד הם רי"ו, וכשתקחם באורך יהיו שם ד' דרכים, ואלה הם כ"י מ"ה ס"ג ע"ח ואיני צריך לפרש לך סודותיהם, אבל אני צריך לרמזם ועליהם תבנה כאשר [אתה] רואה, כי כל שם מורה סוד מופלא, והוא שמם שמספרם:

He aquí que cada nombre es 72 (letras), y los tres juntos son 216. Y si los tomas en su extensión, serán cuatro caminos,[32] y éstos son *Kaf-Iod, Mem-He, Samej-Guimel, Ayin-Jet.* No necesito explicarte sus secretos, pero debo insinuártelos, y sobre ellos construirás según lo que veas, porque cada nombre indica un secreto maravilloso, y su nombre es su número.

הי"ה הו"ה ויהי"ה:
הי"ה הו"ה ויהי"ה:
הי"ה הו"ה ויהי"ה:

He-Iod-He, He-Vav-He, Vayihi-He
He-Iod-He, He-Vav-He, Vayihi-He
He-Iod-He, He-Vav-He, Vayihi-He

32. Estos cuatro caminos son: כ"י (Kaf = 20 + Iod = 10) = 30; מ"ה (Mem = 40 + He = 5) = 45; ס"ג (Samej = 60 + Guimel = 3) = 63; ע"ח (Ayin = 70 + Jet = 8) = 78

ואולם כללם ירא"ה והיא גבורה על שם חרב"ו צב"א מלחמה והנה חכם בעולם בואו ונעלם ונלחם במזל ארי"ה ומטיל בו יראה כי הוא בחו"ר ברו"ח, ויש לו מעינים עליונים שכבר נתנה החכמה לאזנים ולעינים והדם לאפים וההודעה לפה ואור"ג הגבו"ר גבור"ה בהרג"ו ברו"ח וחר"ב פיפיות (הוא) בידו והוא מעיין ביו"ד ה"א וא"ו ה"א [ישר הוא] חלק החכמה וחלק הבינה, ומנינם ברו"ח על דרך סבוב חכמ"ה ובינ"ה, ועל פי סבוב חמה ולבנה, והכל עם זה השם הנכבד והנורא ועניינו הוא שעל פיו מתנועע התלי אשר הוא בעולם כמלך על כסאו [ספר יצירה פ"ו מ"ג], ונקרא פקי"ד בשם צד"ק כי הוא מד"ת הדין:

Sin embargo, su totalidad es *Irah* (temor)[33] y ésta es *Guevurah* (fuerza), en referencia a la espada (חרבו) y el ejército en guerra. Y he aquí un sabio en el mundo: viene, se oculta y combate bajo el signo de Leo (אריה), e infunde temor, pues está en la elección y en el espíritu (בחור ברוח). Y tiene fuentes que vienen de arriba, ya que la sabiduría fue dada por los oídos y a los ojos, la sangre por la nariz, la revelación por la boca. El resplandor de *Guevurah* se manifiesta a través de esta fuerza heroica de su espíritu en lucha. Y tiene una espada de dos filos en su mano y contempla en *Iod-He-Vav-He,* donde una parte representa la sabiduría y otra la inteligencia. La numeración y el orden de estas letras se organizan conforme a la rotación del Sol y de la Luna. Y todo esto se une en este nombre glorioso y temible, cuyo poder sostiene y mueve el *Teli* del mundo, como un rey sentado en su trono (*Sefer Yetzirah* 6, 3),[34] y es llamado *Pekid* (פקיד) en nombre de *Tzedek* (justicia),[35] porque es la medida del juicio (מד"ת הדין).

33. Guematria 216, como el número de caminos, o como la guematria de Guevurah o la de *Jerbo* (חרבו), «su espada», la de *Arieh* (אריה), Leo, o la de *beJor beRuaj* (בחור ברוח).

34. Y así reza: «El Teli en el universo es como un rey en su trono, el ciclo en el año es como un rey en la provincia, el corazón en el alma es como un rey en la guerra».

35. La guematria de *Pekid* (פקיד) es la misma que la de *Tzedek* (צדק), 194.

ובשנת ה' אלפים ומ' שנה ליצירה השלים ר"פ מחזורים כי מחזורו י"ח שנים, וסודם השם המיוחד שעל פיו מתגלגל ומניע י"ב מזלות, וכל הכוכבים בהרהור, והכל במחשבה, כי בספירה הולך בשנויים בכל חשבון ומאותו המחשבה בנה, והוא הברכה והקללה בח"י, ועל כן היה י' ברכה וי' קללה, והנה גלגולו במחזורים י"ח חדשים המה בכל מזל, ויש למזל ל' מעלות והוא הולך בכל ג' חדשים ה' מזלות, עד שיושלמו לו י"ח בכל מזל ומזל, ומכאן חייבו להיות בכל מזל ה' גבולות, וג' פנים, והגבולות הם לדרכי כוכבי לכת החמשה שהם כ'צ'מ'נ'ש, והפנים הם ל"ו שהם ח'ל'כ' צ'מ'נ'ש', וגם הם ג' שנקראו משולשות במהלכם:

Y en el año cinco mil cuarenta de la Creación[36] se completaron doscientos ochenta ciclos, porque su ciclo es de dieciocho años. Su secreto es el nombre especial por el cual se hace girar y se mueve el zodíaco con sus doce signos, y todos los astros en un solo pensamiento, y todo mediante la contemplación (מחשבה),[37] pues cada cálculo activa transformaciones en las sefirot. A partir de esta intención se construyó todo: allí se encuentra la bendición y la maldición, cada una en dieciocho períodos, de manera que hay nueve para la bendición y nueve para la maldición. El movimiento del ciclo se distribuye a lo largo de dieciocho meses en cada signo, y cada signo tiene treinta grados, y recorre en cada tres meses cinco signos, hasta que se completen dieciocho en cada uno de los signos. Y de aquí se establece que en cada signo haya cinco límites y tres aspectos; y los límites son para las trayectorias de los cinco planetas, que son *Ketzemanish* (כצמנש),[38] y los aspectos son treinta y seis, que son *Ketzemanish* también, pero divididos en tres, y éstos son llamados tríadas en su movimiento.

---

36. Es decir, el año 1280 de la era cristiana.

37. Guematria 355 como *Shannah* (שנה) «año».

38. Notarikon de כ (*Kaf*): כוכב (*Kokav*), que es Mercurio; de צ (*Tsadi*): צדק (*Tzedek*), que es Júpiter; de מ (*Mem*): מאדים (*Ma'adim*), que es Marte; de נ (*Nun*): נוגה (*Nogah*), que es Venus; de ש (*Shin*): שבתאי (*Shabtai*), que es Saturno.

ומפני שהשם הנכבד והנורא הנרמז בראשית מהתנועות ומעלותם בנוי על ברייתו של עולם אצטרך להקדים לך הקדמה קצת מזאת החכמה החזיונות עד שיהיה קל עליך להבין דרכיו יותר:

Y debido a que el nombre noble y temible, insinuado en el principio de los movimientos y sus grados, está construido sobre la creación del mundo, necesitaré antes darte una introducción a esta sabiduría de las visiones, para que te sea más fácil comprender sus caminos.

והעד שזה השם מורה על סוד התנועות, הוא שהתחלתו בתורה מן [פסוק] ויס"ע, המורה על הנסיעה, וסודו בי"ד הנסיעה והוא נוסע בכח גבור"ה, והשני לו הוא [מפסוק] ויב"א, והביאה גם היא מורה על נסיעה שנית ממין שני, והשלישי [מפסוק וי"ט] הוא ג"כ מורה על נסיעה שלישית ממין שלישית, שהוא וי"ט מלשון נטייה:

Y la prueba de que este nombre indica el secreto de los movimientos es que su comienzo en la Torah es del versículo *Vaisa* («y se alzó»), que indica el desplazamiento, y su secreto está en número catorce de la travesía, y se desplaza por la fuerza de la *Guevurah*. El segundo corresponde al versículo *Vaiavo* («y vino»), que también indica un segundo tipo de desplazamiento. Y el tercero, del versículo *Vaiet* («y vino»), también indica un tercer tipo de desplazamiento, pues *Vaiet* proviene del concepto de inclinación.

והנה נסיעה, וביאה, ונטייה, הם עדים שלשה על ג' תנועות העולם, שהם תנועה מן האמצע, והתנועה אל האמצע, ותנועה סביב האמצע, ומן הכתובים תבין כל אחת ואחת מהן שהרי בא זכירת הליכת הפנים, וחזרה לאחור, וע"כ נלקח ו' מראשו ישר כפי הנסיעה הראשונה, והנה הנסיעה ביד, גם הנסיעה ברגל, והיא נסיעת התלי בסוד ותחת רגליו (שמות כז, י), ושל היד כתובים באצבע אלהים (שמות ה, כה), והוא סוד תנועת העט בסוד ויט משה את ידו על הים ויולך ה' את הים ברוח קדים עזה וגו' (שמות יד, כא), ונטיית הגלגלים הם סבות כל השינוים הנמצאים בעולמנו זה, כי י"ח שנים מתגלגל התלי בגבהות ובשפל ומנצחו השם המיוחד על פי הנסיעה בגבורה בקשיו, וע"כ י"ח נקודות כחו כי שם ביתו ותשובתו הרמתה, הם ששה שהם אש ורוח ומים ששים קשרים אלו, וע"כ נלקח שם ויב"א ישר לו, אך הוא הפכו מן הלילה, (עדיו) ושם וי"ט ישר לו, ומה שהוא הפוך לראשו, והוא ישר לזנבו, ומה שהוא ישר לזנבו, הוא הפוך לראשו, אך ויב"א מן המכריע בנתים, וע"כ נאמר ויבא בין מחנה מצרים ולא קרב זה אל זה כל הלילה (שמות יד, כ), והי"ם סודו הן':

He aquí que viaje (נסיעה), llegada (ביאה) e inclinación (נטייה) son tres testigos que aluden a los tres movimientos del mundo: el movimiento desde el centro, el movimiento hacia el centro y el movimiento alrededor del centro. Y a partir de estos versículos entenderás cada uno de ellos, pues allí se menciona el avance hacia adelante y el retroceso hacia atrás. Por eso se toma *Vav* al principio, directa (ישר), como el primer desplazamiento. Y he aquí que el desplazamiento es con la mano, y también el desplazamiento es con el pie, que es el desplazamiento del *Teli* en el secreto de «y bajo sus pies» (Éxodo 24, 10). El movimiento de la mano está escrito «por el dedo de Dios» (Éxodo 8, 15), que es el secreto del movimiento de la pluma en el secreto de «y Moisés extendió su mano sobre el mar, y el Eterno hizo que el mar se retirara por un fuerte viento del este» (Éxodo 14, 21). Y la inclinación de los astros es la causa de todos los cambios que existen en nuestro mundo, porque en dieciocho años gira el *Teli* en altura y profundidad, bajo el gobierno del nombre especial mediante el desplazamiento con fuerza en sus duros tránsitos. Y por eso tiene dieciocho puntos de su fuerza, que corresponden a su casa y a su retorno. Seis de estos puntos representan el fuego, el viento y el agua, con sesenta conexiones entre ellos. Por ello, se toma el nombre *Vaiavo,* recto hacia él, aunque invertido en la noche; y el nombre *Vaiet*, recto hacia él, pero invertido hacia su cabeza; lo que es recto hacia la cola se invierte hacia la cabeza, y lo que es recto hacia la cabeza se invierte hacia la cola. Pero *Vaiavo* es el que media entre ellos, y por eso se dijo: «Y vino entre el campamento de Egipto y no se acercó uno al otro en toda la noche» (Éxodo 14, 20). Y el secreto del *Iam* (mar) es cinco.[39]

ואמנם בשני זכר ביאה בנתים, שהיא סוד ההכרעה, עד שלא יקרב זה אל זה כל זמן אשר המכריע בין שתי המחנות קיים, והביאה היא בדמות הכנסה בבית שהנכנס בא בו בין שני השערים ובתוכו יוצא ובא, לעתים פנים ואחור, וכן הרוח מכריע בין האש והמים, ושמו מדת השלום מפני שבכל עת שהרוח מכריע ביניהם יש שלום, והשלום אח האמת, וע"כ אם מדת יעקב אמ"ת, הנה מדת עשו שלו"ם, וביניהם דברי שלום ואמת, וע"כ סוד המדות בדמות א"מ שם שהוא לעד על מה שנאמר בנבואה אמת ומשפט שלו"ם שפטו בשעריכם (זכריה ה, טו):

Y, en verdad, en el segundo se menciona la llegada como intermediaria, que es el secreto de la mediación, para que uno no se acerque al otro mientras el mediador entre los dos campamentos esté presente. Y la llegada es como la entrada en una casa, donde quien entra lo hace entre dos puertas, y por ella entra y sale, a veces hacia adelante y a veces hacia atrás. Así también el viento media entre el fuego y el agua, y su nombre es la medida de la paz, porque siempre que el viento media entre ellos hay paz, y la paz es hermana de la verdad. Por eso, si la medida de Jacob es *Emet* («verdad»), la medida de Esaú es *Shalom* («paz»), y entre ellos hay palabras de paz y verdad. Y por ello el secreto de las

---

39. Su guematria *raguil* es 50 y, por lo tanto, su guematria *katán* o reducida es 5.

medidas está en la figura del nombre *Em* (אמ),[40] que es testimonio de lo que se dijo en la profecía: «Verdad y juicio de paz juzgad en vuestras puertas» (Zacarías 8, 16).

ואמנם בג' זכר בו נטייה שהיא הוראה על היותה סבת תנועת חרות,
תנועת הרוח סבת תנוע"ת השנוי הטבעי, והוא יובש הלחות ובקיעת
המים לחלקים שוים, והם י"ב חלקים, והוא סוד י"ב שמות אשר
רמזתי שסודם רי"ו, וע"כ נרמז בנתים ז"ה אל ז"ה, בסוד קדושה
משולשת לשלוש כתות, שהן ג' מחנות, גם חמש מחנות עם מספר
מחנה שכינה הן בדמות שלוש בצורה זה:

Y, en verdad, en el tercero se menciona la inclinación, que indica que es causa del movimiento del viento, y el movimiento del viento es causa del cambio natural, que es la sequedad de la humedad y la división de las aguas en partes iguales, que son doce partes. Y éste es el secreto de los doce nombres que insinué, cuyo secreto es 216 (*Resh Iod Vav*). Por eso se insinuó entre ellos «de un extremo al otro», en el secreto de la santidad triple en tres agrupaciones, que son tres campamentos, y también cinco campamentos, incluyendo el campamento de la *Shekinah*, que son en la forma de tres en esta figura:

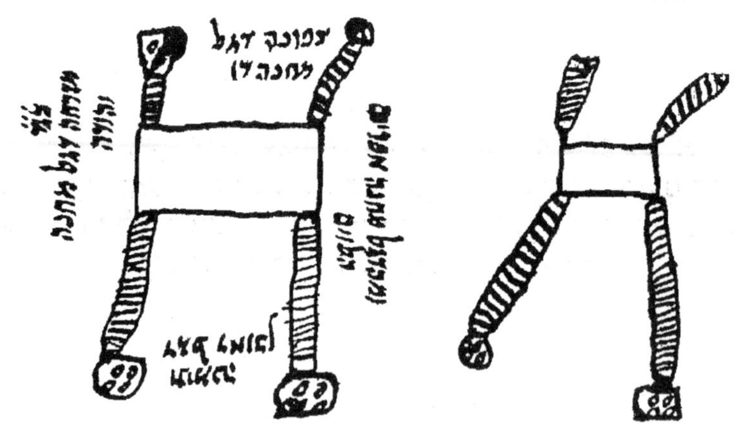

40. *Em* (אמ), que significa «madre», son las dos primeras letras de *Emet* (אמת), «verdad».

והנה זו הצורה שהיא צורת ד' דגלים שהם י"ב היא כדמות ה' בסוד א'ד', שהיא חצי השם ורביעית, והיא בדמות ד' חיות הקדש אשר ד' פנים לאחד, ושכינה בנתים בסוד ו'ה'ו', והסוד בהיות ה' מאמצע בין הזוגות והוא נפרד בדמות אלה הצורות:

He aquí que esta figura, que es la figura de los cuatro estandartes que son doce, es como la figura de la *He* en el secreto de *Alef-Dalet* (אד), que es la mitad del nombre[41] y su cuarta parte, y es en la figura de las cuatro criaturas vivientes santas (חיות הקדש), cada una de las cuales tiene cuatro rostros, y la *Shekinah* entre ellas en el secreto de *Vav-He-Vav* (והו), y el secreto es que la *He* está en el centro entre las parejas, y se distingue en la figura de estas formas:

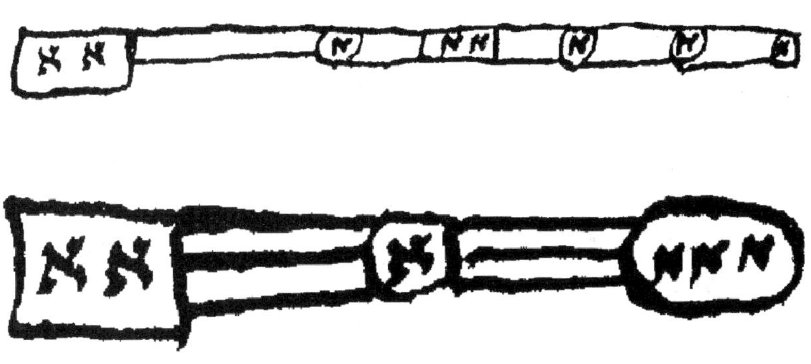

הנה מאלו הצורות הג' שצורתם שהם שלשים וכללם א'ב' א'ד' א'ו', תבין סתרי המערכות והמרכבות, ולעולם תשקול את כולם במשקל משולש כאלו להשים זוגו שוות ימין ושמאל או נפרדים שונים, אך תכריע ביניהם לעולם באחד יחיד ומיוחד:

41. Del nombre *Adonai*, se entiende.

He aquí que, a partir de estas tres figuras, cuya forma es de treinta,[42] y todas ellas son *Alef-Beth* (א"ב), *Alef-Dalet* (א"ד), *Alef-Vav* (א"ו), comprenderás los secretos de los sistemas y de los carros celestiales. Y siempre debes ponderarlos con una balanza triple, como si pusieras pares iguales a derecha e izquierda, o separados pero equivalentes. Sin embargo, debes decidir entre ellos siempre en uno solo, único y especial.

ותבין מזה, שבכל המרכבות והמערכות או מי שידמה למכריע חוץ מן השלוש הראשון שהמכריע שוה במציאות לימינו ולשמאלו, ואע"פ שמחודש נדמה לו מצד אחד מפני סוד שש קצוות, והיכל הקדש המכוין באמצע, והוא אשר רמזתים בשלשת האמרים, עם כל זה כולם מורכבים מן השלש, והנה הם ה'ה'ה', וזה הוא אחד מן השמות:

Y a partir de esto comprende que, en todos los carros celestiales y los sistemas, o quienquiera que se asemeje al mediador, excepto en los tres primeros, el mediador es igual en existencia a su derecha y a su izquierda. Y aunque aparentemente parezca inclinarse hacia un lado, esto es por el secreto de los seis extremos (סוד שש קצוות)[43] y el palacio sagrado que está orientado en el centro, y esto es lo que insinué en los tres dichos. Con todo, todos ellos están compuestos de los tres, y he aquí que son *He-He-He* (ה"ה"ה),[44] y éste es uno de los nombres.

---

42. Entre todas suman 30 en guematria (1+2 + 1+4 + 1+6 = 15 + 15 = 30).

43. Las seis direcciones del espacio.

44. Guematria 15, como el nombre *IH* (יה).

ולפי זאת הדרך הקדושה, תמצא אלפ"א בית"א שהיא מתחלת מלמעלה ויורדת למטה, ומתרכבת תמיד בצורה (שזה) [שווה], והיא מעיינת לייחוד המכריע בנתים עד היות ימין מפה וימין מפה שאין שמאל למעלה, והרואה יאמי"ן מיד בקריעת ים סוף, (ישעיה, כו, ד) כי בי"ה יהו"ה צור עולמים, והנה היה הים מפה ומפה כצורה זו:

Y según este camino sagrado, encontrarás que el *Alef-Beth* comienza desde lo alto y desciende hacia abajo, y siempre se compone en una forma equilibrada, y reflexiona sobre la unificación del mediador entre ambos hasta que haya derecha de un lado y derecha del otro, sin que haya izquierda en lo alto. Y quien ve, entenderá derecha (יאמין) inmediatamente en la partición del Mar Rojo, como está dicho (Isaías 26, 4): «Porque en *Iah*, el Eterno, está la fortaleza de los mundos». Y he aquí que el mar estaba de un lado y del otro en esta forma:

הים אל הים

גם יתגלה מעניין (יום יום) [ים ים] שהנה, כשתוריד הא"ל לאלפ"א בית"א לשני הצדדים בשווי מן א' עד ז' ותשים א' מכריע ו' בנתים תמיד, אז תדע כי היא היא המים באמת, והנו אל"ף משולש בסוד אי"ק, שהם א'נ'י'מ' א'ח'ע' ע'ש'ר'י' מא"ה, וסודם הר"ד וזה הוא סוד הפוך והושם לכסא לאלף חלקי ה'ש'ע'ה' ה'ש'ע'ה' והוא החלקים, שהנה התחלתם בסוד המולד הראשון מן לבה"ב לבהב"ר כפול הר"ד ותמצא תי"ח, והוא י"ח שנים של התני"ם, וסודם חצי"ו שד"י, וכן חציו רצ"ח וחציו רחמ"ן. גם חציו רוח מים, וחציו המרום, ועל זה נתיחס למים, באומר (יחזקאל כט, ג) התנין הגדול הרובץ בתוך יאוריו, כלי אורו בתוך י'י'ו'ע'ב' י'מ' י'מ', והנה שהוא א' מכריע בנתים, ואם תמנה לפי הצורה הנזכרת מספר החלקים, הנקראים כפות המנעול כלול כפות העולמים הנזכרים תפלא מסודם וזה צורתם:

De mar a mar.

También se revelará *Iom Iom* (día día).[45] *He aquí:* cuando hagas descender el *Alef-Lamed* (הא"ל) a través del *Alef-Beth* (לאלפ"א בית"א) hacia ambos lados de manera equilibrada, desde *Alef* hasta *Zain*, y pongas una *Alef* como mediadora y una *Vav* siempre entre ellos, entonces sabrás que esto es, en verdad, el agua. Y he aquí que es una *Alef* triple en el secreto de *Ayin Iod Kof (*אי"ק*)*, que son *Ani-Mem (*א'נ'י'מ*)*,[46] *Aj-Ain (*א'ח'ע*)*, *Asharei-Meah* (ע'ש'ר'י' מא"ה) y su secreto es *haRad* (temor). Y éste es el secreto de la inversión, colocado en el trono de los extremos de la hora (*sha'ah*), y sus partes comienzan en el secreto del primer nacimiento de *LeVHB LeVHBR*, el doble de *haRad*, y encontrarás 418, que son los 18 años de los *Tanim* (grandes dragones marinos), y su secreto es la mitad de *Shaddai*, y también su mitad es *Ratzaj* y su mitad *Rajman*. También, su mitad es viento y agua, y su mitad el firmamento. Y por eso se asocia al agua, como se dice en Ezequiel 29, 3: «El gran dragón que yace en medio de sus ríos». Su cuerpo de luz está dentro de *Iod Iod Vav Ayin Beth*, *Iam Iam*, y he aquí que es una *Alef* que media entre ellos. Y si cuentas, conforme a la forma mencionada, el número de las partes llamadas «las palmas de la cerradura», es decir, las palmas de los mundos mencionados, te maravillarás de su secreto. Y ésta es su forma:

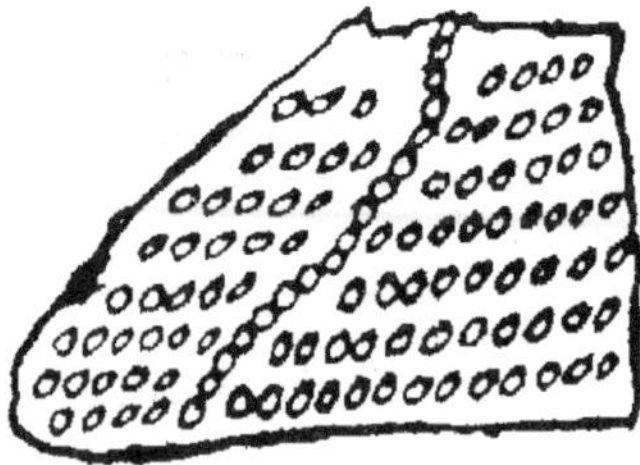

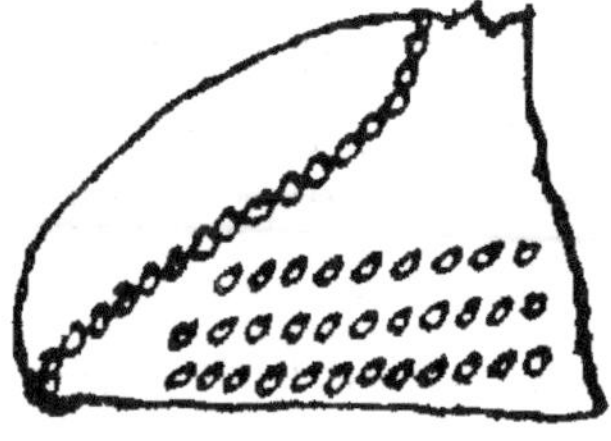

45. Probablemente un error de copista.

46. Yo soy cien.

דע בני כי זאת היא צורת המזבח אשר בנה משה (שמות יז, טו)
ויקרא שמו ה' נסי, והסוד כי חשבונו נס"י והיא הסנ"ה אותיות למשה
מסיני השווהו שהוא נמצא שוה כזו, הנה זה הצורה כזו הצורה:

Sabe, hijo mío, que ésta es la forma del altar que construyó Moisés (Éxodo 27, 15), y llamó su nombre «el Eterno es mi estandarte» (*Adonai Nisi*), y el secreto es que su valor numérico es *Nisi* (נסי),[47] y es *haSneh* (הסנ"ה), «la zarza», que son las letras que representan a Moisés desde el Sinaí, y se iguala a él, de manera que se encuentra equivalente y equilibrado. He aquí, esta figura, como es su figura:

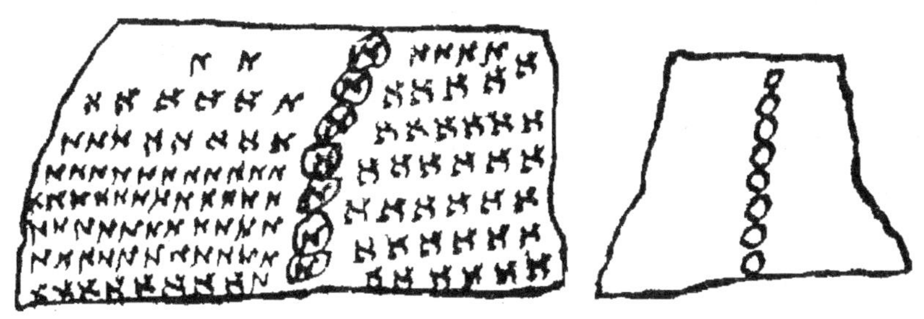

ג"כ היא אשר תהיה לך הדרך הישרה הנערכת מחכמת המרכבה,
וממנה תזכיר השפע הנכבד, וכמוה אתה צריך לצייר בשפע המרכבה
המעושית ביודין, וכן במאיות בעצמה, והנה יהיו ידיה הימנים נ"ה
ומן השמאלים נ"ה וחוט שזרתן אשר ממנו כלים מוצצים ויונקים
חייהם הם א' ודין והנה עוד מספר הנס"ה:

De este modo, también ella será para ti el camino recto dispuesto según la sabiduría de la *Merkavah* y por ella invocarás el flujo sublime, y conforme a ella debes formar el flujo del Carro elaborada con *Iodim* (letras *Iod*), así también en las *Meiot* (centenas mismas). Y he aquí que

47. Guematria 120. *HaSneh* (הסנה), «la zarza», tiene la misma guematria.

sus manos derechas serán 55 (*Nun-He*), y de las izquierdas 55 (*Nun-He*); y el hilo de su trenza, del cual los recipientes extraen y succionan su vida, es uno (*Alef*) y ley (*Din*). Y he aquí también el valor numérico de la *haNasah* (הנסה).[48]

Y, en verdad, su secreto es el Carro derivado, y es un tercio de la *Sneh* (zarza), que el pensamiento divide en tres, en el secreto de la *Samej* por ser un número fijo respecto a su compañero. Son quince números, que es un octavo de *Kaf Iod*, lo que indica su cuadruplicación. Y lo que está grabado en el Trono de Gloria está grabado en la naturaleza del corazón. Y su número es el secreto de los cuadrantes del espíritu, que son parejas, y son catorce, y son *Kaf*, y son el secreto de los círculos de la *Iod*, que son los de la derecha, y tres imaginarios; y encontrarás *Sheli* (mi herramienta); y tres intelectuales, y encontrarás *Anoji* (yo); y tres *Anoji*, y encontrarás *Ragli* (mis pies); y sus dobles son los fundamentos, y su doble es su nombre explícito. Y he aquí que 120 *Iodim* es su número (אי"ק),[49] y su secreto, invertido, es 111 (*Kof Iod Alef*), y es un gran prodigio si piensas el hilo como una sola *Iod*. Y si lo consideras como diez *Iodim*, entonces el añadido es su número *Kulam* (todos ellos), y el secreto de los mundos es el centro de todo el mundo, para el rey y la reina, los celosos que vomitan, los que esperan el viaje y la venganza como testigos contra ellos.

Y el sistema de las centenas, que es 120 centenas (*Kufim*), suma 12 000, conjunto de los tres 120, es 12 en *Alef Resh* (201), y su secreto es el recuerdo de los astros 28 del formador, que es *Sheleg* (שלג),[50] que es la oscuridad de este mundo y del mundo venidero, toda la luz oculta. Y ellos son *Ayin Kof* en *Bet Resh*. En estas formas y las similares, necesitas dibujar y meditar, hasta llegar a conceptos inteligibles, hasta que saques lo que está en potencia a acto, combinando nombres, las afinidades con las fuerzas naturales, porque por ellos alcanzarás lo intelectual, según la forma de la combinación de las letras.

---

48. Guematria 120.

49. Guematria 111.

50. Guematria 333, es decir, 111 multiplicado por 3.

סימן ג
חלק א סימן ג
חלק שלישי קטן, סימנו ג':

CAPÍTULO 3

Parte I, tercer apartado

אם היות יכול לקצור באלו הדרכים קצור שלא היה כבר עליך להבין כונתי בו, גם לא היות חסר משום ידיעה הראויה לדעתה בחכמה זה, מפני רוב הקצור, היה לי בזה ב' תועלות, ולך ג' תועלות, ותועלת האחת היתה באה לי מצד שהייתי מקל הטורח הגדול מעלי, ואשר אני צריך אליו לחבירו, ולבארו בכל בל' יום הייתי מבארו בג' ימים, ולא הייתי מתבטל כ"ט יום ראשו"ן הנוספים אשר הייתי יכול ללמוד בם מסכתא אחת שהייתי לי למסך ולמגן בעת צרת העולם הבא, למחול בעבורה עונות, ותועלת השנית היתה באה לי מצד שהייתי מקל מעלי טורח הלמוד, שאתה מקבל ממני, ולו היה אפשר שתלמוד ממני ביום אחד, מה שאתה צריך לטרוח עליו שנה אחת, היה זה טוב לשנינו, רק השלש פעולות הבאות לך מזה הם מוכנות בתחלת מחשבה, והאחת מהן היא שתלמוד בדברים מועטים חכמות נפלאות אלהיות, והשנית שתתחכם מהם בזמן מועט, והשלישית תתזכה לעולם שכולו ארוך במעט טורח, ובמעט קצר, ואחר היות הענין כן אין ספק שאם אוכל להשים ע"ב חכמות תחת שני ענינין, לא אטריח עצמו להעמידם תחת ענין, כי אז היה העניין והחכמה מועטת, והיה ראוי להאמר עלי כזה כי בא החלום ברוב ענין, וקול כסיל ברוב דברים (קהלת ה, יב), והנה הזכיר שלמה לבלתי להאריך בדברים אלו, באומרו כי האלהים בשמים ואתה על הארץ (קהלת ה, א), על כן יהיו דבריך מעטים:

Si con estos métodos pudieras obtener conocimientos que aún no comprendes, no por ello debes suponer que no comprenderás mi intención al enseñártelos, ni que te falta conocimiento alguno digno de ser aprendido en esta sabiduría. Por la abundancia de lo que se puede obtener, obtuve dos beneficios y tú tres. El primer beneficio para mí fue aliviarme de un gran esfuerzo, pues lo que normalmente requeriría para explicarlo a otro en treinta días, podía explicarlo en tres días, sin perder veintinueve días adicionales en los cuales podría estudiar un tratado (מסכתא) completo[1] que me serviría como defensa y escudo en la hora del apremio del mundo venidero, y con el cual podrían serme perdonadas mis faltas. El segundo beneficio para mí es que aliviaría el esfuerzo del aprendizaje que tú recibes de mí; y si fuera posible que aprendieras de mí en un solo día lo que de otro modo necesitarías un año entero para alcanzar, lo cual sería bueno para ambos.

Los tres beneficios para ti, que fueron previstos desde el comienzo, son estos: el primero, que aprenderás, en pocas palabras, maravillosas sabidurías divinas; el segundo, que te harás sabio en breve tiempo; el tercero, que alcanzarás el mundo eterno con poco esfuerzo y poca exposición.

Siendo así las cosas, no hay duda de que si pudiera reunir setenta y dos sabidurías bajo dos conceptos, no me esforzaría en abreviarlas en un solo concepto, pues entonces tanto el tema como la sabiduría serían limitados, y se diría de mí aquello de «el sueño viene con mucho esfuerzo, y la voz del necio por la abundancia de palabras» (Eclesiastés 5, 2). Y ya advirtió Salomón que no se alargue uno en estos asuntos, diciendo: «Porque Dios está en los Cielos y tú en la Tierra; por lo tanto, sean pocas tus palabras» (Eclesiastés 5, 1).

1. Del Talmud, se entiende.

ואמנם באמת זה החכמה העליונה שמה בלשון חכמינו ז"ל (הגיגה יג,) מעש"ה מרכב"ה כלומר הרכבת ש"ם בש"ם, אמ"ש עם אש"מ הרכבת מערי"ך בנער"ך מכריע בנתים, בדמות מסמ"ר במסמ"ר מצור במצור, וע"כ ואל תתמה מאשר אריך בו בקצת דברים בהכריח, כי הדבר עמוק עמוק מאד, ומי ימצאנו. אפילו רוב דברים, קל וחומר אחר כי זה החכמה האלוהית, אינה כשאר חכמות, שהרי היא כוללת כל החכמות שנאמרו ושנגלו ושנסתרו וכל הנמצאות נגלות ונסתרים, וכל העתידים להאמר להגלות בפירוש, או נרמזת נסתרת, ואם כן אינו מן הפלא, שהעניין המופלא והנורא הזה יתחיל להמשיך המחבר המדבר בו, אלא שנותן הדין, לדעתו של החכם המדבר שימשיך הוא את הענין ולא שהענין ימשיך אותו, [שנאמר] בספר היצירה בסופו (פ"ו מ"ז) על חכמת האותיות, אשר ענין אברהם אבינו ע"ה שהוא המשיך האותיות, שבהם נברא הכל כדמות ג' אמות כאומר (שם פ"ג מ"ה) משכן במים דלקם באש רעשן ברוח, ועוד עשה כן ב'ז'ו'י'כ', נאמר (שם) בעדן בז' כוכבים כי נהגן בי"ב מזלות, וכ"ל ל"ז שהוא המשיך הכוחות והמשיך חכמת האותיות כרצונו, ולא הכרחתיהו החכמה המופלאה הזאת לעבור גבולה:

Y, en verdad, esta sabiduría suprema fue llamada por nuestros sabios (Jaguigah 13a) *Maasé Merkavah*, es decir, la combinación de un nombre con otro nombre, de (אמ"ש) con (אש"מ),[2] la combinación de *Arij* (מערי"ך) con *Naaraj* (בנער"ך),[3] un mediador entre ellos, en la forma de *Masmer* (מסמ"ר)[4] con *Masmer*, fortaleza con fortaleza. Por ello no te asombres si en algunos temas es necesario extenderse, porque el asunto es profundísimo: «Profundo, muy profundo, ¿quién lo encontrará?» (Eclesiastés 7, 24). Incluso con muchas palabras es difícil; cuanto más en este caso, porque esta sabiduría divina no es como las demás sabidurías, ya que ésta las contiene todas: las manifiestas, las reveladas, las ocultas, todas las existentes, las visibles y las invisibles, y

2. Ambas palabras tienen la misma guematria, 341.
3. Ambas palabras tienen la misma guematria, 340.
4. Guematria 340.

todo lo que ha de ser dicho y revelado explícitamente o insinuado de forma oculta.

Por lo tanto, no es de extrañar que este asunto tan prodigioso y temible arrastre al autor que trata de él. Pero el juicio exige que el sabio que habla conduzca el asunto, y no que el asunto lo arrastre a él, como se dice al final del *Sefer Yetzirah* (6, 7) sobre la sabiduría de las letras: que Abraham nuestro padre, la paz sea con él, arrastró las letras, con las cuales fue creado todo, en la forma de tres madres, como se dice (3, 5): «Las estableció en agua, las encendió en fuego, las agitó en viento», y también actuó así con *Zain*, *Vav*, *Iod*, *Kaf*; se dijo (allí) que las estableció con los siete planetas, pues gobiernan en los doce signos del zodíaco, y todo lo condujo hacia el 37, arrastrando las fuerzas y guiando la sabiduría de las letras según su voluntad, y no fue forzado por esta sabiduría prodigiosa a traspasar sus límites.

והנה היום לולי שאנו מובטחים בשם, אשר הורנו על ידי זאת החכמה התוריית הקדושה שאנחנו בזמן הישועה ונאמר עליו ושאבתם מים בששון ממעייני הישועה (ישעיה יב, ג), ותרגמו יונתן בן עוזיאל ז"ל ותאלפון אולפן חדת בחדוה מבחירי צדיקיא, הנה גם אנחנו היינו שותקין לבלתי גלות בחכמה זו, כי אם ראשי הפרקים רחוקים ועמוקים עד שלא היו מובנים, כי אם לצדיקים המעמיקים אך הסבה שמכריחנו הוא ענין אלוהי, וגלה לנו קצת מסודו ויבא חנו"ך ב"ן יר"ד בדמות מוכיח דברנ"י, וידבר בנ"ו ועל לבינו הביא תנחומים וינחמינו כבר היינו מחרישים כאשר החרישו קדמונינו ז"ל, וידוע כי אליהו אשר נקרא שמו יהוא"ל לא יתגלה לרשעים כי אם לצדיקים בלבד והם אשר צדקו ביראת [השם] והם הם חושבי שמו, ג"כ כמו כן חנו"ך ב"ן יר"ד לא יתגלה כי אם לאנשי אמת, שונאי בצע, שהם אנשים חכמים בחכמה האלוהית הזאת בלבד, ואל תאמן זולת זה, ודע כי אליהו וחנוך שניהם יבואו בזמן אחד ועצה אחת לשניהם, והם מבשרים באמת:

He aquí que hoy en día, si no fuera porque estamos confiados en el Eterno, que nos ha instruido mediante esta santa sabiduría de la Torah, sabríamos que nos hallamos en tiempos de salvación, como está dicho: «Y sacaréis agua con alegría de los manantiales de la salvación» (Isaías 12, 3), y como lo tradujo Ionatán ben Uziel, de bendita memoria: «Y aprenderéis nueva enseñanza con alegría de los escogidos de los justos». También nosotros habríamos guardado silencio, sin revelar esta sabiduría más que en sus encabezamientos, lejanos y profundos, que sólo serían comprensibles para los justos profundos.

Pero la causa que nos obliga es un asunto divino, y nos fue revelado un poco de su secreto. Y vino Janoj (Enoc), hijo de Iered, en forma de un moralista que hablaba palabras sinceras, y habló con nosotros y trajo consuelo a nuestro corazón y nos consoló. Pues ya habíamos guardado silencio como guardaron silencio nuestros antepasados, de bendita memoria. Y es sabido que Elías, llamado su nombre Jehoel, no se revelará a los malvados, sino sólo a los justos, los que son rectos en el temor del nombre, aquellos que meditan en su nombre. Así también, Janoj hijo de Iéred no se revelará sino a hombres de verdad, enemigos del soborno, hombres sabios en esta sabiduría divina solamente. Y no creas lo contrario.

Y sabe que Elías y Janoj vendrán ambos en el mismo tiempo y tendrán un solo consejo, y serán verdaderamente anunciadores de buenas nuevas.

ותחבולות גדולות יוליכנו יולידו בעולם ויחדשו חכמות אשר הם נכריות היום מאד, אצל חכמי ישראל, המתחכמים בחכמת התלמוד, והם בתכלית הרוחק מאמתתה השנית כי יש לה שני דרכים, אחד נגלה ואחד נסתר, ושניהם אמת רק הנגלה דומה לעניינים הגופניים אשר במציאות כלו בכלליו ובפרטיו, והוא שכבר (ו)נודע ונגלה לכל בעל שכל, כי הענינים הנגלים אשר במציאות, הם הענינים המורגשים, והם הם כלים לכל הענינים הרוחניים הקרובים אליהם, והם הם כלים לכל הפנימים הרוחנים חקרובים אליהם והמנהיגים אותם, והני הכלים בעצמם יש מהם חצוניים, ויש מהם פניימים, והחיצוניים הם, כגון העינים והאזנים והאפים והפה והראש בכללו החיצוני, והזרועות והשוקים והידים והרגלים והאצבעות והשער והצפרנים והעור וכלי המשגל:

Y grandes artimañas (תחבולות) nos guiarán y harán en el mundo cosas nuevas, y renovarán sabidurías que hoy son muy ajenas para los sabios de Israel, que se especializan en la sabiduría del Talmud. Ellos están en extremo alejados de su segunda verdad, pues ésta tiene dos caminos: uno revelado y uno oculto, y ambos son verdaderos. Sólo que el revelado es semejante a las cuestiones corporales que existen en toda la realidad en general y en particular.

Y ya es conocido y evidente para todo ser racional que los asuntos revelados en la existencia son los asuntos sensibles, y que ellos son los recipientes de todos los asuntos espirituales que les son próximos, y son recipientes para los interiores espirituales que los dirigen.

Y estos recipientes mismos: hay de ellos exteriores y hay interiores. Los exteriores son, por ejemplo, los ojos, los oídos, las narices, la boca, la parte externa de la cabeza en su totalidad, los brazos, los muslos, las manos, los pies, los dedos, el cabello, las uñas, la piel y los órganos de la procreación.

אך אלה כלם נגלים כלומר מפני שהם בעלי חומה, צורות בולטיות, הם מורגשים ואעפ"כ ראוי להביא מופת מהם על שהם עם היותם נגלים אינם במעלה שוה עם הכלים הפנימיים הבולטים ג"כ, אך הפנימיים מעולים מהם מאד, והושמו אלו בדמות שומרי העיר ומסבבים כדי לשמור הכלים הפניימים, כאשר ישמרו ויעבדו עבדי העיר המשרתים את שרי העיר המנהיגים, כי ההנהגה כלה שרשה, ועקרה הקרוב לכלים החיצוניים היא נאה מן הכלים הפנימיים והפניימים כשרים והחצוניים כעבדים, רק באמת לא ישמרו החיצוניים אלא על ידי הפנימיים, גם לא יהיו שלמים הפנימיים אלא על ידי החיצונים, וכאשר החיצונים פחותים מהפנימיים, עם כל מה מקושר את אלו ואלו קשר הצורך, כן הפנימיים יש להם פנימים מהם עוד, שאין מהם אותם ומניעים את כוחותיהם והם כוחות רוחניות מאירות שוכנות על הגלמים המצויירים בצורות בולטות פנימיות גם הרוחניות מתנשאת בגוף מבית ומחוץ, כי מבית ומחוץ הכל משכן אחד, ויקראו השוכנים על אלו המשכנות רוחות, ונשמות, וחיות הקד"ש, ונפשות, הרבה כאלה השמות להם להורות על התיחדנו מהם ועל הצטרכם אליהם, ועל השתתפם עמם, אעפ"כ יש לכל דבר ודבר מהרוחנים מעלה מיוחדת כמו שקרה לנו פנים הפנימים והחיצונים, ויש עוד לרוחנים השוכנים כוחות ורוחות מניעות ומנהיגות ומשגיחות בם, והם בלתי צריכים אל משכן, רק פועלים בהם, ואינם נפעלים מהם:

Pero todos éstos son revelados, es decir, debido a que tienen densidad y formas prominentes, son perceptibles. Sin embargo, conviene demostrar que, aunque son revelados, no están en el mismo nivel que los recipientes internos que también son prominentes, pues los internos son mucho más elevados que ellos.

Estos exteriores fueron dispuestos como guardianes de la ciudad, que rodean para proteger los recipientes interiores, tal como los siervos de la ciudad custodian y sirven a los príncipes que la gobiernan. Pues toda la conducción tiene su raíz, y su principio inmediato respecto de los órganos exteriores se deriva de los órganos internos. Y los órganos internos son como los nobles; los externos, como los siervos. Sin embargo, en verdad, los exteriores no pueden proteger sino por medio de los interiores, y tampoco estarán completos los interiores sin los exteriores.

Y así como los exteriores son inferiores a los interiores, aunque todos están unidos por una necesidad esencial, así también los interiores tienen aún más internos que ellos, que no son de ellos mismos, sino que mueven sus fuerzas, y son fuerzas espirituales luminosas que residen en los cuerpos configurados en formas prominentes internas.

Además, lo espiritual se eleva en el cuerpo tanto por dentro como por fuera, pues el interior y el exterior son una única morada, y los que habitan en estas moradas son llamados espíritus, almas, seres vivos sagrados, y *nefashot* (almas vitales); muchos son sus nombres, que indican nuestra relación con ellos, su necesidad de nosotros y nuestra asociación con ellos.

No obstante, cada cosa espiritual tiene una categoría especial, tal como ocurre con los rostros interiores y los exteriores. Y aún más: los seres espirituales residentes tienen fuerzas y espíritus que los mueven, los conducen y los supervisan, y ellos no necesitan morada alguna, sino que actúan en ellos sin ser afectados por ellos.

סוף דבר כל מה שהעניינים פנימיים יותר, הם יותר מעולים ויותר רוחנים ויותר נכבדים מהחיצונים, עד הגיע הענין הנשפע מפועל ראשון, אשר אין לפניו אל נפעל אחרון אשר בלתי פועל בזולתו, והוא פועל בכל נמצא מאתו, אשר הכל ממנו יתעלה שמו, והוא אינו מתפעל מזולתו והוא בתכלית התכליות של הפנימיות ושל הרוחניות, אחר אשר אין דבר לפניו קודם, וע"כ הוא הנכבד והמעולה שבכל, וכל מה שבא אחר פחות אצלו כשתעריכנו אל עצמו יתברך ואע"פ שאצלו אצולים ושפעים ושכלים מעולים מאד, הם מעולים ופחותים, מעולים אצל מה שלמטה מהם, ופחותים אצל מה שלמעלה מהם:

Conclusión: cuanto más internos son los asuntos, más elevados, más espirituales y más nobles son en comparación con los exteriores, hasta llegar al influjo procedente del Primer Agente, ante quien no hay otro influido, siendo él el único que no recibe de otro, sino que actúa en todo lo que existe por él, pues todo proviene de él, bendito sea su nombre, y él no es afectado por ningún otro. Él es el fin de todos los fines de la interioridad y de la espiritualidad, ya que no hay nada anterior a él.

Por ello, él es el más noble y el más elevado de todos, y todo lo que viene después es inferior a él cuando se le compara consigo mismo, bendito sea. Y aunque de él emanan emanaciones, influencias e intelectos muy elevados, ellos mismos son elevados y, al mismo tiempo, inferiores: elevados en comparación con lo que está por debajo de ellos, e inferiores en comparación con lo que está por encima de ellos.

וכן דרך המציאות כלו מראש ועד סוף, כי התוך תוך לראש ולסוף, והוא נערך בשתי הקצוות למעלה ולפחיתות, והקצה המעולה הוא השם יתעלה, והקצה הפחות הוא החומר הראשון, והשם יתעלה פועל בעצם ואינו פועל במקרה, והחומר נפעל בעצם ופועל במקרה, כל שכן שהשם יתעלה אינו נפעל לא בעצם ולא במקרה, ואם ייוחס אליו שום דמיון התפעלות עצמיי או מקריי, דבר בלתי אפשר להיותו אמת אך דברה כלשון בני אדם (ברכות לא. א) והשמות משותפים בהכריח, וא"כ כבר התבאר לך ומופת שכל מה שהיה הדבר במציאות בכלל ובפרט, וכן בגופי בני אדם יותר נעלם, ואפילו בגופנים כ"ש ברוחניים, והיה יותר מעולה בהכרח מהנגלה, וכמו שקרא זה במציאות ובגופים הפרטיים, קרה ג"כ זה בעצמו לתלמוד כלו בכלליו ובפרטיו שהוא תורה שבעל פה, וכן קרה זה בעצמו לתורה שבכתב:

Así es también el camino de toda la existencia, desde el principio hasta el fin: el interior es interior tanto respecto al principio como al fin, y se compara con los dos extremos, en lo alto y en lo bajo. El extremo más elevado es el Eterno, bendito sea, y el extremo más bajo es la materia primera.

El Eterno, bendito sea, actúa por esencia y no actúa por accidente; mientras que la materia es influida por esencia y actúa por accidente. Y con mayor razón el Eterno, bendito sea, no es influido ni por esencia ni por accidente. Si alguna vez se le atribuye alguna imagen de influencia esencial o accidental, es algo que no puede ser verdadero, sino que se ha expresado en el lenguaje de los hombres (Berajoth 31a), y los nombres son necesariamente equívocos.

Por tanto, ya te ha quedado claro, y es una prueba racional, que cuanto más oculto sea algo en la existencia, en general y en particular, como sucede también en los cuerpos de los seres humanos, así que ¡cuánto más en lo espiritual!, será más elevado necesariamente que lo revelado.

Y así como ocurre en la existencia y en los cuerpos particulares, ocurre también en el Talmud en su conjunto y en sus partes, que es la Torah Oral, y de la misma manera sucede en la Torah Escrita.

ואל תתמה א"כ על אומרו שיש בעניינים הכתובים כלומר בתורה שבכתב ובתורה שבעל פה, שני פנים אחד נגלה ואחד נסתר שאם אתה חכם ושמשת או למדת דברי האומרים (במ"ר יג, טו), ע' פנים לתורה, ודברו המפרשה (ירושלמי סנהדרין פ"ד ה"ב) במ"ט פנים טהור ומ"ט פנים טמא, אינו דין שיקשה עליו אומר אני שני פנים שכבר מעטתי (מ'ה'ע' ח'ס') [מהע' ס"ח], וזה שלא להבדיל דעתך, אך חס ושלום שאין זה לפי דעתי, אמנם בלי ספק התבאר אצלי במופתים ברורים כי האומר ע' פנים לתורה לא אמרו על שישים גבול שבעים פנים לה במספר עי"ן, אבל כיון להודיע שיש לתורה פנים הרבה, כי שבעים בלשוננו מורה על רבוי דברים, ואולם פניה אצלי עינים הם, והם יותר משבעים אלף אלפי רבבות והם בלא קץ, ואדם לא הגיע ולא יגיע לדעת תכלית פניה, ועל דרך האמת אצלי על פני התורה אמר השם אל משה ופני לא יראו (שמות לג, כג), ונודע כי אוריא"ל הוא ש"ר הפנים, והוא בדמות חומר לפני התורה שהוא המזרחי באמנת ד' מחנות שכינה בדמות אלה:

Y no te asombres, entonces, de que se diga que en los asuntos escritos, es decir, en la Torah Escrita y en la Torah Oral, hay dos rostros: uno revelado y uno oculto. Pues si eres sabio y has servido a los sabios o has estudiado las palabras de quienes dijeron (Bamidbar Rabbah 13, 15) que hay setenta rostros para la Torah, y de lo que dicen los intérpretes (Yerushalmi Sanhedrín 4, 2) sobre cuarenta y nueve argumentos de pureza y cuarenta y nueve de impureza, no es razonable que te resulte difícil que yo diga que hay dos rostros, cuando en realidad he reducido mucho (de los setenta rostros mencionados).

Esto no es para confundir tu entendimiento, Dios no lo quiera. Sin embargo, sin lugar a dudas se me ha aclarado por pruebas claras que quien dijo que hay setenta rostros para la Torah no quiso decir exactamente que hay sesenta y nueve más uno o que sean setenta rostros numerados con el número setenta (*ayin*), sino que quiso señalar que la Torah tiene múltiples rostros, pues el número setenta en nuestro idioma denota abundancia.[5]

Y, en verdad, según mi comprensión, los rostros de la Torah son como ojos, y son más de setenta mil millares y sin límite. El ser humano no ha llegado ni llegará a conocer el fin de sus rostros. Y según la verdad, respecto a los rostros de la Torah, el Eterno dijo a Moisés: «Y mis rostros no serán vistos» (Éxodo 33, 23).

Y es sabido que Uriel es el príncipe de los rostros (*Sar haPanim*), y está en la figura de la materia ante la Torah, que representa el oriente en la disposición de los cuatro campamentos de la *Shekinah* en esta forma:

5. Setenta en hebreo es *Shviim* (שבעים), de la raíz *Sheva*, que significa «plenitud», «multiplicidad», «abundancia».

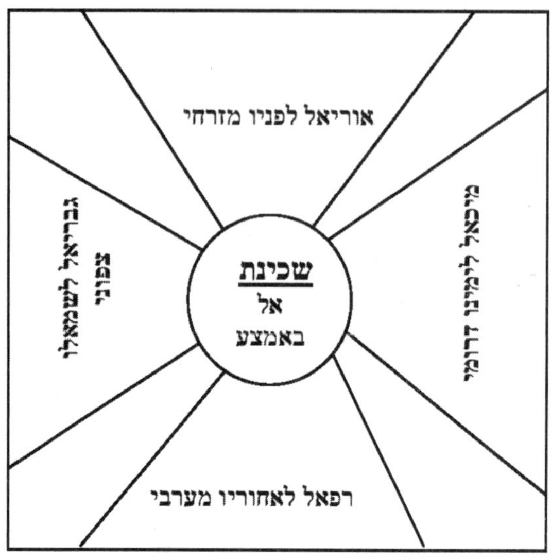

מיכאל לימינו דרומי Miguel a su derecha, al sur
אוריאל לפניו מזרחי Uriel delante de él, al este
רפאל לאחוריו מערבי Rafael detrás de él, al oeste
גבריאל לשמאלו צפוני Gabriel a su izquierda, al norte
שכינת אל באמצע La *Shekinah* en el medio

הנה זאת מיד תכירנו, וכל האיברים מעידים עליו וגם זי"ן מי"ם נו"ן בדמות א', אמון ומלאך ואילן עדים ברורים עליו, והוא חכם מדב"ה, והנה גמ"ל למ"ד כפול עד נאמן על מהותו, גם חומ"ר גנוז יגיד פלאו שהוא וחיש רחוק וקרוב מגלגל האיבר, והנה כוחו מדבר בלב, גם הוא מראה כוחו בלב, כי אמרנו שכינת אל באמצע, כונתינו לומר עליו, שכן שמו וחומר ראשון וכל העולם, וחומר ראשון באמצע והקשת עד על מציאות האנשים עם הנשים ממנו, רק הזהר פן יעלה במחשבתך שהצורה נרמזת היא על עניין הסבה הראשונה, אך דע שהעניין הוא מדומה מפני סוד המציאות העולם והאדם, כי השכל הוא בכל ולא ייוחס לו היותו במקום כי אם דרך משל:

He aquí que esto lo reconocerás de inmediato, y todos los órganos testifican sobre ello, y también *Zain*, *Mem*, *Nun* en la forma de un *Alef*, testigos claros: fe, ángel (מלאך) y árbol (אילן).[6] Y él es un sabio que habla (חכם מדבר).[7] Y he aquí que *Guimel* y *Lamed* duplicados son un testigo fiel sobre su esencia. También la materia oculta revela su maravilla: que él es veloz y está distante y cercano del círculo del órgano.

Y he aquí que su fuerza habla en el corazón, y también manifiesta su fuerza en el corazón, porque hemos dicho: la *Shekinah* de Dios (שכינת אל)[8] está en medio. Queremos decir de él: así es su nombre, y la materia primera, y todo el mundo. Y la materia primera está en medio, y el arco alcanza hasta la existencia de hombres y mujeres a partir de ella.

Simplemente, no se te ocurra pensar que la forma insinuada se refiere a la causa primera; sino que debes saber que el asunto es figurado a causa del misterio de la existencia, del mundo y del hombre, pues el intelecto está en todo y no se le atribuirá estar en un lugar sino como metáfora.

ואם כן קריאת שמות לד' רוחות והם שמות מלאכים ואין שם מלאך נגזר מן מלאכה תורידו על סדר ההשגחה האלהית שהיא בכל אך היא על דמות פנים הרבה כדמות י"ו פנים ס"ד פנים שישלחה, וכן לכל וחיה מד' חיות הקדש, וע"כ נאמר (ספר יצירה פ"ב מ"ג) כ"ב אותיות יסו"ד, וכן כל יסודו ויסוד שביסודות יש לו פנים הרבה, ועל כל פנים גם במלת פנים משותפות לפנים הרבים, והיא העיקרית שהיא מורה על פנימיות מעולה ונגזרת מן פנ"ה, וענינה עיון:

6. Ángel (מלאך) y árbol (אילן) tienen la misma guematria, 91.

7. La guematria de *Jajam Medaber* (חכם מדבר), «sabio que habla», es 314, la misma que la de *Shaddai* (שדי).

8. La guematria de *Shejinat El* (שכינת אל), «*Shekinah* de Dios», es 811, la misma que la de *Jomer Rishon* (חומר ראשון), «materia primera». Según algunos comentaristas, la materia primera está totalmente llena de la presencia divina.

Y así, la denominación de nombres a los cuatro vientos (רוחות),[9] que son nombres de ángeles, y no hay nombre de ángel que no sea derivado de alguna función, lo deducirás según el orden de la supervisión divina, que está en todo, pero que aparece con muchos rostros, como en la figura de dieciséis rostros, sesenta y cuatro rostros, que él envía.

Así también sucede con toda criatura viva entre las cuatro criaturas santas. Por ello se dijo (*Sefer Yetzirah* 2, 3): «Veintidós letras de fundamento», y así, todo fundamento y fundamento dentro de los fundamentos tiene muchos rostros.

Y en todo caso, también en la palabra *Panim* (פנים) hay un uso compartido entre los múltiples rostros y el rostro esencial, que indica la interioridad más elevada, derivada de la raíz *Panah* (el interior), y su sentido es contemplación.

ואם כן כבר התבאר לך ענין פני התורה הוא מורה על סותר בעלת ענינים הרבה והדבר כן בלא ספק, וע"כ כשתשמע משום חכם שום דרך בעניין החכמה והוא מגלה לך בה דבר שלא נתגלה לך עד. רק אל תאמר עליו שהוא מגלה פנים בתורה ואין לו חלק לעולם הבא, שחלק אשר שהוא ראוי מאות השם לא יוסיף בעבור שכל חכמי הארץ יאמרו עליו או יכתבוהו בספריכם וכל שכן המינים שאין לו חלק לעולם הבא, או יאמרו שיש לו חלק גם לא יגרע אם יהפכו מאמרו על ענין חלקו, כי חלקו דומה לאמת ולשקר, וגם אין חלקו אלא כפי מציאות האמת בלבו או העדרו שהוא השקר, וידוע שהוא שלא יוסיף האמת אמתות בעצמו בעבור בני אדם ולא יחסר גם כן בעדם שאם יהפכו הכונה בדבריהם הקיום קיים והבטול בטל בפני עצמו בלעדיהם והם כבר טועים בו ואחר שהדבר כן קח הדרך שאדריכך אליה בצורת קבלה, ולא יקשה לך בה שום אריכות שאחר שיהיה האריכות ההוא סבה להוציא שכלך מהכוח לפועל, כל מה שהדבר ארוך הוא, הוא מבואר לך יותר אמתות הכונה בו:

9. O direcciones.

Y si es así, ya te ha quedado claro que el asunto de los rostros de la Torah indica su riqueza en muchos significados, y esto es así sin duda.

Por ello, cuando escuches de algún sabio un nuevo enfoque en el tema de la sabiduría, y él te revele algo que no se te había revelado hasta ahora, no digas de él que está revelando un rostro indebido de la Torah y que no tiene parte en el mundo venidero. Pues la porción que le corresponde por designio del Eterno no aumentará aunque todos los sabios de la Tierra lo aprueben o lo escriban en sus libros; y con más razón los herejes, que no tienen parte en el mundo venidero, si dicen que tiene parte o no, eso no cambiará nada.

Su porción es semejante a la verdad y la mentira: no depende sino de la presencia de la verdad en su corazón, o de su ausencia, que es la mentira. Y es sabido que la verdad no aumenta su verdad en sí misma por causa de los hombres, ni tampoco se disminuye por ellos: si desvían su intención en sus palabras, la existencia permanece y la anulación es anulada por sí misma, sin ellos; ellos simplemente están equivocados.

Y ya que esto es así, toma el camino que te guiaré a seguir mediante la recepción (cábala), y no te resulte difícil su extensión, porque si esa extensión es la causa de que tu intelecto pase de la potencia al acto, cuanto más extenso sea el asunto, más claro te resultará el propósito de la verdad en él.

ואחר שהקדמתי לך ההקדמה המועלת מאד, שים לבך לדעת שאני צריך להנהיג דעתך מדבר לדבר עד שתתעשר עשר החכמה האלוהית המועילה בעולם הזה מאד מצד שלא על דבר זולתך, ודאגתך תהיה אחד לבד, והיא בקשת החכמה תמיד ותשנא שנאה טבעית כל דבר זולתה, ואעפ"י שאינו ראוי שתגלה זאת המעלה לזולתך כי אם לדומים לך לבדי, וגם החכמה האמתי:

Y ahora que te he adelantado esta introducción tan provechosa, presta atención para saber que necesito conducir tu entendimiento de asunto en asunto, hasta que te enriquezcas con la riqueza de la sabiduría divina, la cual es sumamente útil en este mundo por no depender de nada ajeno a ti. Y tu única preocupación deberá ser una sola: la búsqueda constante de la sabiduría. Y odiarás con odio natural todo aquello que no sea ella. Aunque no es conveniente que reveles esta virtud a otros, salvo a quienes sean semejantes a ti, afines también a la verdadera sabiduría…

ועל כן אומר שראוי לך שתקבל ממני תחלה בקבלה, מה שאומר לך בעניינים אלו, כמו שיקבל הנער צורת האותיות בכונה ראשונה ויאמין מה שימסר והוא המוסכם בקריאת שמותם עד שיתחכם בהזכרתם ובהכרתם שידע להכירם ולהזכירם בכל מקום ויחקו בלבו וירשמו בנפשו רושם שאי אפשר לסור לעולם כולו שיוכל בתחילת המחשבה להכיר כל אות ואות עד שיבדיל בין כל אחת ואחת הבדל גדול, כמו שיבדיל בין צורת אביו ואמו אחיו ואחותו וקרוביו, אחר זמן גדול מתוך רוב הרגלו עמם, כי זהו טבע הנפש להכיר הדברים אחר הרגל גדול, ולבלתי הכירם בהתחלת הרגל, ולהיותם נכרים ולבלתי נכרים כלומר עתים כך ועתים כך עם הרגל הבינוני, כמו שיקרה כזה בעצמו לך, אם תרצה לדעת זמר אחד חדש אצלך על פה, שאם שתרגילנו בפיך ובלבך פעמים רבות יורשם בלבך גם בפיך ולא תשכחנו לעולם, אך אם תקראנו פעם אחת לא תוכל לזכור ממנו פעם שנית על פה בעבור הפעם ההיא שקראת, ואם תקראנו קצת פעמים תזכרנו לעתים ותשכחנו לעתים וא"כ כל מה שתדוש בו יותר תדענו יותר בחזקה ויהיה יותר קשה להפרד מדעתך, וע"כ אמרו רז"ל (חגיגה ט ע"ב) אינו דומה מי ששונה פרקו מאה פעמים למי ששונה פרקו מאה ואחת שנאמר והחכמה מאי"ן תמצא (איוב כה, יב), מאי"ן בגימטריא הכי הוי, ודע שכן יקרה לך בכל מה שתלמוד אות לעולם:

Por ello, digo que te conviene recibir de mí primero, por transmisión (cábala), lo que voy a decirte sobre estos asuntos, tal como el niño recibe la forma de las letras en su primera instrucción y acepta lo que se le transmite, aprendiendo los nombres acordados en su lectura, hasta que llegue a hacerse sabio al recordarlos y reconocerlos, sabiendo identificarlos y nombrarlos en cualquier lugar, y queden grabados en su corazón e inscritos en su alma con una impronta que nunca podrá borrarse en toda su vida, de modo que apenas empiece a pensar sea capaz de reconocer cada letra, distinguiéndola claramente de las demás, tal como distingue los rostros de su padre y su madre, de sus hermanos y hermanas, y de sus parientes, después de haber convivido largo tiempo con ellos.

Pues ésa es la naturaleza del alma: reconocer las cosas tras un largo hábito, y no reconocerlas al principio del mismo, siendo a veces reconocibles y a veces no durante el hábito intermedio, tal como ocurre también contigo si deseas aprender de memoria un canto nuevo: si lo repites en tu boca y en tu corazón muchas veces, se fijará en tu corazón y en tu boca y no lo olvidarás jamás. Pero si lo lees una sola vez, no podrás recordarlo de memoria la siguiente vez por esa única lectura. Y si lo lees unas pocas veces, lo recordarás a veces y lo olvidarás otras. Por lo tanto, cuanto más lo repitas, más sólidamente lo sabrás, y más difícil será arrancarlo de tu entendimiento.

Por eso dijeron nuestros sabios, de bendita memoria (Jaguigah 9b): «No se parece quien repasa su estudio cien veces a quien lo repasa ciento una vez». Y también, en «¿De dónde se hallará la sabiduría?» (Job 28, 12), *melayin* («¿de dónde?») tiene ese valor numérico.[10]

Y sabe que esto te ocurrirá con cualquier letra que estudies en la vida.

10. De 101.

ואמנם על זה [צריך] אתה לעורר המחשבה אל ההזכרה, אשר אי אפשר לשכחה לעולם, והיא כשתחשוב תמיד בד' אותיות השם, ובשמותם ובמספרם ובצורתם ובענינם ובכפליהם ובשלושם וברבועם, ובכל דרכי המספרים שאפשר להם להספר בהרכבתם כגון אלה והדומין לה, בכל מקום אי"ן ימי"ן אבג"ד הו"ז חט"י י"א י"ב י"ג י"ד י"ה י"ו י"ז י"ח י"ט כ' כ"א כ"ב כ"ג כ"ד כ"ה כ"ו, הנה זה המים הוא המספר הכללי המחבר כל המספרים אשר נהוה השם מהם מאחד עד כ"ו, וצריך שכל מספר ילקח לעצמו והוא יורה עליו פליאות ילקח מורכב על כל מספר ומספר, ויש לו דרכים אין חקר אך בלתי שאין לו זוג היה מספרו, יחד מנהי"ג היר"ח והוא מכבי"ה הכוכ"ב גם מכרי"ח המוח והסכו:

Y lo cierto es que para esto necesitas despertar el pensamiento hacia el recuerdo, aquel que es imposible de olvidar jamás. Esto se logra cuando piensas constantemente en las cuatro letras del nombre, en sus nombres, en su número, en su forma, en su sentido, en sus duplicaciones, en sus triplicaciones, en sus cuadruplicaciones, y en todos los modos de numeración posibles por medio de su combinación, como por ejemplo éstas y similares disposiciones: 1, 2, 3, 4, 5, 11, 12, 13, 14, 15, 16, 17, 18, 19, 20, 21, 22, 23, 24, 25, 26.

Éste es el número general que reúne todos los números de los cuales el nombre procede, desde el uno hasta el veintiséis.

Es necesario que cada número sea tomado por sí mismo, pues cada uno de ellos indica maravillas; y debe también considerarse la combinación de cada número con cada número. Y tiene caminos insondables, pero si no tuviera pareja, su número no existiría; junto con el número trece del mes lunar, pues él es el que eleva el astro y también el que hace madurar el cerebro y la inteligencia.

והנה הוא מגלה החומר שממנו נברא הגולם אשר אין בכו"ח שא"ל אביך ויגדך (דברים לב, ז), ותמצא חצי הירח ישגי"ח בצור"ה החיה, והוא ימין הגבורה, והוא כח בא"ש כדמיון הרו"ח, גם לא כח גבור והוא ל"ח בארץ, מסבבה ברכה, ולפעמים יעלה ברוח, וא"כ חצי הירח, פועל בד' היסודות ויש לכל כוכב מנהיג מיוחד בפרט וכלל, והוא אשר נקרא כח נפשיי לו, ופנימי רוחני אור שכלי דבק אל מנהיגו העליון ומעיין לו בו לקבל ממנו ההשגה הנהגה כללית ופרטית, וחציו הוא גולמו, וחציו הוא נפשו, ושניהם יחד חושקים לקבל ולתת בחשק אמיץ:

He aquí que él revela la materia de la cual fue creado el *Golem*, algo que no se encuentra entre las fuerzas naturales conocidas conforme a lo que está dicho: «Pregunta a tu padre y él te contará» (Deuteronomio 32, 7). Y encontrarás que la media Luna se eleva en la forma viviente, que es la diestra de la *Guevurah* (fuerza), y es una potencia en el fuego (*Esh*), a semejanza del espíritu (*Ruaj*).

Pero no es fuerza de valentía física: es una fuerza «latente» en la Tierra, rodeada de bendición. A veces, se eleva con el viento (*Ruaj*). Así, la media Luna actúa sobre los cuatro elementos, y cada estrella tiene un conductor particular en lo individual y en lo general, y esto es a lo que se llama su «fuerza anímica» (*Koaj Nefshí*).

Y su interior es espiritual, luz intelectual, unido a su conductor superior, del cual brota para recibir de él la percepción y la conducción tanto general como particular. Y su mitad es su *Golem* (cuerpo modelado), y su mitad es su *Nefesh* (alma), y ambos juntos desean intensamente recibir y conectar con un deseo poderoso.

וזה היא סבת תנועת הפכים כלם ומתגלגלים להפכים, כדי שיהא
להם כח לפעול בזולתם דמות מה שבם והפכיהם, אינם הפכים
גמורים, אלא כדמות מחשבות האדם, המתהפכות ממדה למדה,
ומדעת לדעת, וכן הכוחות הגלגליות מתהפכות על פי הדמות
האלהית, המשגיחות בם והמנהיגות אותם, ועל זה אתה צריך לקחת
חצי המספר, שהוא מצד ראשון מא' עד י"ג ועולה מלא"ך, וכולל
ז' פעמים י"ג והוא סוד האלהי"ם הכולל שני השמות, כלומר השם
הקטן בעצמות במעלה שהוא הגדול במספרו שאנו לפי מספרו
כשנים וחצי מן מספר הגדול שהוא כדמות עצמו וכפלו וחציו עד
בא המספר שעצמו הוא שני חומשיו, אך בהיות זה כפול וזה כפול
זה יעלה לחשבון ק"ל כב"ד כב"ד והכל נקבל בסוד יעק"ב ויהיה סוד
שניהם בה' שמות קבל"ן לבעלים על כ"ן לבן שהוא מלאך האלהים
מכל עם, והנה מלא"ך האלהי"ם, שהוא יעק"ב ממונה על המזל,
אך יוס"ף הוא מלא"ך אדנ"י והוא ו' שמות [הוי"ה], אך יצח"ק הוא
פנח"ס, אבל כח הפועל והוא ח' שמות, חבר יוסף עם יעקב ועם
יצחק היו השמות ו'ז'ח' וסודם כ'ו'ז' שמות והם יחד תקמ"ו, וסודם
הקהלו"ת הכוללים השכל הפועל:

Y ésta es la causa del movimiento de todos los opuestos, que giran y se transforman unos en otros, para que tengan fuerza de actuar en otros, reproduciendo en ellos una imagen de lo que son y de lo que son sus contrarios. No son contrarios absolutos, sino como los pensamientos del hombre, se transforman de una cualidad a otra, y de un conocimiento a otro. Así también las fuerzas de los astros giran y se transforman según la imagen divina que los supervisa y los dirige.

Por ello debes tomar la mitad del número, que es desde uno hasta trece,[11] que asciende a *Malaj* (מלאך, «ángel»),[12] y contiene siete veces trece,[13] que es el secreto de *haElohim* (האלהי"ם),[14] que incluye dos

11. Se refiere aquí al número triangular del 13, es decir, 1 + 2 + 3 + 4 hasta llegar a 13, que es 91, la guematria de *Amén*.
12. Guematria 91.
13. 7 multiplicado por 13 es 91.
14. Guematria 91.

nombres: el nombre pequeño[15] en esencia, pero grande en número. Pues su número es como dos y medio del número grande, que es como su forma y su doble, y su mitad, hasta llegar al número que es como dos quintos del total.

Pero cuando uno es duplicado y el otro también es duplicado, el resultado es el número 130,[16] equivalente a *Kavod Kavod* (כב"ד כב"ד). Todo esto lo recibimos en el secreto de *Yaakov* (יעקב),[17] y el secreto de ambos se halla en cinco nombres que reciben (קבל"ן),[18] sobre la base de *Lavan* (לבן), que es el ángel de Dios por sobre todo el pueblo.

He aquí que el *Malaj haElohim* (מלא"ך האלהי"ם),[19] que es *Jacob*, está encargado del *mazal* (influjo astrológico). Mientras que *Iosef* (יוסף) es el *Malaj Adonai* (מלאך אדני), que representa seis nombres [de *YHVH*].[20]

Isaac (יצחק) es *Pinjas* (פנחס),[21] pero la fuerza agente es ocho nombres.[22] Si unes a *Iosef* con *Jacob* y con *Yitzjak*, tienes los nombres ו"ז"ח *(Vav-Zain-Jet),*[23] cuyo secreto es veintisiete nombres (כ"ז שמות), y todos juntos suman 546 (תקמ"ו),[24] que es el secreto de las *kahalot*

15. Es decir, el nombre *Adonai* (אדני), cuya guematria es 65. Sumándolo al número grande, el Tetragrama, cuya guematria es 26, obtenemos 91. Multiplicando 26 por dos y medio, obtenemos 65.
16. Es decir, 65 multiplicado por 2. Si dividimos 130 por dos y medio, obtenemos 52, la guematria de *Kavod Kavod* (כב«ד כב«ד*).*
17. Si sumamos 130 a 52, obtenemos 182, la guematria de *Yaakov* (יעקב).
18. Guematria 182.
19. Guematria 182, la guematria de *Yaakov* (יעקב).
20. La guematria de *Iosef* (יוסף) es la misma que la de *Malaj Adonai* (156 (מלאך אדני, es decir, 6 veces 26, la guematria del Tetragrama.
21. La guematria de *Yitzjak* (יצחק), Isaac, es 208 y la de *Pinjas* (198 (פנחס, pero si se escribe con una letra *Iod* (י), es entonces *Pinjas* (פינחס), guematria 208.
22. La guematria del Tetragrama, 26, multiplicada por 8 nos da 208, es decir, la guematria de *Yitzjak* (יצחק), Isaac, y la de *Pinjas* (פנחס).
23. El nombre *Vav* (ו), o sea 6, es 26 por 6, o sea 156, la guematria de *Iosef.* El nombre *Zain* (ז), o sea 7, es 26 por 7, o sea 182, la guematria de *Yaakov* (יעקב). Y el nombre *Jet* (ח), o sea 8, es 26 por 8, o sea 208, la guematria de *Yitzjak* (יצחק)
24. La suma de las guematrias de *Iosef,* 153, *Yaakov,* 182 e *Yitzjak,* Isaac, 208 es 546.

(הקהלו"ת),[25] las congregaciones que incluyen al intelecto agente (הש־כל הפועל).[26]

והנה המספר הכללי מהדרך הנרמזת בחבורי השם יכללהו הרצון הנוצר אשר הוא המצוייר מהציור המצירו ודעהו, כי הוא סוד השכל והמשכיל והמושכל, והש"ם עד נאמן על זה שהוא נקרא המקו"ר והנשאר ממספר י"ג אשר רמזנוהו שהוא מלא"ך, סוד כללו מחביר והכל מלא"ך מחבי"ר הרצו"ן המצויר והמציר הספיר והוא מלא"ך גריזים, מברך גוף המוכי"ח שהוא הלוחם בידו, ומברך כח הגופים, המורכבים מכח הדם, והנה אם תרבע המספר בראשון שהוא אחד עם המספר האחרון שהוא כ"ו יעלה המספר ההוא בכללו מורה שמי ושם אבי, והכל תעררי גם מספרים רבים לו, אבל לפי אלה הערות אשר הועירותיך אליהם יהיו הענינים אשר תעיין בם וכיוצא בהם:

He aquí que el número general del camino insinuado en la combinación del Eterno[27] será abarcado por la voluntad (הרצון)[28] formada, que es la imagen configurada por quien la configura (מהציור);[29] y conócelo, pues es el secreto del intelecto, el inteligente y lo inteligido (השכל והמשכיל והמושכל). Y el Eterno (*haShem*) es un testigo fiel de esto, siendo llamado *haMakor* (המקור), y lo que queda del número trece que mencionamos, que es *Malaj* (מלאך).[30]

El secreto total se encuentra en la combinación, y todo es *Malaj* procedente de la *voluntad* (*Ratzon*) formada y formadora, el *Sapir* (za-

25. Guematria 436. La guematria de *Kahalot* (קהלו«ת), «congregaciones, 541, es la misma que la de Israel.
26. La guematria de *haSejel haPoel* (השכל הפועל), el intelecto agente, también es 546.
27. Multiplicando la guematria del nombre Tetragrama, 26 por 21, la guematria de *Ehieh* (אהיה), obtenemos 546.
28. La guematria de esta palabra, 351, es el número triangular o secreto del 26, la guematria del Tetragrama.
29. Guematria 351.
30. Guematria 91.

firo), y es el ángel de *Guerizim* (מלאך גריזים)[31] que bendice el cuerpo del *Mojíaj* (el que reprende), que combate con su mano, y bendice la fuerza de los cuerpos, compuestos por la fuerza de la sangre.

Y he aquí que, si cuadruplicas el primer número, que es uno, con el último número, que es veintiséis, obtendrás un número que en su totalidad indica mi nombre y el nombre de mi padre (שמי ושם אבי),[32] y todo lo demás también suscita muchos otros números.

Pero conforme a estas indicaciones a las que te he conducido, serán los asuntos que deberás meditar y otros semejantes a ellos.

ואל תאמר מה תועלתי במספרים ההם, שאם תאמר זה יהיה נכר לשמעי דבריך שהחכמה אצלך היא בלתי תועלת או שמא אתה חושב שאין תועלת החכמה אלא קבוץ ענינים רוחניי"ם גופניים, והנודע אצל חכמי האמת, שהחכמה קצוץ עניינים רוחניים והבנות ודעות ואמונות אמתיות בלתי נכנסות תחת ממשלת הגופניים, אך מעלתם אצלינו אינה נערכת עם שום (אדם) דבר גופני, וכן הכתוב אומר לא יערכנה זהב וזכוכית ותמורתה כלי פז (איוב כה, יז):

Y no digas: ¿qué provecho saco de estos números? Porque si dices esto, será evidente para quien oiga tus palabras que la sabiduría es para ti algo sin utilidad. O quizás piensas que la utilidad de la sabiduría consiste únicamente en la acumulación de asuntos espirituales o corporales.

Pero es conocido entre los sabios de la verdad que la sabiduría consiste en la reunión de asuntos espirituales, comprensiones, opiniones y creencias verdaderas que no están bajo el dominio de lo corporal. Su valor entre nosotros no se compara con ninguna cosa corporal.

Así también está escrito: «No se compara con el oro ni con el cristal, ni se puede cambiar por vasos de oro fino» (Job 28, 17).

---

31. El monte Guerizín es un monte mencionado en el Deuteronomio, donde se pronunciaban las bendiciones y maldiciones al pueblo de Israel.

32. *Shemí Veshem Avi* (שמי ושם אבי), guematria 359.

ואם עלתה זאת המחשבה הרעה בלבך הסירנה מקרבך ומחה שמה
מלבך אם תחפוץ לחיי חיי עד, ואם לאו הרשות בידך, ואולם אתה
איש צדיק וגומל חסדים לזולתך, קל וחומר שראוי לך שתסתכל
לגמול חסדים לעצמך, ולהצדיק לנפשך הצדק האמתי ולישרה היושר
הנצחי, ואתה יודע בלא ספק שמכל הצדקות אשר אתה עושה עם
זולתך למען אהבת השם או למען יראתו, וכל המצוות שאתה שומר
בעבורו יתברך לא מהם רווח בחפניך כי אם רווח גופני או רוחני ר"ל
מחשבת גמול שתקבל מהם, ואם תחכם ותכון ותבי"ן ותד"ע הדברים
על אמתתם לא תסתפק על זה שהמחשבה החושבת לו גמול גופני
אחר המות היא מחשבת שוא, ואע"פ אם עבדו כדין כפי כוחו, נתן
לו שכר דומה לשכר גופני חלף עבודתו אשר עבד כאשר דמה, וכמו
שלבו חפץ, מפני שאינו ראוי לקבל פרס רוחני שהוא הפרס האמתי
המעולה, אשר אין אחריו מעלה, והפרס ההוא הרוחני הוא התענוג
נצחי בלתי הפסקה והוא קרוב למין הבורא יתעלה, וממין תענוג כל
מלאך ומלאך מן הנפרדים שהם שכלים נפרדים מכל חומר, ונבדל
כל אחד מזולתו במעלה, לא בעצם, כמו שנבדל על דרך משל מאור
השמש מאור הירח ומאור הכוכבים ומאור האבן המאירה וכיוצא
בה, שכולם אחד שמו אור ועצמותו אור, אך זה למעלה מזה, וזה
אור גדול יותר מזה אך כלו אור באמת:

Y si surgiera este mal pensamiento en tu corazón, elimínalo de tu interior y borra su recuerdo de tu mente si deseas vivir una vida eterna; y si no, tienes libre albedrío para decidir. Pero tú eres un hombre justo y haces bondades hacia los demás; con mayor razón debes procurar hacer bondades contigo mismo, y conceder a tu alma la justicia verdadera y encaminarla por la rectitud eterna.

Y sabes, sin duda, que de todas las justicias que haces hacia los demás por amor o temor a Dios, y todas las *mitzvot* que observas por él, no hay para ti en ellas más beneficio que el beneficio corporal o espiritual, es decir, el pensamiento de la recompensa que recibirás de ellas.

Y si eres sabio y comprendes y entiendes y conoces las cosas en su verdad, no tendrás duda de que el pensamiento que espera una recompensa corporal después de la muerte es un pensamiento vano.

Y aunque haya servido a Dios conforme a su capacidad y le haya sido dado un premio que parece ser corporal en correspondencia a su servicio, según como él se lo imaginó y deseó, no es digno de recibir la recompensa espiritual, que es la verdadera y suprema recompensa, aquella tras la cual no hay mayor elevación.

Y esta recompensa espiritual es un placer eterno e ininterrumpido, y es cercana en especie al del Creador, bendito sea. Es del mismo tipo que el deleite de cada ángel de entre los seres separados, que son intelectos desligados de toda materia, y cada uno de ellos se distingue del otro por su grado, no por su esencia, como se distingue, por ejemplo, la luz del Sol de la luz de la Luna, de la luz de las estrellas o de la luz de una piedra luminosa y similares, pues todos ellos llevan un mismo nombre, «luz», y su esencia es luz, sólo que uno está por encima del otro, uno es una luz mayor que otro, pero en verdad todos son luz.

כן השם יתעלה על דרך האמת נתעלה על השכלים הנבדלים כולם הבדל מעלה והבדל עצמות אמתו, מפני היותו מחויב המציאות בבחינות עצמו והוא סבה ראשונה לכל, והוא פועל הכל והוא צורה לכל והוא תכלית לכל, ואין זה המעלה לשום אדם נמצא בלתי שהכל התחייב להמצא מאמתת מציאותו יתעלה, לא תתחייב להמצא זולתו, וע"כ הוא עלת כולם וכל הנמצאים עלולים לו, וזה כן לדעת מאמיני החדוש אלא שאלה יקראוהו פועל ומחדש, ואלה יקראוהו עלה פועלת חדשה עלולה מחיוב מציאותו, עד ששבו כל עלוליו ג"כ מחוייבי מציאות בבחינת בוראם, שהוא יתעלה סבתם הנצחית:

Así, el Eterno, bendito sea, en verdad, está exaltado por encima de todos los intelectos separados, con una diferencia de grado y una diferencia de esencia en su verdad, puesto que él es la primera causa de todo, él obra todo, él es la forma de todo y la finalidad de todo. Esta condición no corresponde a ningún ser existente, excepto a él, ya que todo lo demás existe necesariamente a partir de la verdad de su existencia, mientras que fuera de él nada es necesario en sí mismo. Por lo tanto, él es la causa de todos, y todos los seres existentes son causados por él. Esto es así según la opinión de los que creen en la Creación; sólo que éstos lo llaman «Hacedor» y «Creador», mientras que otros lo llaman «Causa eficiente», cuyos efectos son causados por la necesidad de su existencia, de modo que todas sus creaciones también devienen necesarias en su existencia respecto de su creador, pues bendito sea él, es su causa eterna.

ואלה העניינים כבר בארום החכמים כולם ואין קץ וצורך להאריך בם כי מופתי רובם מבוארים עד שאין להרהר אחריהם, ואמנם השכלים הנבדלים המנהיגים בעמים הפועלים בעליונים כולם, והשכל הפועל בעולמינו זה השפל שהוא הקטן שבם בעדות י' קטנה, והיא המעלה העשירית בעלת המדה, הנקרא מדת העשר, ושמה מלכות, והיא הספירה האחרונה באמת, וכל עלוליה הנצחיים הנכנסים תחת מציאותה, והם פרטים לה והיא עלתם הנקרא צורת השכל האנושי, כלומר צורת הנפש המשכלת, כל אלה הנזכרים, והנפשות הנפרדות מהגופים אחר המות הדבקות בצורה הזאת כלם עצמות להם באמת, אבל נבדלו במעלות בלא ספק כדמות משל האויר אשר המשלנו, שאין בנו כח לאמת הדברים בשמות אמתיים, אבל אנחנו מדברים גם בשמות משותפים באותיות מוסכמות לבדו:

Y estos asuntos ya fueron explicados por todos los sabios, y no hay fin ni necesidad de extenderse en ellos, pues la mayoría de sus demostraciones están aclaradas al punto de que no cabe dudar de ellas. Y en cuanto a las inteligencias separadas que gobiernan entre los seres superiores y actúan en lo alto, todas ellas, junto con el intelecto agente en nuestro mundo inferior, el más pequeño entre ellos, testificado por la *Iod* pequeña (י קטנה),[33] constituyen el décimo grado dotado de medida, llamado la medida del diez, cuyo nombre es reino (*Maljut*), y es verdaderamente la última de las sefirot. Todos sus efectos eternos, que entran dentro de su existencia y que son detalles en relación a ella,

33. Véase Deuteronomio 32, 18.

mientras que ella es su causa, son llamados «la forma del intelecto humano», es decir, la forma del alma intelectiva. Todos estos mencionados, junto con las almas que se separan de los cuerpos tras la muerte y se adhieren a esta forma, son entidades reales en verdad, aunque difieren sin duda en grados, como en la analogía del aire que hemos propuesto. No poseemos la capacidad de afirmar las cosas con nombres verdaderos, pero hablamos también con nombres compartidos, con letras aceptadas únicamente por convención.

ואם כן הנה כבר התבאר לך מזה שהתענוג הנצחי האמתי הוא הרוחני, ואחר שהוא כן, הנה החכמה גם הוא תענוג רוחני, ושכרה הגדול בעולם הזה הוא התקבצה בלב המאמינים הנמנים ממימיה האלוהים וכל מה שתתקבץ ממנה יותר בנפש המושכלת תתעלה הנפש ממעלה אל מעלה בדמות התעלות אור הנר על דרך משל, בהתרבות הגוף הפתילה הנושא אור האשי ואין משל אמתי בידינו להמשיל על זה ועל כיוצא בו, כי הם עניינים נעלמים מאד, וכל מה שנרצה להמשיל דבר מהם נצטרך להפחית המחשבה מאמתת מציאותם ולדמותם בדברים פחותים מהם, והכונה כזה להורות על מציאותם לבד, לא על אמתת מהותם, כי לא ישיג התחתון מהות העליון, כלומר לא ישיג העליון העלול מהות העלה, אך העלה משגת מהות העלול מפני שהוא נשפע ממנה, ובהשגת העלה שהיא משגת עצרת היא משגת כל שפעיה, על כן השם משיג הכל שהכל עלול (לנו) [לו], ושפעיו אין אחד מהם יכולין להשיג מהותו יתעלה שהרי המשיג והמושג וההשגה בהיותם נמצאים בפועל הם דבר אחד:

Y si es así, he aquí que ya se te ha explicado que el verdadero deleite eterno es el deleite espiritual. Y siendo esto así, la sabiduría también es un deleite espiritual, y su gran recompensa en este mundo es su acumulación en el corazón de los creyentes que son nutridos de sus aguas divinas. Y cuanto más se acumule en el alma racional, más se elevará el alma de grado en grado, como la elevación de la luz de una vela, por ejemplo, conforme crece el cuerpo de la mecha que sostiene la luz ígnea. No tenemos un ejemplo verdadero para ilustrar esto y asuntos similares, pues son realidades muy ocultas, y cada vez que quisiéramos comparar algo de ello, tendríamos que rebajar el pensamiento de la verdad de su existencia y representarlos con cosas inferiores a ellos, y la intención es sólo señalar su existencia, no la verdadera esencia de su ser. Porque lo inferior no puede comprender la esencia de lo superior, es decir, el ser causado no puede comprender la esencia de la causa. Sin embargo, la causa comprende la esencia de lo causado, pues lo hace emanar de sí misma. Y al comprender la causa, que es emanadora, comprende todos sus efectos. Por ello, el nombre comprende todo, ya que todo es efecto suyo, mientras que ninguno de sus efectos puede comprender su esencia, bendito sea, pues el que comprende, lo comprendido y la comprensión, en tanto que existen en acto, son una sola cosa.

לפיכך אמרתי שתשים דעתך, ותעיר מחשבתך אם היא ישינה להשיג מהות האמתיות ואמתתם, עד שתהיה מחשבתך משגת אותם, ותהיינה האותיות מושגות לה, ותהיה ההשגה משתפת מהות מחשבתך עם מהות האותיות, עד שיראה לך שהאותיות בנפש בכח הם הם המחשבה הנמצאות בנפשך בכוח, וברוב עיונך בם תצא מחשבתך לפעל, גם תהיינה האותיות יוצאות לפעל, ותהיינה ג' הענינים שהיו תחלה במחשבות דבר אחד בפועל, והם ההשגה השכלית, והמחשבה הנושאת ההשגה שהיא המשגת, והאותיות המושגות שהם צורות מורות חכמה ובינה ודעת בכל צדדיהם:

Por ello he dicho que pongas atención y despiertes tu pensamiento, si es que está dormido, para captar la esencia de las realidades verdaderas y su veracidad, hasta que tu pensamiento las alcance y las letras sean comprendidas por él. Entonces, la comprensión unirá la esencia de tu pensamiento con la esencia de las letras, hasta que te parezca que las letras en el alma, en potencia, son ellas mismas el pensamiento existente en tu alma en potencia. Y mediante la abundancia de tu contemplación sobre ellas, tu pensamiento pasará al acto, y también las letras pasarán al acto, y serán entonces tres cosas que antes estaban en tu pensamiento como una sola en potencia, manifestadas ahora en acto: la aprehensión intelectual, el pensamiento que porta la aprehensión, que es el que aprehende, y las letras aprehendidas, que son las formas que indican sabiduría, entendimiento y conocimiento en todos sus aspectos.

ואלה הם הדברים אשר יביאוך אל אמתת החכמה ויורוך מציאותם ודרכם, ואני אמשיל לך משל מורגש, כדי שתבין מהרה כונתי בזה הענין הנכבד, והמשל הוא שהאותיות הם בעלי חומר וחמרם הוא חומר אחד כולל את כולם, והוא הדיו, והנה כל אות ואות אינה כי אם חלק מן הכללי, וכל חלק וחלק הוא מוכן לקבל הצורות כלן והוא א"כ חומר מוכן לקבל כל הצורות הבאות עליו אחר הכנתו, וכשיקבל כל חלק הצורה הראויה לו שהיא תלויה ביד הסופר לתת הצורות ידועות אצלו לכל חלק, נשלמה כונתו הראשונה הקרובה במציאות החומר ההוא, וצורתו זאת אשר קבל, ומפני שנודע והתבאר בחכמה הטבעית שכל מעשה יש סבות למציאותו, והן חומר, והצורה, והפועל, והתכלית, ויש לחומר צורה ולצורה חומר, ולתכלית תכלית, עד שהגיע ד' הסבות לראשיתם ולהתחלתם, ולא יתכן שלא תהיה גם לסופר כונת תכליות רבות, כאומרך שתכלית כונת זה הספר במה שכותבו להגיע אל הרווח ואל השכר שלוקח מן הכתיבה, ותכלית זה האחר לגלות בה החכמה המצויה בלבו, וכן הכונות רבות:

Y éstos son los asuntos que te conducirán a la verdad de la sabiduría y te enseñarán su existencia y su camino. Yo te daré un ejemplo sensible para que comprendas rápidamente mi intención en este asunto tan elevado. El ejemplo es el siguiente: las letras tienen materia, y su materia es una sola para todas ellas, que es la tinta. Así, cada letra no es más que una parte de lo general, y cada parte está preparada para recibir todas las formas. Es, por lo tanto, una materia dispuesta a recibir todas las formas que se impriman en ella tras su preparación. Cuando cada parte recibe la forma adecuada para ella, forma que depende de la mano del escriba, quien determina y otorga las formas conocidas por él a cada parte, se completa así su intención primera y próxima en la existencia de esa materia, y esta forma que ha recibido es su perfección.

Y puesto que se sabe y se ha explicado en la ciencia natural que toda obra tiene causas para su existencia, a saber: materia, forma, agente y finalidad, y que cada materia tiene su forma, y cada forma su materia, y cada finalidad una finalidad superior, hasta que las cuatro causas retornan a su principio y a su inicio, es imposible que el escriba no tenga también múltiples finalidades. Así, podrías decir que una finalidad de este libro al ser escrito es obtener beneficio y ganancia a través de la escritura, y la finalidad de otro es revelar la sabiduría que posee en su corazón. Y así las finalidades son muchas.

גם יש מי שכונתו בהראותו חכמתו בספר להתגדל בעיני רואיו לבד, ויש מי שמקוה מזה תועלת, ויש מי שכונתו להראות במה שכותב גבורות חסדי ה' עם ברואיו, ונפלאותיו ומעשיו הגדולים לחכמי הלב, ולהעלותם ממדרגה למדרגה במציאות, ובכדי שיתדמו לו ויכירו בוראם וינחלו חיי העולם הבא באמצעות ספרו הנכתב, וזאת הכונה לבדה היא אשר נאמר עליה שהיא לשום שמים, וזאת היתה כונת כל הנביאים באמת והיא כונה אחת שוה לכולם, אלא שזה הורה הדרך אל הכונה הקלות, וזה הורה בעמק יותר מזה ובאיחור השגה, מפני שלא הגיע למעלת חבירו בהוראה ההיא:

También hay quien tiene como intención, al mostrar su sabiduría en un libro, engrandecerse a los ojos de quienes lo leen, y nada más. Y hay quien espera obtener algún beneficio de ello. Y hay quien tiene como propósito mostrar, mediante lo que escribe, las proezas de la bondad del Eterno con sus criaturas, sus maravillas y sus grandes obras ante los sabios de corazón, para elevarlos de grado en grado en la realidad, con el fin de que se asemejen a él, reconozcan a su creador y hereden la vida del mundo venidero por medio de su libro escrito.

Y esta intención, únicamente, es la que se dice que es «por causa del cielo». Y ésta fue, ciertamente, la intención de todos los profetas: una única intención común a todos ellos, aunque uno mostrara el camino hacia esa intención con más sencillez, y otro lo hiciera con más profundidad o con más demora en la comprensión, por no haber alcanzado el nivel de su compañero en esa enseñanza.

ואמנם החכמים האמתיים ג"כ כונה אחת לכלם והיא זאת בעצמה, אלא שהורו מה שהורו בדרכים יותר עמוקים ויותר רחוקים להשיג הכונה האמתית מהם, גם הפילוסופים כן, כי אלה הג' מינים מן החכמה הם אשר כתבו מה שכתבו לשם שמים לפי הנראה מדבריהם, כלומר כיונו להנהיג דורם והבאים אחריהם בהנהגה מביאה לידי ההשגה השכלית, אשר היא סבת הדבקת הנפש בעלתה הממציאה והמחכימה, והם אשר ראש לכל חכם להמשך אחר דעתם ולשתף דבריהם בכל יכלתו ולהורות, הם הם דברי אלוה אחד, שהכונה בהם אחת שוה, והתכלית היא מיוחדת בכונתם הנכללת יחד בדעתם, וראוי לדון אותם לכף זכות בכל מה שאמרוהו, מפני שכולם כיונו להוציא האמת לאור, כפי שסבל כח דעתם ועל זה נאמר (אבות פ"ב, יב) וכל מעשיך יהיו לשם שמים, וכבר נצלו, ולפי זה הדרך בתת הסופר צורה לאותיות ותהיה כונתו, זאת האחרונה הנזכרה שהיא להחכים הלמודים דבריו:

Y, en verdad, también los sabios auténticos tuvieron todos una sola intención, y fue precisamente la misma. Sólo que enseñaron lo que enseñaron por caminos más profundos y de más difícil acceso para alcanzar la verdadera intención que había en sus palabras. Y lo mismo ocurre con los filósofos: estos tres tipos de sabiduría escribieron lo que escribieron por causa del cielo, según se deduce de sus palabras. Es decir, tuvieron como propósito guiar a su generación y a las generaciones futuras mediante una conducción que condujera al entendimiento intelectual, el cual es la causa de la unión del alma con su origen, que la crea y la hace sabia.

Ellos son aquellos a los que todo sabio debe seguir e integrar sus palabras con toda su capacidad y enseñar, pues son palabras de un único Dios, ya que su intención es una y la misma, y su finalidad es única en la intención común incluida en su pensamiento. Es justo juzgarlos favorablemente en todo lo que dijeron, ya que todos tuvieron la intención de sacar a la luz la verdad según la capacidad de su entendimiento. Sobre esto se dijo (Avot 2, 12): «Y que todas tus obras sean por causa del cielo». Y ciertamente se salvaron. Así, siguiendo este camino, cuando el escriba da forma a las letras, su intención será esta última mencionada: la de hacer sabios a quienes aprendan sus palabras.

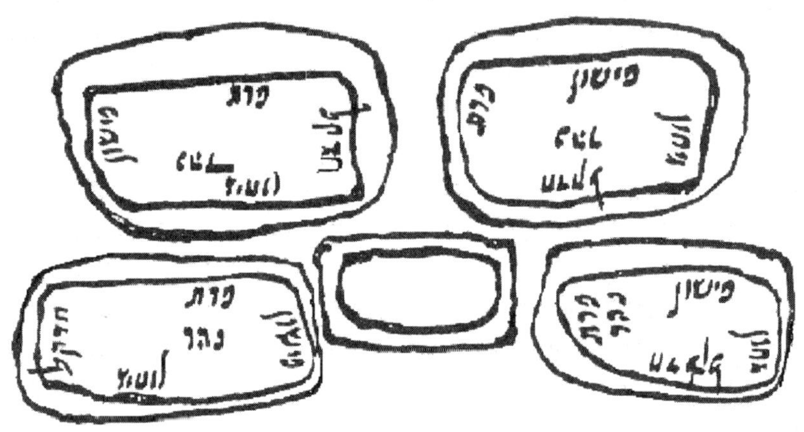

הנה זאת תכלית התכליות אצלו בפעולתו זאת, אלא שאם יגיע איש מן האנשים אל מה שהוא כיון בו באמצעות ספרו הנה יצאה כונתו לפועל אחר שהיתה כונתו בכח, ואם לאו היתה לבטלה עד שיגיע הפועל, ואם לאו ימנע מצאת שום איש מבני אדם מכח לפועל במה שכוון כבה, אין ראוי לקרוא הכח ההוא בשם בטלה, אבל ראוי לקוראו בשם הכנה, ועל כן נאמר אנחנו שנתינת צורה באותיות, ואע"פ שהם אורות מוסכמות ולהם שהם מוסכמים ומספרים מוסכמים, הנה הם הכנות דומות להכנות הטבעיות, וראוי להאמר עליהם שהם ענינים יותר מעולים מן הענינים הטבעיים, ואעפ"י שהם מעשה ידי אדם:

Ésta es, pues, la finalidad de las finalidades para él en su acción: que, si alguien de entre los hombres alcanza, mediante su libro, aquello que él había intencionado, entonces su intención ha pasado al acto después de haber estado en potencia. Y si no, su intención habría quedado en vano hasta que se concrete el acto. Sin embargo, si ningún hombre llega de la potencia al acto en aquello que él pretendía, no es adecuado llamar a esa potencia vana, sino que debe llamarse preparación. Por ello decimos que la formación de las letras, aunque sean luces convencionales y convenciones numéricas aceptadas, son preparaciones semejantes a las preparaciones naturales. Y es adecuado decir de ellas que son asuntos más elevados que los asuntos naturales, aunque sean obra de manos humanas.

ואני יודע שתקשה עלי בזה, ותאמר איך יתכן שיהיו מעשה בני אדם מעולים ממעשה הבורא, כי הטבע הוא מעשה אלהים, והכתיבה הנמצאות בספרי הנביאים, ובדומים להם במין, והם הספרים אשר רמזנו אשר חברום החכמים, היא ממעשה בני אדם, הנה זאת תהיה תשובתך, ולא אעמיק בה מאד, אבל אביא מופת ברור על זה שהוא כן בדבר הזה לבדו, כלומר בנתינת צורות בחומר הדיו בספרים הנכתבים לשם שמים, והמופת על זה הוא שהטבע הוא החומר, ושם הצורה גם כן טבע, ושם הדברים המורכבים משניהם טבע, ואמנם זה הטבע שזכרתי על חומר הגלגלים ולא על צורתם, כי הגלגלים אין חומרם חומר הראשון התחתון, ולא צורתם צורת החומר לא הכללית ולא הפרטית, כי כל החומר העליון לא ילבש צורה ויפשיט אחרת לא בפרט ולא בכלל, אך החומר השפל אשר אנחנו, חלקים ממנו אע"פ שצורותיו הכלליים קיימות בו תמיד לא קרה לחלקי הצורות הן, אך הוא מחליף צורותיו הפרטיות תמיד בבוא זו אחר סוד זו, וא"כ זו הטבע הנזכר והוא על טבע העולם השפל, לא המציאו השם אלא לתכלית אחת, והיא כדי שימצא האדם המוציא שכלו מהכח אל הפועל, ואלו חסר האיש ההוא מן המציאות היו כל מההדמות הטבעיות שקדמו לו בעבור שיצא לפועל זה מאיש אחר שלא יצא, ואי אפשר שיצא לבטלה גמורה:

Y sé que me objetarás en esto y dirás: ¿cómo es posible que las obras de los seres humanos sean más elevadas que las obras del Creador, si la naturaleza es obra de Dios, mientras que la escritura que se halla en los libros de los profetas, y otros semejantes de su especie, si los libros a los que aludimos y que compusieron los sabios, son obras de manos humanas? Ésta será tu objeción. No profundizaré mucho en responderla, pero te presentaré una prueba clara de que esto es así, aunque sólo en este asunto particular: me refiero a la acción de imprimir formas en la materia de la tinta, en los libros escritos *leShem Shamaim* (por causa del cielo).

La prueba de esto es que la naturaleza es materia, y también la forma es llamada naturaleza, y los compuestos de ambos son llamados igualmente naturaleza. Pero esta naturaleza de la que hablo se refiere a la materia de los cielos, no a su forma; pues los cielos no tienen la misma materia que la materia inferior, ni su forma es la forma de la materia ni en general ni en particular. Lo material superior no reviste formas para despojarse luego de ellas, ni en general ni en particular; pero la materia inferior, de la que nosotros formamos parte, aunque sus formas generales permanecen siempre en ella, las formas particulares de sus partes cambian constantemente, sustituyéndose unas a otras.

Por tanto, esta naturaleza mencionada se refiere a la naturaleza del mundo inferior. Y el Eterno no la creó sino para una única finalidad: para que exista un ser humano que lleve su intelecto de la potencia al acto. Y si este hombre faltara en la existencia, todos los semejantes naturales que le precedieron habrían sido en vano, ya que fueron dispuestos para que él llegara al acto, aunque surgiera de otro hombre y no de él mismo. Sin embargo, no es posible que todo ello haya existido en vano de manera absoluta.

וידוע שהדבר הקרוב לצאת בזה האיש אחר שלא יצא השלם לפועל, הוא הכבוד הטבעי שבו, ובו נשלמו החכמות הטבעיות כולן, והוא תכליתן מצד מה שהכין הטבע להשיג:

Y es sabido que lo más próximo a surgir en este hombre, cuando aún no ha salido completamente al acto, es la gloria natural (הכבוד הטבעי) que hay en él; y en ello se completan todas las ciencias naturales, siendo esta gloria su finalidad, en cuanto a lo que la naturaleza ha preparado para que pueda ser alcanzado.

ואמנם השם יתעלה הכין תחלה המוכרחים שלא היה אפשר לעשותם זולת הטבע, והטביעם בבריות בהנהגה המרגלית, שם המרגלית במקום הטבע בדמיון ענין מוטבע, כי ההרגל, אע"פ שאינו טבע, הוא קרוב לטבע עד שאמרו עליו שהוא חצי הטבע, ועוד כמוהו לטבע באמרם ההרגל על כל דבר שלטון, ועוד אמרו כל הרוצה להכריח את עצמו - הטבע מכריחו, כמי שצובע השיבה, שהוא מגלה תחבולותיו, ועוד ידוע שהדבר האחרון המוכן לצאת בעבורו מכח לפועל, הוא רוב הלמוד, ואין למוד בלתי אותיות, ואם כן ענין למוד האדם הוא גם כן פועל אלהים בכונה תכליות אשר הכינה בצורה שיסכימו בה בני אדם להכין דרך קרוב להשיגה:

Ahora bien, el Eterno, bendito sea, dispuso primero las cosas necesarias que no podían hacerse sino mediante la naturaleza, y las imprimió en las criaturas con una dirección semejante a la de una perla (מרגלית) preciosa, poniendo la perla en lugar de la naturaleza como comparación de algo impreso. Porque la costumbre, aunque no es naturaleza propiamente dicha, se le asemeja tanto que se ha dicho de ella que es «la mitad de la naturaleza». Y aún más, se ha dicho que «el hábito domina sobre todo». Y también: «Quien quiera imponerse algo a sí mismo, la naturaleza se lo impone», como quien tiñe sus canas, con lo cual revela sus artimañas.

Y es sabido, además, que lo último dispuesto para salir del hombre de la potencia al acto es el estudio constante, y no hay estudio sin letras. Por lo tanto, el asunto del estudio humano es también una obra de Dios, orientada a finalidades que preparó en una forma que los hombres puedan aceptar, facilitando con ella un camino próximo para alcanzarla.

ועל כן ראוי שתחשוב שמכלל פעולות השם הוא ג"כ זאת ההכנה אשר הכינה השם להיות מוסכמות, כי הספיק לו בהכנת הסכמה לבד, שאם ראה שאין ההסכמה מספקת היה מטביעה, ולא היה מכינה על דרך הסכמה, ואחר שהדבר כן וזו ההכנה הוא כונה אלוהית ג"כ הוא המשל המשלמת מציאות האדם, ואין דבר מן הדברים הטבעיים כל כך קרובים אל זה הפעולה כמו האותיות המוסכמות אחר מציאות האדם, כי מציאות החמור והשאר בעלי חיים רחוקים בתקון זו החכמה ההכנה, כל שכן הצמחים והדומם שהם רחוקים יותר מאד:

Por lo tanto, debes considerar que también esta preparación que dispuso el Eterno forma parte de sus acciones: preparó que las letras fueran convenciones aceptadas, pues le bastó con establecer un acuerdo entre los hombres. Si hubiera visto que el acuerdo no era suficiente, las habría impreso de manera natural, y no las habría dispuesto como convenciones. Y siendo esto así, y dado que esta preparación es también una intención divina, constituye el instrumento que completa la existencia del ser humano.

Y no hay entre las cosas naturales nada tan próximo a esta acción como las letras convencionales, después de la existencia misma del ser humano, pues la existencia del asno y de los demás animales está mucho más alejada de la perfección de esta preparación sapiencial, y con mucha más razón las plantas y los minerales, que están aún más alejados.

ולולי צורך האדם שהוא צריך אליהם מהם בהכריח לפי טבעיו, ומהם לתועלת, ומהם לעבור קרוב כדי שימצא כל צרכיו מוכנים בקלות, ובמהרה לא היו נמצאים כלל, נמצא שכולם הכנות קודמות לצורך האדם, ולתועלתו כדי שיגיע אל התכלית האחרונה, המכוונת במציאותו שהיא השגת ידיעת השם:

Y de no ser por la necesidad del hombre que los requiere a ellos, unos por necesidad conforme a su naturaleza, otros para su provecho, y otros para tránsito y proximidad, a fin de que halle con facilidad y rapidez todo lo que necesita, no habrían existido en absoluto. Se concluye, pues, que todos ellos son preparaciones previas para el uso del hombre y para su beneficio, con el fin de que alcance su finalidad última, que es el conocimiento del Eterno.

וידיעת השם אינה כי אם על פי האותיות שהם הם הכלים הקרובים לזה, וא"כ הנה הם, ואם הם מצוירים בידי אדם, כלם ענינים אלוהיים באמתתם, כי אני לא אמרתי לך ששאר פעולות אנושיות, ר"ל מלאכות נעשית בידי אדם, בדמות בנינים, וצביעות ואריגות ונגרות וכיוצא בהם, ממה שהוא רחוק מדרכי ההשגה האלוהית מעולים מהטבעים, אך אני אומר שכולם יותר פחותים מהם, ועוד שאין ערך ביניהם, ולא יחס אמתי על דרך אמתי, וע"כ לא ישוערו אלו באלו כשם שיערו על דרך יתרון מעלה באותיות על הענינים הטבעיים, בדעתי מצד הקבלה האלוהית ג"כ שהאותיות הם מציאות העולם כלו, ובם השם מנהיג עולמו כמו שמעיד בעל ספר יצירה (פ"ב מ"ה) באומרו כל היצור וכל הדבור יוצא מהם, ואמר שהשם המליך האותיות על כל היצורים, וקשר להם הכתרים וצרפם זה עם זה, כלומר האות עם היצור:

Y el conocimiento del Eterno no se alcanza sino por medio de las letras, que son los instrumentos más próximos a ello. Así pues, aunque estén formadas por mano humana, todas ellas son, en su verdad, asuntos divinos. Porque no te he dicho que las demás obras humanas –me refiero a los oficios hechos por manos humanas, como las construcciones, la pintura, los tejidos, la carpintería y cosas semejantes–, las cuales están lejos de los caminos de la comprensión divina, sean más elevados que las cosas naturales. Antes bien, afirmo que todas ellas son inferiores en comparación, y que no existe proporción ni verdadera relación entre ellas, ni comparación posible en el sentido real.

Así como no se puede medir la superioridad de las letras sobre los asuntos naturales, del mismo modo, según mi opinión y conforme a la tradición divina, las letras son la existencia misma de todo el mundo, y por ellas el Eterno dirige su mundo, como testifica el autor del *Sefer Yetzirah* (2, 5) al decir: «Todo lo formado y todo lo dicho proviene de ellas», y afirmó que el Eterno dio autoridad a las letras sobre todas las criaturas, y les ató coronas y las combinó unas con otras, es decir, la letra con la criatura.

והנה מה שהיה ראשית המציאות שהוא סוד האותיות, שהשמות מורכבים מהם הוא תכלית המציאות כי הם בצורות לחמרים, והשם הוא בכל נמצא, שאין לך שום דבר נמצא כלום [בלי] שם כללי ופרטי, ובהשתנות הדבר הפרטי ישתנה שמו הפרטי בקצת דברים, אך השם הכללי הוא קיים תמיד בצורות הכלליות ובחומר הכללי הקיים, ולא עוד אלא שצורת האותיות מורות על צורות המציאות, כמו שעליהם ועל צורותיהם נברא הכל ובדמותם מתקיים, והדבר שבו מתקיים הכל הוא מעולה על הכל:

Y así, aquello que fue el principio de la existencia, el secreto de las letras, de las cuales están compuestos los nombres, es también la finalidad de la existencia, pues ellas son como formas para las materias. Y el Eterno está en todo lo existente, ya que no hay nada existente que no posea un nombre, tanto general como particular. Y cuando cambia el ser particular, cambia su nombre particular en ciertos aspectos, pero el nombre general permanece siempre en las formas generales y en la materia general que permanece.

Y no sólo eso, sino que la forma de las letras indica las formas de la existencia, ya que por ellas y según sus formas fue creado todo y por su semejanza todo se sostiene. Y aquello por lo cual todo se sostiene es, sin duda, superior a todo.

ועוד שהמופת המקובל האלהי נוסף על המושכל הנזכר מאמרו והלוחות מעשה אלהים המה והמכתב מכתב אלהים הוא חרות על הלחות והיו הלוחות כחומר והמשכן נושא צורתן (שמות לב, טז), והקבלה מעידה שהאותיות היו להם כדמות נפשות לגוף, שהם מעמידות אותו, ובהיותן בגוף הגוף קל בעצמו מצדן, ובהפרדן ממנו הוא כבד בעצמו, והנה כשנשברו הלוחות פרחו האותיות באויר והם כבדו, והשליכן מידו מפני שפרחו, ואע"פ שזה סוד גדול הנה נכתב הענין כלו בתורה כדי להודיענו סודו והוא שלהיות שם משותף לענינים טבעים פנימיים, כי לח"ת בא"ת ב"ש כס"א והוא טב"ע, ולענינים חצונים והם לחות אבנים, וסוד אבנים משותף ג"כ כי סודו בג' אותיות, וכן קראם בעל ספר יצירה (פ"ד מי"ב) באמרו שתי אבנים בונות שתי בתים, והנה מספר שנ"י לחו"ת אבני"ם תתצ"ג, ומספר אבנ"י שי"ש טהו"ר, כשנ"י לחו"ת אבני"ם, שהם יצ"ר ר"ע ויצ"ר טו"ב:

Además, la prueba recibida por tradición divina se añade a lo conocido intelectualmente, como está dicho: «Y las tablas eran obra de Dios, y la escritura era escritura de Dios, grabada sobre las tablas» (Éxodo 32, 16). Y las tablas eran como la materia y el santuario (המשכן) sostenía su forma. La tradición (cábala) atestigua que las letras eran para las tablas como las almas para el cuerpo: son las que lo sostienen, y mientras están en el cuerpo, éste es liviano por causa de ellas, y cuando se separan de él, el cuerpo se torna pesado por sí mismo. Así, cuando se rompieron las tablas, las letras volaron por el aire y las tablas se volvieron pesadas, y las arrojó de su mano porque las letras habían huido.

Y aunque éste es un gran secreto, ha sido descrito en la Torah para hacernos conocer su misterio: que hay un nombre compartido para asuntos naturales internos, ya que *Lujot* (tablas) en el guematria *atbash* se convierte en *Kesa* (כס"א)[34] que es equivalente a *Teva* (naturaleza), y también para los asuntos externos, que son las tablas de piedra. Y el secreto de las piedras es también compartido, pues su raíz está en tres

34. La guematria *atbash* de *Lujot* (לחת) es 81, como la de *Kesa* (כסא) y la de *Teva* (טבע).

letras, como las llama el autor del *Sefer Yetzirah* (4, 12): «Dos piedras construyen dos casas».

El valor numérico de *Shnei Lujot Avanim* (dos tablas de piedra) es 793,[35] y el valor de *Avanei Shaish Tahor* (piedras de alabastro puro)[36] es el mismo que el de *Shnei Lujot Avanim*, ya que *Ietzer Ra* (mala inclinación) y *Ietzer Tov* (buena inclinación) tienen el mismo valor numérico.[37]

ואמנם עם כל זה המופת המושכל המקובל שהודעתיך ראוי לך שתדע, שהאותיות בג' מעלות, אחת חיצונית והיא הנמצאת בספרים, והיא הפחותה מכלם, ואע"פ שקדמה לשתים במציאות הנמצאת ובזמן ומערכה, והשתים קדמו לה במעלה ובעילה:

Ahora bien, a pesar de todo esto, a pesar la prueba intelectual y la tradición recibida que te he expuesto, debes saber que las letras poseen tres grados. Uno externo, que es el que se encuentra en los libros, y es el más bajo de todos, aunque haya precedido a los otros dos en la existencia sensible, en el tiempo y en el orden. Los otros dos grados, en cambio, lo preceden en dignidad y en causalidad.

ושנית תיכונית והיא הנמצאת במבטא הפה בה' מקומות, והיא טבע שהוטבע בפה לקבל הדבור ולחקק צורותיו בו עם הקול והרו"ח, ואפשר שיצא לפועל, ואפשר שלא יצא, ואחר הקבלה שקבל המדבר מן המדברים עוד לא נשלם, עד אשר יצייר אותיו"ת בעיני הראש ובעיני הלב, שבם יתכן שיצא שכלו לפועל ולא זולתם, והם בדמות כלים לפה:

35. La guematria de *Shnei Lujot Avanim* (שנ«י לחו«ת אבני«ם) es 907.
36. La guematria de *Avanei shaish Tahor* (אבנ«י שי«ש טהו«ר) es 893.
37. La guematria de *Ietzer Ra veIetzer Tov* (יצ«ר ר«ע ויצ«ר טו«ב) es 893.

El segundo grado es el intermedio, y se encuentra en la pronunciación de la boca en las cinco zonas del aparato fonador. Es una naturaleza impresa en la boca, preparada para recibir el habla y grabar en ella sus formas, junto con la voz y el aliento. Puede salir al acto, o puede no salir.

Y aun después de que el hablante ha recibido [el lenguaje] de otros que le han hablado, todavía no se ha completado del todo el proceso, hasta que no conforme las letras en los «ojos de la cabeza» y en los «ojos del corazón»; pues sólo a través de ellos puede su intelecto salir al acto, y no por otros medios. Y ellas están en forma de instrumentos para la boca.

ושלישית היא הנמצאת בשכל והיא פנימית, גם היא הכנה צריכה להיותה מקבלת מחוץ באמצעות רוב העיון בעינים ורוב ההרגל בפה, ואז אפשר שיצא הכח השכלי אל הפועל, ואם כן הנה שלשתם קשר אמיץ וחזק נקשר יחד, אדוק זה בזה, ואע"פ שהעניינים ההם הג', הם ג' מעלות כמו שביארנו בדמות הספר וספר וספור (ספר יצירה פ"א מ"א), הספר הוא ספר תורה שהמדבר תמיד ומנהיג את העולם, ונחלק לה' חומשים, והספר הוא על המערכות והם מערכת האחדים, ומערכת העשרות ומערכת המאות, ומערכת האלפים, ומערכת הרבבות, שעליהם כל העולם תלוי, והספור הוא הדבור שאדם מספר בו בפה והוא היוצא מחמשת מקומות הפה, והכל אותיות כתובות מורגשות לעינים שיציירו וציורו על ידי אדם, והם בעל חומר אחד, והוא הדיו כמו שאמרנו למעלה, ובעלי כ"ב צורות וכן האותיות בגי' בעל"י צורת"ך, גם צורת הגלגלים הם אותיות והם מעטרות הכוכבים ומטביעות העיר, וכן חיות הקדש מצוירות בעט על פי י' אותיות, והנה יו"ד הוא די"ו והוא חומרי לצורותיו, שמן י' תוכל עשות איזה אות שתרצה והוא ההו"ד ודי, כי הסוד ב"ה ה"ו זה נוסף א' מן ה' וזה הגרע א' מן ה', אבל חשבון אל גט וחשבון אלה א', טעם אחר יש כמו שתשמע בחלק השלישי מזה הספר בע"ה:

Y el tercer grado es el que se encuentra en el intelecto, y es interno. También es una preparación necesaria, que debe recibir desde fuera por medio del abundante estudio con los ojos y el constante ejercicio de la boca. Sólo entonces puede la facultad intelectual pasar al acto.

Así, estos tres grados están unidos con un vínculo firme y fuerte, estrechamente ligados entre sí, aunque son tres niveles distintos, como hemos explicado con la imagen del *Sefer*, *Sefar* y *Sipur* (*Sefer Yetzirah* 1, 1). El *Sefer* es el libro de la Torah, que siempre habla y guía al mundo, y se divide en cinco libros. El *Sefar* se refiere a los sistemas: el sistema de las unidades, el de las decenas, el de las centenas, el de los millares y el de las decenas de millares, sobre los cuales se sustenta todo el mundo. El *Sipur* es el habla, que el ser humano expresa con su boca, procedente de las cinco zonas del aparato fonador.

Todo está compuesto de letras escritas que son perceptibles a los ojos y formadas por obra humana, que tienen una misma materia, que es la tinta, como hemos mencionado anteriormente, y que poseen veintidós formas.[38] Y también las letras en su valor numérico corresponden a *Baalei Tzurateja* (los poseedores de tus formas).[39] Asimismo, las formas de los cielos son letras que coronan las estrellas e imprimen forma en la ciudad. También los seres vivientes sagrados están trazados con el cálamo según diez letras.

Así, la *Iod* es *Di-Iod* (de *Iod*), y es materia para sus formas; de la Iod puedes hacer cualquier letra que quieras. Y *Hod* (gloria) es suficiente, pues el secreto es que *He* y *Vav* son combinaciones esenciales; éste tiene una *Alef* añadida a la *He*, y éste le resta una *Alef* a la *He*. Sin embargo, el valor de *El Gath* (אל גט) y el de *Elah* (אלה) son distintos, como verás, con ayuda de Dios, en la tercera parte de este libro.[40]

38. Las 22 letras del alfabeto.

39. *Baali tzurateja* (בעלי צורתך), «los poseedores de tus formas», tiene guematria 893, como *Ietzer Ra veIetzer Tov* (יצ»ר ר»ע ויצ»ר טו»ב).

40. Esta parte a la que alude ha desaparecido.

ועוד אותיות שונות ממין שני, מורגשות לאזנים ונדברות בפה, והם רוחניות מוגשמות ואינם גוף כראשונות, אך באמתתם אותיות הם הם יותר קרובות אל מעלת האדם ואל עצמותו הנכתבות בספרי, ואע"פ שהם מצד היותם נקראות בשם אותיות, ומצד היותם מורגשות, ומצד היותם בעל חומר לח, ונבדלו אלו מאלו בהיות אלו נמצאות בלחות ואלה נמצאות בליחות, שבלוחות הם שני לחות אבנים כראשונים נשברים, ושני לחות אבנים שניים קיימים, ושבלוחות הם הנמצאות בפה ושוכנות על ד' לוחית של הגוף בסוד שם א"ל שד"י והוא סוד ד' יסודות הטבעיות של גוף בד' צבעים, ואלו הם המרה האדומה, והלבנה, והמרה השחורה, והמרה הירוקה ושם ד' מורה על ד"ם פירוש דל"ת ד' יסודות לת', נפש שהיא באה מן היסוד החמישי ועגולם ג' של ד"ם יוכיח עם הד' שלפניו והבן זה והיא הוראה על שהם ד' יסודות אמ"ש, גם ה' באמת והצבעים אדו"ם לב"ן שחו"ר ירו"ק, ובחלוף ל' למ' תבין תכין דעתי זאת, ואלה מוטבעים ומוסכמות, ואלה מוסכמות לבד:

Además, existen otras letras de un segundo tipo, perceptibles por los oídos y pronunciadas por la boca. Son espiritualidades materializadas, y no son un cuerpo como las primeras, aunque en su esencia siguen siendo letras, más próximas a la dignidad del ser humano y a su esencia que las letras escritas en los libros. Y aunque se las llama también «letras», y aunque son perceptibles, y aunque tienen un sustrato húmedo, se diferencian entre sí por lo siguiente: unas se hallan en las *Lujot* (tablas), y otras en las *Lijot* (humores).

En las *Lujot* (tablas), se alude a las dos Tablas de Piedra: las primeras, que fueron rotas, y las segundas, que permanecieron. En las *Lijot* (humores), se hace referencia a letras que se encuentran en la boca y residen en las cuatro «tablas» del cuerpo, según el secreto del nombre *El Shaddai* (אל שדי), el cual alude al misterio de los cuatro elementos naturales del cuerpo, representados por cuatro colores.

Éstos son: la bilis roja, la bilis blanca, la bilis negra y la bilis verde. Y el nombre de cuatro letras (ד = cuatro) alude a *Dam* (דם, sangre): *Dalet* (ד) por los cuatro elementos naturales, y *Mem* cerrada (ם) por la *Nefesh*, el alma, que proviene del quinto elemento, y su redondez de tres lados de la *Mem Sofit* confirma junto a la *Dalet* precedente, compréndelo bien, y es señal de que son los cuatro elementos fuego, agua, aire y tierra *(Esh, Maim, Avír, Afar),* y también un quinto en verdad. Y los colores son rojo *(Adom),* blanco *(Laban),* negro *(Shajor),* y verde *(Iarok).*

Y si intercambias la *Lamed* (ל) por *Mem* (מ), entenderás bien esta opinión mía. Estas letras están grabadas y aceptadas por convención; las primeras, en cambio, existen sçolo como convenciones grabadas en el entendimiento.

ועוד אותיות שלישיות ממין שלישי רוחניות לגמרי בלתי מורגשות כן, אך הם מדומות טרם צאתם לפועל, ופעולתם נכרת ומושגת למשכילים על ד' צורות, ושכינתם בדם החיוני והם משכלות בצאתם לפועל ראשונות, בדמות חיות הקדש, והם בדמות צורות של אש ששם חמרם, וצורות של רוח שגם רוח מנהיגם, וצורות של מים שהם נשפעות כמים הנובעים מהמעין, וצורות של עפר שהם מתרבבות עד אין קץ כחול אשר על שפת הים, ואמנם צורתם החמישית, הוא צורת גלגל החוזר פנים ואחור, ואלה הם לב"ת א"ש שסודם כתבי אש והם צור"ה בנפש"י והבן זה מאד:

Además, existen letras de un tercer tipo, completamente espirituales, no perceptibles de ninguna manera, aunque son imaginadas antes de salir al acto. Su acción es discernible y alcanzable para los inteligentes en cuatro formas, y su morada es en la sangre vital. Ellas son intelectuales cuando salen al acto por primera vez, a semejanza de las criaturas vivientes sagradas (*Jaiot haKoddesh*).

Éstas tienen formas semejantes a criaturas de fuego, pues es el fuego su materia; formas de aire, pues también el aire las guía; formas de agua, ya que fluyen como agua brotando de la fuente; y formas de tierra, ya que se multiplican sin fin como la arena en la orilla del mar.

Y su quinta forma es la del círculo giratorio que retorna hacia adelante y hacia atrás. Éstos son las *Lebot Esh* (לבת אש), cuyo secreto es «escritos de fuego» (כתבי אש),[41] y son forma en el alma, comprende esto profundamente.

שעל זה הסוד נתלית מעלת הנבואה, ומי שמכיר היות שכינתם בלב"ת א"ש יראם וידבר בם ויקראוהו מלך ה' בשמו, האחד המוטבע לו כפול מתוך הסנ"ה כי כן קרא למשה בעבור שעיין בציור הכתב, גם עיין, והנה מה שראה בלב"ת א"ש ראהו בלא בשת, בצורת ההויה בלתי בהוית הצורה, ועל זה השיג באמצעות האותיות כל מה שהשיג, והמופת על זה כי המופתים כלם שמם אותות, וכל אות מתבררת מאות, והוא סוד ג' מערכות הספירות, אחדים ועשרות ומאות, והנה נודע מן האותות הנכתבות בענין סוד המאורות והכוכבים כאומרו והיו לאתת ולמועדים ולימים ושנים (בראשית א, יד), שהם כלם מתגלגים על פי האותיות של הג' מינים הנזכרים, ר"ל רוחניים בלתי נגשמים, ורוחניים ומוגשמים יחד ונגשמים בלתי רוחניים, והנה הם (ספר יצירה פ"א מ"א) ספר וספר וספור כמו שאמרתי:

Sobre este secreto se basa la grandeza de la profecía. Quien reconoce que la morada de la presencia divina está en las *Lebot Esh* (לבת אש),[42] la temerá, hablará con Ella, y así será llamado rey del Eterno (*Melej HaShem*) en su nombre, el único nombre que le es impreso, doble, desde el interior de la zarza ardiente (*Sneh*).[43] Pues así llamó a Moisés, porque éste contempló la forma de la escritura, y también porque observó, y he aquí que lo que vio en las *Lebot Esh* lo vio sin vergüenza, en la forma del ser y no en la existencia de la forma. Y por medio de las letras comprendió todo lo que llegó a comprender.

---

41. La guematria de *Lebot Esh* (לבת אש) es la misma que la de *Ketvi Esh* (כתבי אש) y la de *Tzurat beNefesh* (צור״ה בנפש), «forma del alma», 733.

42. Literalmente, «llamas de fuego».

43. Este nombre único y doble a la vez es *Ehieh asher Ehieh* (אהיה אשר אהיה), «yo seré el que seré». Véase Éxodo 3, 14.

La prueba de esto es que todos los milagros son llamados *otot* (señales), y toda *ot* (letra/señal) se esclarece a partir de otra *ot*. Éste es el secreto de las tres estructuras de las sefirot: unidades, decenas y centenas.

Y se sabe de las *otot* escritas en el secreto de las luminarias y los astros –como está dicho: «Y serán por señales, y para las estaciones, y para los días y los años» (Génesis 1, 14)– que todos ellos se rigen conforme a las letras de los tres tipos mencionados: espirituales no corpóreos, espirituales y corpóreos a la vez, y corpóreos no espirituales.

Y éstos son el *Sefer*, el *Sefar* y el *Sipur* (*Sefer Yetzirah* 1, 1), como he dicho.

ועוד נודע במופת מושכל ובמופת מקובל שהדברים כלם הנמצאים בכל ג' חלקי המציאות דומים לאותיות של שלשת המינים:

Además, se sabe por prueba intelectual y por prueba recibida (cábala) que todas las cosas existentes en los tres niveles de la realidad son semejantes a las letras de los tres tipos.

והנה המושכל והמשכיל והשכל שלשה עדים נאמנים על זה, ואל תאמר לי ערביך ערבא צריך מפני היות עדות העדים נסתרת מאד, שאני איני מדבר בזה עם זה מי שצריך ערבים על אמתת השכל, ולא עם מי שצריך לבקש מופת על מציאותו, כי הוא (מקובל) [לא מקבל] שום מופת לא [מופת] מושכל ולא [מופת] מקובל אמתי, שהוא המושכל האלוהי, אבל כל דמיון וכל הרגש שיהיה לו קצת מחשבה מדומה אצלו בו אצלו תכלית האמת, וזולתו אצלו כלו הוא שקר גמור או בלתי מושג כלל, ואם כן עליו הכתוב אומר באזני כסיל אל תדבר כי יבוז לשכל מליך (משלי כג, ט), ואני איני מדבר באזניו, רק אני מדבר עם בעל שכל, אשר ידעתי שיהיה קל עליו להבין כל מופת בשכלו, וכשישמע דבר מושכל מופתי יעיין בו בטוב שכלו, וישא ויתן בינו ובין עצמו עליו עד שיוציאנו לפעל אמתי, ויאמת האמת, וישאר חקוק ורשום בלבו ומושג ומושכל תמיד, עד שכל חכמי עולם לא היו יכולים להסירו מלבו, כי התאמת במופתים:

He aquí que el inteligible, el que comprende y el intelecto mismo son tres testigos fieles de esto. Y no me digas: «Tu fiador necesita fiador» (ערבך ערבא צריך),[44] por el hecho de que el testimonio de estos testigos sea muy oculto, porque no estoy hablando aquí con quien necesita garantías sobre la verdad del intelecto, ni con quien necesita buscar una prueba de su existencia, pues tal persona no acepta ninguna prueba, ni prueba intelectual ni prueba recibida (cabalística) verdadera, que es el conocimiento divino.

Antes bien, todo lo que es imaginación y sensación le parece a él algo verdadero, mientras que todo lo demás le parece mentira absoluta o totalmente inalcanzable. Sobre él dice la Escritura: «No hables a oídos del necio, porque despreciará la sabiduría de tus palabras» (Proverbios 23, 9). Yo no hablo a sus oídos, sino que hablo con el hombre dotado de intelecto, aquel que sé que será capaz de entender cualquier prueba con su inteligencia, y que, al oír un asunto inteligible y demostrativo, reflexionará sobre él con buen juicio y deliberará consigo mismo hasta que lo saque a la luz como una verdad auténtica.

Entonces verificará la verdad y quedará grabada y marcada en su corazón, y será comprendida y retenida para siempre, de tal manera que ni todos los sabios del mundo podrán arrancarla de su corazón, porque ha sido confirmada por pruebas.

44. Véase Talmud, tratado de *Baba Batra* (173b). Se utiliza cuando un garante o fiador no es totalmente confiable y él mismo necesita un garante.

וכל מה שכבר נודע במופת הוא יותר מוחזק אצל המשכיל ומן המורגש בעינים, וכשישמע דבר שקר יכחישנו בכח שכלו, מפני שאין נפשו המוכנת להכנע תחת צורת האמת יכולה להכנע תחת צורת השקר, וזה הנפש היא הנבעלת מן האמתות בעיל"ת שב"ע ברכו"ת, וזולתה היא הנבעלת בעילת זנות מן השקרות, וכמו שאין לזונה עם זנאי מציאות אם כי לפי שעה והוא זמני, ותמיד בורח אחר שזנה כרגע מפני פחד האיש שהוא האמתי כן אין מציאות לשקר בנפש, כי אם לפי שעה, ובהמצא האמת הנה השקר בורח מפניו מיד, וכמו שאין הזנאי מעמיד עניני מציאות הזונה, כי אם במקרה לפי שעה, כן השקר אינו יכול להעמיד הנפש כי אם במקרה לפי שעה כפי הדמיון, וכמו שהבעל עושה לאשתו ג' דברים ראשונים, והם עיקר עמידתה והם התמדתה, שאר, כסות, ועונה, כפי יכלתו בכל אחד ואחד מהם, כן האמת שהיא בעל הנפש, עושה לנפש שהיא כאשה אצלו על דרך סבת ג' דברים מקיימים אותה, והם כמו כן נקראים בשם משותף שאר כסות [ועונה], והשאר פה מלשון השארות, שהאמת הוא סבת השארת הנפש, ובלעדו אין לה השארתו, וכסות פיה מלשון כסא, וכל כסא מורה על מעלה, והאמת הוא סבת מעלת הנפש ובלעדו היא פחותה, וגם הכסות מכסה הערוה והבינהו, והעונה מורה על תענוג חבור ודבוק:

Y todo aquello que ya ha sido conocido mediante prueba racional es más firme para el esclarecido que lo que es percibido por los ojos. Y cuando escucha una falsedad, la refutará por la fuerza de su intelecto, porque su alma, dispuesta a someterse bajo la forma de la verdad, no puede someterse bajo la forma de la falsedad.

Esta alma es la que es desposada por la verdad en un matrimonio bendito y puro;[45] la otra, en cambio, se entrega a la falsedad en una unión profanada e impura. Y así como la prostituta no tiene una existencia real con el adúltero, salvo momentáneamente y de forma pasajera, pues siempre huye tras el acto, temiendo al verdadero esposo, del mismo modo la mentira no tiene existencia en el alma, sino sólo por un momento. Y cuando aparece la verdad, la mentira huye de inmediato.

45. Literalmente, «una unión con bendición».

Y así como el adúltero no puede establecer una relación real con la prostituta, sino sólo accidentalmente y por un breve instante, según la imaginación, del mismo modo la mentira no puede sostener al alma sino accidentalmente y de forma transitoria. Y así como el esposo da a su esposa tres cosas fundamentales que constituyen su estabilidad, subsistencia, vestido y relaciones, conforme a su capacidad en cada una de ellas, de la misma manera la verdad, que es el esposo del alma, otorga al alma, que es como la esposa ante él, tres cosas que la sostienen.

Y estas tres también se llaman con nombres compartidos: subsistencia, vestido y relaciones (שאר, כסות, ועונה).[46]

La subsistencia (שאר) aquí es entendida como permanencia (שארות), porque la verdad es la causa de la permanencia del alma, y sin ella no tiene subsistencia. El vestido (כסות) viene de *Kise* (כיסא), y todo trono indica elevación: la verdad es causa de la elevación del alma, y sin ella es baja; además, el vestido cubre la desnudez, compréndelo bien. Y relaciones (עונה) indica el deleite de la unión y adhesión.

והנה היה פה מורה ג"כ על דבוק מענג ומעדן, שהאמת הוא סבת תענוג האיש בהדבקם יחד, ובלעדו אין לה תענוג אמתי כלל, וגם עונה מלשון זמן, להורות זה על התענוג הנצחי עם הדבקות, ידעם, והתעורר אל מה שכמותו שרמזתי לך אל הוית כל מצות התורה נצטוות על זאת הצורה והמופת על [זה] אצל כל משכיל איש אלהים, שהאדם לא נברא כי אם בעבור שיתקיים ממנו שום דבר מכל חלקי מציאותו בעצמותו, והמורגש הוא שכל חלקי גופים שבים ליסודותיהם הד' שמהם נתהוה והיה כלא היה, ואחר כן לפי המושכל המקובל לא נברא בעבור דבר מכל חלקי הגוף, ואם היה כן שהיה נברא בעבורו חלקי הגוף, ואם היו כלא היו היה אם כן מציאותו לבטלה, ואין תכלית הדבר הטבעי לפעול בטלה לפי עדות השכל והקבלה, ואם כן הנה הוא הכרח שיהיה לאדם חלק המתקיים בעצמו לנצח ואם חלקי הגוף אינן מתקימים - קל וחומר חלקי הממון אין להם קיום עצמו אצלו כלל, וזה מורגש וגם הוא מושכל ראשון ידוע ואין מוקשה עליו:

46. Guematria 1124.

He aquí que también se señala una unión (דבוק)[47] que deleita y regocija, ya que la verdad es la causa del placer del hombre en su unión con ella, y sin ella no existe para él un placer verdadero en absoluto. Además, *Oneh* (עונה)[48] proviene también de la raíz que significa «tiempo», indicando así el deleite eterno en la adhesión.

Compréndelo y despierta hacia aquello que he insinuado: que toda la existencia de las *Mitzvot* de la Torah fue ordenada sobre esta forma. Y la prueba de esto, para todo sabio y hombre de Dios, es que el hombre no fue creado sino para que de él permanezca algo de todas las partes de su existencia en su propia esencia.

Y es perceptible que todos los componentes de los cuerpos retornan a los cuatro elementos de los que fueron formados, y se anulan como si no hubieran existido. Además, según el conocimiento recibido, no fue creado para ninguno de los componentes del cuerpo, porque si hubiera sido creado para alguno de ellos, y éstos llegaran a ser como si no hubieran sido, entonces su existencia habría sido en vano. Y la finalidad de la naturaleza no es actuar en vano, según atestiguan tanto el intelecto como la tradición (השכל והקבלה).

Por lo tanto, es necesario que haya en el hombre una parte que subsista por sí misma para siempre. Y si los componentes del cuerpo no subsisten, con mayor razón los bienes materiales no tienen en sí ninguna permanencia para él en absoluto. Esto es evidente y también es un conocimiento primero conocido y no sujeto a objeción.

---

47. La guematria de *Dvuk* (דבוק) es 112, como la de la unión de los nombres *IHVH* y *Elohim*.
48. *Oneh* (עונה), «relaciones conyugales», significa también «término» o «tiempo fijado».

ואחר שהדבר כן מה הוא זה החלק הנשאר אם אינן הדבר הנקרא נפש אשר השארו באמת, שאינו חלק מחלק הגוף הנפסדים וא"כ הנה אם יש שום השארות הוא לנפש בהכרח, גם נודע שהנפש הוא דבר מקבל צורה רוחנית נפשיית, ואחר שהיא מקבלת יש מי שנותן בה צורת מה ואין ספק שאם הנותן בה צורה הוא דבר קיים בעצמו אז אפשר לו לקיים הדבר, המקבל צורה ההיא בכח הצורה ההיא בעצמה, ואם הנותן הצורה ההיא דבר בלתי קיים, אחר שהיא בלתי קיים באמיתת עצמו, איך יתקיים זולתו, וזה מושכל ראשון שהוא נמנע בטבעו מלקיים זולתו, שאם היה בו יכולת לקיים זולתו שהיה בו יכולת לקיים עצמו, ואז היה מקיים עצמו תחלה ואכ"ך זולתו בכח קיום עצמו:

Siendo esto así, ¿cuál es esa parte que permanece, si no es aquello llamado alma (נפש*)*, cuya permanencia es verdadera, y que no es parte de los componentes perecederos del cuerpo? Por tanto, si existe algún tipo de permanencia, es necesariamente del alma.

También se sabe que el alma es algo que recibe una forma espiritual específica del alma. Y dado que ella recibe, debe haber quien le otorgue esa forma. Y no cabe duda de que si quien da esa forma es algo que subsiste por sí mismo, entonces puede conferir subsistencia a aquello que recibe esa forma mediante el poder de esa misma forma.

Pero si quien otorga esa forma es algo que no subsiste y él mismo carece de existencia verdadera, ¿cómo podría conferir existencia a otro? Esto es un conocimiento axiomático: es imposible por naturaleza que confiera subsistencia a otro, pues si tuviera la capacidad de conferir subsistencia a otro, tendría la capacidad de sostenerse a sí mismo, y entonces primero se sostendría a sí mismo y sólo después sostendría a otro mediante la fuerza de su propia subsistencia.

והנה הרגשנו שהמקרים המגישים, המשיגים לנפש ומתפעלת בעבורם, יש מהם גופניים ויש מהם רוחניים ויש מהם חזקים, ויש מהם חלשים, והנה הכעס והדומים לו הוא מקרה משיג לנפש מחוץ, והוא גופני בהכרח, כלומר שהוא מגוף זולת גופה, והוא אשר לו קיום בעצמו, וע"כ לא יעמוד ולא יעמיד כחו זה תמיד, וכן כל הדומה לגופניים כולם, ואם כן נשאר להיות הדבר המתקיים לנפש קיים בעצמו והוא רוחני באמתתו והוא השכל באמת, ובעת שיפעל מנפש חזקה יפעלנה בדבר דומה לו הוא הצורה שכלית רוחנית ושמ"ה אמ"ת, והיא המקיימת לנפש באמת, ומפני שהמין הראשון שלא האותיות וגם השני תורה גמורה שהם המורים, והם אמצעיים בין השכל והנפש, ואין להם קיום בעצמותם, ולא יתכן לנפש להתקיים בעדם למי שהם גופניים, ורוחניים משותפים עם הגופים ההוים הנפסדים, הכריח השכל אחר ששמם בדמות היותם כלים לו - להושיע הנפש ולתקנה בם. להשים עליהם מלך מושל מנהיגם והוא המין השלישי, שלו האותיות אשר היא כולה רוחני בנפש והיא המחשבה האמיתת לנפש מציאות בוראה, ומציאות כל הנמצאים מאתו יתברך, והאמ"ת ההוא המוחזק, הוא הנקרא שכל חשוק לנפש, והוא המגלה לה כל מה שהשם חשק ממנה, והחשק האלוהי הוא, להיותו חשוק ומושג נעבד בתורה ובמצות, ואינם כי אם ציורי אותיות וציורי מחשבות אמתיות נחשבות בדמות האותיות ובעבור שהם ג' מינין. חלקתי זה החבור לשלושה חלקים וכבר השלים השם יתברך חשקי והשלמתי זה החלק הראשון, שבח לשמו החשוק כאשר זכר לכבודו להשלים שני חלקי הבאים אחריו לשלום ולחיים, ויזכני להגדיל תורה ולהאדיר, חכמה בחפצו ובחפצו לישראל עמו ועמי, וקיים מה שכתוב אחל"ץ ית"ו אוי"ר:

Hasta aquí hemos percibido que los accidentes sensibles, que afectan al alma y por los cuales ella se ve influenciada, son de dos tipos: unos corporales y otros espirituales. Entre ellos, algunos son fuertes y otros son débiles. Así, la ira y otros accidentes afines afectan al alma desde fuera, y son necesariamente corporales, es decir, provienen de un cuerpo distinto al alma y tienen existencia propia. Por ello, no pueden mantenerse ni sostener su fuerza de manera constante. Y así ocurre con todos los accidentes corporales.

Por tanto, lo que realmente permanece en el alma y existe por sí mismo debe ser algo que tenga existencia en sí mismo, algo verdaderamente espiritual, y éste es verdaderamente el intelecto, que es genuinamente espiritual. Y cuando actúa sobre un alma vigorosa, lo hace mediante algo semejante a él: una forma intelectual espiritual, cuyo nombre es la verdad (*Shem haEmet*), y es ella la que verdaderamente da existencia al alma.

Y dado que el primer tipo de letras, las que no son espirituales, y el segundo, las intermedias, no son otra cosa que Torah revelada, que son las que enseñan y median entre el intelecto y el alma, pero no tienen existencia por sí mismas, por ello, no pueden sostener el alma por sí mismas, porque son corporales, o espirituales sólo en participación con lo corpóreo y perecedero.

El intelecto, entonces, tras haber considerado que estas letras no son sino instrumentos para él, preparados para servir de ayuda y reparación al alma, dictamina que sobre ellas debe establecerse un líder que las gobierne y las conduzca: es decir, el tercer tipo de letras, aquellas que son completamente espirituales en el alma, y que constituyen el verdadero pensamiento del alma, la existencia de su creador, y la existencia de todo lo que existe por él, bendito sea.

Y esa verdad consolidada es a lo que llamamos «el intelecto deseado por el alma», que le revela todo cuanto el Eterno desea de ella. Y el deseo divino es, siendo deseado y conocido, que sea servido por medio de la Torah y los preceptos, que no son sino configuraciones de letras y pensamientos verdaderos manifestados en letras.

Y porque hay tres tipos (de letras), he dividido este tratado en tres partes. Y el Eterno, bendito sea, ha cumplido mi deseo y he completado esta primera parte. Bendito sea su deseado nombre, como ha prometido para su gloria, que me conceda completar las dos partes siguientes en paz y vida, y me favorezca para engrandecer la Torah y exaltar la sabiduría según su voluntad y la de Israel, su pueblo y mío también. Y que establezca lo que está escrito: «Fortaleceré tu alma» (אחל"ץ ית"ו אוי"ר).[49]

49. Véase Salmos 23, 3.

חלק ב

PARTE II

מרומים יעלו חכמי מלוכה. שכינה יחזו בגבול ערבות:
סתומה וחתומה עת ברכה. ליודעי סוד זכרים עם נקבות:
בשם חשק בצורת מערכה. שלשת מעלות עולם כתובות:
הפוכות נכתבו מאז בחכמה. לשרת נהפכו במחשבות:
ערכם י"ה במערכת עצומה. הליכתם משולשת כתובות:
והיה שם מפורש בם חתימה. ידיעתו רפואה ללבות
ראה משכיל תנועותיו חמשה. הברות ממקור חיים חצובות:
דבריו נכפלו ששה בששה. והיו תאריו בלתי קצובות:
קריאותיו שלשה על שלשה. הביהם על דמות עיגול סבובות:
בכוחם העושה השם פלאות. יגלה מעשיו בם ברחובות:
יניעם י"ה אלהי הצבאות. הלום ולכן לעורר ההשובות:
עליהם נחתמה תכלית נבואות. והם ראשית ידיעה לב נתיבות:
אני היום בכל כחי אניעם. המוני הם אשר ראשי ישיבות:
הלוא בם אבראה רוחות ואדעם. ואשיב עוד לבב בנים לאבות:
יקר רוח חקור סודם ודעם. הבינם היה ראש לזנבות:
הבינו בעין ימין בסבוב עין שמאל. שית לך תוכם כעין מכריע: כדמות
שלשתם רוץ וראה תמול. היום ומחר זה לזה משפיעו:

Desde lo alto ascenderán los sabios del reino, la *Shekinah* será vista en el límite del firmamento.

Sellada y clausurada está la hora de la bendición, para los conocedores del secreto: varones con hembras.

En el nombre del deseo (חשק), con forma de disposición, están escritas las tres jerarquías del mundo.

Escritas al revés desde antiguo con sabiduría, convertidas al servicio mediante pensamientos.

Su orden es *IH* (י"ה) en un sistema colosal, su marcha es triple, escrita en disposiciones.

Y el nombre explícito en ellas es el sello, conocerlo es medicina para los corazones.

Observa, oh sabio, sus cinco movimientos, sus vocales talladas de la fuente de la vida.

Sus palabras fueron duplicadas: seis por seis, y sus atributos son sin medida.

Sus invocaciones: tres por tres, han sido colocadas en forma de círculo.

Con su poder el Eterno hace maravillas, revela sus actos por medio de ellas en las calles. Los conmoverá *IH* (י"ה), Dios de los Ejércitos, ¡ven, pues, a despertar los retornos!

Sobre ellos fue sellado el fin de las profecías y ellos son el inicio del conocimiento, el corazón de los caminos.

Hoy, con toda mi fuerza, los haré vibrar, son multitudes, los que son cabezas de academias.

¿Acaso no crearé con ellos espíritus y los conoceré? Y volveré el corazón de los hijos a los padres.

Espíritu precioso, indaga su secreto y conócelo, compréndelo: mejor ser cabeza de cola que cola de cabezas.

Comprende con el ojo derecho, rodeando el ojo izquierdo, coloca en tu interior su equilibrio como juez imparcial.

Como la imagen de los tres, corre y observa: ayer, hoy y mañana se influyen mutuamente.

הקדמה:

כל איש ואיש מפני אדם בעל תקוה ולולי היותו מקוה דבר לעתיד היו כל מחשבותיו וכל פעולותיו וכל מאמריו לבטלה, אבל מפני שהוא מקוה ומחכה שיגיע אל תכלית מחשבת תקותו, חושב מחשבות רבות ופועל פעולות ומדבר דברים כדי שיגיע אל סוף תקותו, והתקוות ג"כ אינן שוות, אך ההם מדרגות רבות משתנות מאד מאד זו מזו, והשינוי ההוא נולד מן התאוה והמחשבה:

INTRODUCCIÓN

Todo hombre, todo individuo, es impulsado por la esperanza que alberga. Si no esperara nada para el futuro, todos sus pensamientos, todas sus acciones y todas sus palabras serían vanos. Pero, debido a que espera y anhela alcanzar aquello que es objeto de su pensamiento y de su esperanza, piensa muchos pensamientos, realiza acciones y pronuncia palabras.

Ahora bien, las esperanzas no son todas iguales entre sí, sino que las hay de muchos grados, muy diversos unos de otros. Y esa diversidad nace del deseo y del pensamiento.

ואמנם אין שום חכם מתאוה כי אם חכמה וכל המביא אליה, כמו שאין שום סכל מתאוה כי אם עצלות, וכבר תפול מחלוקת גדולה בין שתי הקצוות האלו, שהאחת בתכלית המעלה באמת והשנית בתכלית הפחיתות בלי ספק, והמחלקת הוא שהסכל ישבח ענייני הסכלות ואעפי"כ שהוא לא יקראם סכלות, מפני ששם סכלות אצלו ג"כ שם מוסכם מורה על פחיתות גדולה, אבל ישנה לסכלות שם ויקראהו בשם דבר, מורה דבר על מעלה אצלו, כמו שזונה לא יקרא פועלו בשם הרשע אבל יקראהו בשם תענוג גדול אצלו, כן הסכל יקרא הסכלות בשם דעת והבנה, כפי שהמחשבתו הפחותה גודרת, והחכם, בעבור שהיושר חסר לו מאד להורות בו על אמתת מעלת החכמה, לא יוכל שבחה כי אם בדמיונות פחותים ממעלתה, ואם כן הנה הכונות הפוכות, והתאוות משונות, והתקוות זרות, כי תקות הסכל להיותו נגמל בגמול פחות מאד בעשותו מצוה מהמצות במקרה, כי הוא לא יעשה לעולם שום מצוה גם לא יכיר מעלת עשייתה שלא יכיר גמולה האמתי העליון אשר אין ערך זר לו:

En efecto, ningún sabio desea sino la sabiduría y todo aquello que conduce a ella, así como ningún necio desea sino la pereza. Y ya se produce entre estos dos extremos una gran disputa: el uno en la cima de la grandeza verdadera, y el otro en el abismo de la bajeza, sin duda alguna.

La disputa es que el necio ensalzará los asuntos de la necedad, aunque no los llamará necedad, pues el nombre «necedad» para él también es un nombre convencional que indica gran bajeza. Antes bien, cambiará el nombre de la necedad y lo llamará con un nombre que para él denote grandeza, del mismo modo que el libertino no llamará a su acto «maldad», sino que lo llamará «gran placer».

Así también el necio llamará a la necedad con nombres como «conocimiento» y «entendimiento», conforme delimita su pensamiento degradado. Y el sabio, dado que le falta un término de rectitud que indique la verdadera grandeza de la sabiduría, no puede alabarla sino mediante comparaciones que son inferiores a su verdadera altura.

Así pues, las intenciones están invertidas, los deseos son distintos y las esperanzas son ajenas una a otras, pues la esperanza del necio es que se le retribuya con una recompensa ínfima cuando, por casualidad, cumple alguna *mitzvah*, ya que jamás hará conscientemente una *mitzvah* ni reconocerá el valor de su cumplimiento, porque no comprende su verdadera y suprema recompensa, que es incomparable y no tiene igual.

אבל תקות החכם היא אחת לבד מיוחדת בכל מה שיקוה להגמל
בעדה והוא יתרון חכמה בכל יום ויום, ובהגיע אליו היתרון בכל יום
יכיר שהשם גומל לו גמול גדול, כי הוא מחזיק עצם נשמתו ומעלנה
מדבר לדבר ומגמול לגמול תמיד, והגמול הראשון הלא הוא בהיות
השם מחזק לבו ומאמצו לחשוק החכמה, ומקוה בחשקו להתחכם
באמצעות רוב השתדלות, וטוב עיונו כמה שראוי לעיין בו בעתים
אשר קבע ללמוד בם החכמה, ולפיכך כשתראה אדם חושק לדעת
האמת לכבוד האמת מעלת, לא יתכן שלא יבער חשקו באש
החושק בעיינו בספר החושק, המבעיר לבות אוהבי השם והגומל
להם גמול רב ביתרון שפע מציאות החכמה הנחשקת, כ"ש אם יהיה
מין החכמה הנבואית אשר יורו עליה השמות המנהיגים המציאות,
כאלה אשר רמזנום בחלק הראשון הקודם לזה, ואשים נרמזים עוד
בחלק הב' האלה:

Pero la esperanza del sabio es una sola, única en todo lo que espera recibir como recompensa: un aumento de sabiduría cada día. Y cuando le llega ese aumento cada día, reconoce que el Eterno le concede una gran recompensa, pues fortalece la esencia de su alma y la eleva de grado en grado y de recompensa en recompensa continuamente.

La primera recompensa es que el Eterno fortalece su corazón y le anima a desear la sabiduría, y espera en su deseo volverse sabio mediante un gran esfuerzo y una adecuada reflexión, tal como es conveniente reflexionar en los tiempos que ha fijado para el estudio de la sabiduría.

Por lo tanto, si ves a un hombre que anhela conocer la verdad por amor a la verdad misma, es inevitable que su deseo arda como un fuego interior mientras estudia el libro que anhela, ése que enciende los corazones de los amantes del Eterno y les otorga como recompensa una abundancia luminosa del ser de la sabiduría deseada.

Con mayor razón si se trata de ese tipo de sabiduría profética que está dirigida por los nombres que gobiernan la existencia, como aquellos que insinuamos en la primera parte que precede a ésta, y que aún volveremos a insinuar en esta segunda parte.

PARTE II (CONTINUACIÓN)

הבן מה שכתבתי לך בחלק הא' על ענין השם הנכבד, ואל תקראהו
במקרה כדמות העברה, כמפטיר הקורא בבית הכנסת ההפטרה
בעבור הזכרה, אבל תקראהו בעיון דק, ותשנהו בדקדוק זך,
ותשלשהו בפלפול צח, עד שלא תחסר שום דבר מידיעתו, ואז תבין
עניין הדבוק האמיץ החשוק, המביא את לבך החושק לידי מדרגת
החושק, ובעשותך כן, תדע מיד מעצמך מה הרוחת בעולמך, ותשמח
במציאותך ותנחל בו שני העולמים, העולם הזה והעולם הבא, ותהיה
שלם כשתשיג מציאותך תכיר מציאות ההוד, ותמצא בו נפלאות,
ותוסיף תענוג לשכלך ותתעדן באור הגנוז, ומפני שתכיר סוד
המערכות השם הנכבד ותתענג בדשן נפשכם בו, ותהנה מזיו אבריך
אדריך שכלך אל מערכתו זאת המעולה, ועיין בה מאד וגלגלה
וגלגלה גלגול משולש כזה:

Comprende bien lo que te he escrito en la primera parte acerca del Eterno sublime, y no lo leas superficialmente como quien recita algo de paso, como quien lee la *Haftarah* en la sinagoga sólo por recordarla. Más bien, estúdialo con suma atención, repítelo con precisión refinada, y triplícalo con un análisis claro y agudo, hasta que no te falte ningún detalle en su conocimiento.

Entonces comprenderás el misterio de la adhesión (דבוק)[1] firme y deseada, que llevará tu corazón anhelante al nivel del deseado. Y, al hacerlo, sabrás inmediatamente por ti mismo qué has ganado en tu

---

1. La guematria de esta palabra, que también significa «unión», es 112, como la suma de la guematria de *Elohim* y *IHVH*.

mundo, te alegrarás con tu existencia y heredarás en ella ambos mundos: este mundo y el mundo venidero.

Serás completo, pues al alcanzar el conocimiento de tu propia existencia, reconocerás la existencia del resplandor, y en él encontrarás maravillas. Tu intelecto se colmará de delicia y te deleitarás con la luz oculta (אור הגנוז).[2]

Y al conocer el secreto de los órdenes del *Eterno sublime* y disfrutar del manjar que nutre tu alma en él, gozarás del resplandor de tus miembros y tu intelecto será guiado hacia ese sistema excelso. Obsérvalo mucho, y hazlo girar y girar, en un triple giro como éste:

ו ה ו   ה ז נ   ל ר ד
ה י ה   ז י מ   א ש מ
ו מ ו   י י מ   ו ו ב
י ל ד   א ע י   כ ב מ
ל ש נ   ל ה י   ל כ נ
י ע י   ד ר ל   י ל ק
ס י ה   ל מ ה   ל מ א
י ר ח   א ע ר   ו ו י
ט ע ש   ו ח ח   ו א ע
ע ל ע   ה י מ   פ י ח
ל א מ   ה נ צ   ה י ב
מ ס מ   ע א ר   ל ר ו
מ ה נ   י ד ו   נ ה ר
ה ל נ   ז נ מ   ל א א
ש י א   ל מ ב   כ ש ה
ל ל נ   מ ק י   י ת י
ל ו י   ב ו ה   י ר ב
ה ו ת   ה כ ה   י י מ
א כ מ   ה ח ע   מ א ה
כ י ב   ר ה נ   ל א י
א מ ה   י ל ו   ה ה י
כ ה פ   ה ו מ   ח ה מ
ה ה ו   ק ח ח   ה ת ו
ת ה י   מ י י   ו נ מ

2. Literalmente, «la luz reservada».

הא לך זה השם הקדוש

וה"ו הי"ה ומ"ו. מה"נ הל"נ שי"א: יל"ד לש"נ יע"י. לל"נ לו"י הו"ת:
סי"ה יר"ח טע"ש. אכ"מ כי"ב אמ"ה: על"ע לא"מ מס"מ. כה"פ הה"ו
תה"י: הז"נ זי"מ יי"מ. יד"ו זנ"מ למ"ב: אע"י לה"י דר"ל. מק"י בו"ה
הכ"ה: למ"ה אע"ר וח"ח. הח"ע רה"נ יל"ו: הי"מ הנ"צ עא"ר. הו"מ
קח"ח מי"י: לר"ד אש"מ וו"ב. נה"ר לא"א כש"ה: כב"מ לכ"נ יל"ק.
ית"י יר"ב יי"מ: למ"א וו"י וא"ע. מא"ה לא"י הה"י: פי"ח הי"ב לר"ו.
חה"מ הת"ו ונ"מ:

He aquí este nombre sagrado:

VeHU YaHU uMeVU MaHaN HaLaN ShiYA; YaLaD LaShaN YaAYa.
LaLaN LoVI HeVeT; SiYA YaRaH TaASh.
AKaM KiYB AMaH; AlA LoAM MaSaM.
KaHaP HaHU TaHI; HaZaN ZiYM YiYM.
YaDU ZaNaM LaMaB; AYaE LaYA DeraL.
MaKaY BoVeH HaKaH; LaMaH AARa VaChaCh HaChaA.
HaChaA RaHaN YaLuV; HaYaM HaNaTz AaARa.
HoUM KaChaCh MiYHYa; LaRaD AShaM VeVeB.
NaHaR LoAA KaShaH; KaVaM LaKaN YaLaK.
YaTYa YaRaB YiYM; LaMaA VeVI VaAe.
MaA Ha LoAY HaHaY; PiYaCh HaYaB LaRaVe.
ChaHaM HaTaVe VeNaM;

מצורף במערכה דומה למערכת ויסע כולה, ואולם זאת המערכה יוצאת מן השם הראשון לפנים הולך ונוסע ישר שהוא שם, והוא התחלת השם:

Dispuesto en una configuración semejante al orden de *Vayisá* (ויסע), en su totalidad. Sin embargo, este orden sale del primer nombre, avanzando directamente hasta el nombre número veinticuatro, desplazándose hasta su comienzo, que es el propio nombre.

השני הולך ונוסע הפוך, שהוא שם מי"ה שהוא סוף מ"ח שמות, שכנגד מ"ח צורות הגלגל אשר התלי מתהפך בו מראשו לזנבו, כי ראשו הולך ישר שהוא סוד תני"ן הכולל סוד תשר"י עם ניסן בחדשים, והנה סוד באמצע סוד ש"ר י"ם שסודם תפילין עשר, שהם כלו תני"ן מפני שהם מורים, על סוד אזג ואאד כי סוד שר ים, הראש משותף בם עם הזנב והנה בהשימך הא של ראש עם הזנב תמצא זה ש"ר וזה י"ם והנה זה סוד והם בסוד ראש זנב גם זנבי הראש וזה דרכו, ראשו זנב וראש, והנה עשר הם דברים רוחניים כי יצר רע מ"ב לי"א יצר טוב, והוא מתכנס גם מתכנ"ס ומתעדן בראש"ו בזנ"ב, והנה אני היום הולך בראשו, ובאור השכל אני בראשו, אחד ראשון, על כן צריך שתוליך גם אתה עוד זנבו ישר בראשו, מפני שתוכו הפוך והוא פלא לטבע, שהיו ראשו וזנבו הולכים ישרים ותוכו הפוך על זה נודע, כי סוד השם המפורש מצוה לנו לאמר הפוך שמו הישר, ישר שמו ההפוך, ובסוד והסוד מבני שהאדם אילן הפוך ר"ל מלאך הפוך שנברא באמצעות להט החרב המתהפכת וסוד זה תמצאהו מפורש בצרוף שלוש השמות האלה הקדושים שהם שלשתם ראשי המציאותו:

כו	יהוה
סה	אדני
פו	אלהים

El segundo avanza y se desplaza en dirección contraria: es el nombre *MIH* (מי"ה), que es el final de los cuarenta y ocho nombres, correspondientes a las cuarenta y ocho formas del círculo sobre el cual gira la constelación (*Teli*) desde su cabeza hasta su cola. Pues su cabeza avanza en línea recta, lo cual es el secreto de *Tanin* (תנין), que incluye el secreto de *Tishrei* con *Nisan* en los meses.

He aquí, en medio está el secreto de *ShRIM* (שר"ים), cuyo secreto son los *tefilín*, diez en total, que son todos los *Tanin*, porque indican el secreto de *Azag* y *Aad*, ya que el secreto de *Sar Iam* (שר ים), príncipe del mar, une la cabeza con la cola.

Al colocar la *He* de cabeza (*Rosh*) junto con la cola, encontrarás *ShR* (שר) y *IM* (ים), y éste es el secreto: y ellos están en el secreto de la cabeza de cola, y también en el secreto de las colas de la cabeza. Éste es su camino: su cabeza, cola y cabeza.

Y los diez son asuntos espirituales, pues de la mala inclinación (42) a la buena inclinación (11) se produce un equilibrio; se unen también del centro y se refinan en la cabeza y en la cola.

He aquí que yo hoy ando en su cabeza, y en la iluminación del intelecto estoy en su cabeza, como el primero y único. Por lo tanto, debes también tú conducir su cola en línea recta con su cabeza, porque su interior está invertido, y esto es un prodigio de la naturaleza: que su cabeza y su cola vayan rectos mientras su interior está invertido.

Por esto se ha conocido que el secreto del Eterno nos ordena decir su nombre invertido en recto, y su nombre recto en invertido. Y, en secreto, se revela que el ser humano es un árbol invertido, es decir, un ángel invertido, creado por medio del fuego de la espada que se revuelve. Este secreto lo hallarás claramente en la combinación de estos tres nombres sagrados, que son el inicio de su existencia.

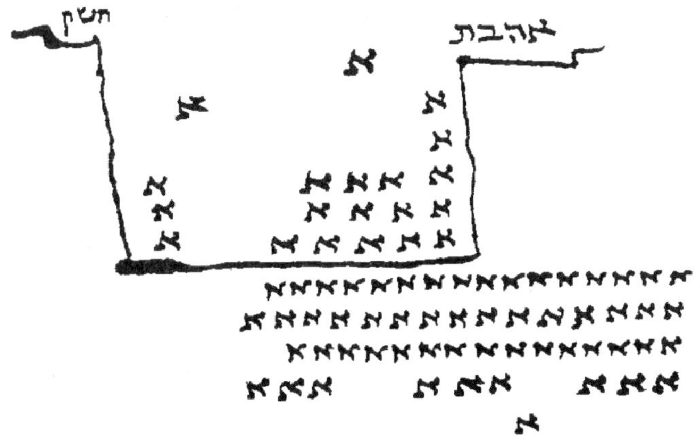

יהוה כ"ו:
אדני ס"ה:
אלהים פ"ו:

IHVH 26;
Adonai 65;
Elohim 86

הנה כבר אתה ראה שסוף רמזו שלשת השמות הנרמזים סודו ראש השם הגדול בן ע"ב הנזכר והנה כשתוליך המערכה הראשונה ישרה, והשנית הפוכה בחזרה לאחור, והשלישית ישרה תהיינה שתי ההתחלות הישרות מתחילות בשם אחד שוה ו'ה'ו' ו'ה'ו' והוא הנרמז פה:

He aquí, ya ves que al final se revela el secreto de los tres nombres insinuados, cuyo secreto es el principio del gran nombre de 72 mencionado. Y he aquí que, si conduces el primer sistema en línea recta, el segundo invertido y el tercero en línea recta, entonces los dos comienzos rectos comenzarán con un mismo nombre: *VeHú* (ו'ה'ו') y *VeHú* (ו'ה'ו'), y éste es el que está insinuado aquí.

ועוד יבואו בראש השם שנים יחד בשלוש תיבות, ואמנם הצרוף הנזכר צריך יצרפו שהנה שם אלהים הוא סוף בן ע"ב שהוא מו"ם ע"כ צריך גם כן לחלק את שלשתם בצורה זו:

Además, vendrán al principio del nombre dos juntos, en tres palabras. Sin embargo, la combinación mencionada debe unirse, ya que el nombre *Elohim* es el final del nombre de 72, que es *MUM* (מו"ם).[3] Por lo tanto, también es necesario dividir estos tres en esta forma.

---

3. La guematria de *Mum* (מום) y la de Elohim son las mismas, 86.

ומהם יתבאר לך סוד יומ"ם וליל"ה כדמות ג"ן עד"ן שסודו גלג"ל הפו"ך ולו ג' מעלות, ובו ג' פעולות שם, מנהיגו אל עולם, וכן ונאמר באברהם ויטע אש"ל בבאר שבע ויקרא שם בשם ה' אל עולם (בראשית כא, לג), וכן המקבל (הפוך) הוא גלגל הפו"ך וסודו כ"ף ה"א מל"א גם כו"ן מלא הפך ע"ב כופ"ר גלג"ל ב"ו מהפכ"ו, והוא בע"ל הסו"ד, כלומר בעל הסבו"ב מסבב חללה, מסב"ב חכמ"ה הוא הגלג"ל במאד בעל הסבו"ב כנגד מדה כי יש על החס"ד שני מלאכים ממונים, האחד נקרא בשם משותף מים, והשני נקרא בשם משותף לבנ"ה, והנה מי"ם כבינה גם בינה כמים, ורמזם דמי מלחמה, דמ"י ענגי, גם יש לכל דבר הפכו ועומד כנגדו, על כן תדין הטוב לטוב כמנהג הטוב:

Y de ellos se te aclarará el secreto del día y la noche (*Iomam veLaila*) como el modelo de *Gan Eden* (Jardín del Edén), cuyo secreto es la esfera invertida (גלגל הפוך),[4] y tiene tres grados, y en él hay tres acciones del nombre que dirige el mundo. Así está dicho de Abraham: «Y plantó un tamarisco en Beerseba, y proclamó allí el nombre de *IHVH,* Dios eterno» (Génesis 21, 33).

Asimismo, el receptor (el invertido) es el *Galgal Hafuk* (círculo giratorio invertido), y su secreto es *Kaf Heh Male* (כ"ף ה"א מל"א),[5] también *Kaván Maleh Hafaj Ayin-Bet*, *Kofar Galgal Bo Mahapekhu* (כופ"ר גלג"ל ב"ו מהפכ"ו),[6] y él es el *Baal Hasod* (בע"ל הסו"ד), es decir, el *Baal Hasovév* (בעל הסבו"ב),[7] el que hace girar su espacio, el que circunda la sabiduría (*Mesovev Jojmah*), él es el círculo por excelencia, *Baal Hasovév,* que corresponde a la medida.

---

4. La guematria de *Iomam veLaila* (יומ«ם וליל«ה), *Gan Eden* (ג«ן עד«ן) y *Galgal Hafuk* (גלגל הפוך) es la misma, 177.

5. La guematria de *Kaf Heh Maleh* (כ״ף ה״א מל״א), también es 177.

6. La guematria de *Kaván Maleh Hafaj Ayin-Bet, Kofar Galgal Bo Mahapekhu* (כופ«ר גלג«ל ב«ו מהפכ«ו) es 531, es decir, 177 multiplicado por 3.

7. La guematria de *Baal Hasod* (בע«ל הסו«ד), la de *Baal haSovév* (בעל הסבו«ב) y la de *Mesovev Jojmah* (מסב«ב חכמ«ה) también es 177.

Porque sobre *Hessed* hay dos ángeles asignados: uno es llamado por el nombre compartido de agua (*Maim*), y el otro es llamado por el nombre compartido de luz blanca (*Levanah*). Y *Maim* como *Binah* (entendimiento), y *Binah* como agua.

Y su alusión es *Damei Miljamah* (דמי מלחמה, «sangre de guerra»), sangre de deleite (דמ"י ענג).[8] Y todo tiene su opuesto y está frente a él. Por eso, la bondad se juzga con la bondad, según la regla del bien.

ואחר שהודעתיך אני זה המעט ממנו, תבין אתה עוד מדעתך דברים אחרים בענינך בסודו בעיון מעולם, כגון שתחלק מספרו תחלה לג' חלקים בדמות השם, וכן תעשה לכל דבר כשתרצה למצוא נסתריו, כגון שתאמר מספר ג"ן עד"ן עולה בכלל קע"ז, וזהו הקבוע לו ראשון ולא יתכן לחלקו לב' חלקים שוים, כי יפלו בו חצאים שהוא למספר פ"ח וחצי פ"ח וחצי, ואין לנו אות מורה על חצאים, ע"כ אתת צריך לחלקו בצורת שתי חיות, א' בתוך המספר הנחלק לזה, פ"ח א' פ"ח ויבוא א' תפוס תפוס (תבין) [מבין] שני פחים, וזה סוד גדול, ואחר שיצא לך זה אתה צריך לחלק פ"ח לב' חלקים שוים שכבר הוא מקובל זה בעבור שהמספר זוגות, וזהו חלוק הסודי:

Y después de revelado yo esto –lo cual es una pequeña parte de todo el conocimiento–, comprenderás tú por ti mismo otras cosas acerca del asunto, mediante su secreto, mediante una meditación profunda y precisa, como por ejemplo, que primero debes dividir su número en tres partes, siguiendo la forma del nombre. Y así harás con cualquier cosa cuando quieras revelar lo que oculta. Por ejemplo, si dices que el valor numérico de *Gan Eden* (גן עדן) asciende en total a 177 (קע"ז), éste es su valor establecido como primero, y no es posible dividirlo en dos partes iguales, porque caerían mitades: sería 88 y medio, y 88 y medio, y no tenemos una letra que indique mitades. Por lo tanto, ne-

8. La guematria de *Damei Miljamah* (דמי מלחמה), «sangre de guerra», y la de *Damei Oneg* (דמ«י ענג), «sangre de deleite», es también 177.

cesitas primero dividirlo en la forma de dos recipientes (*Jaiot*, también puede leerse como «criaturas») de 88. Luego, se toma un elemento compartido de ambos grupos, simbolizado como una «A» que sirve para unirlos y darles sentido. Éste es un gran secreto.

Y después de que se te haya revelado esto, necesitas dividir el 88 en dos partes iguales,[9] pues esto ya está recibido, dado que el número es par. Y ésta es la partición del secreto.

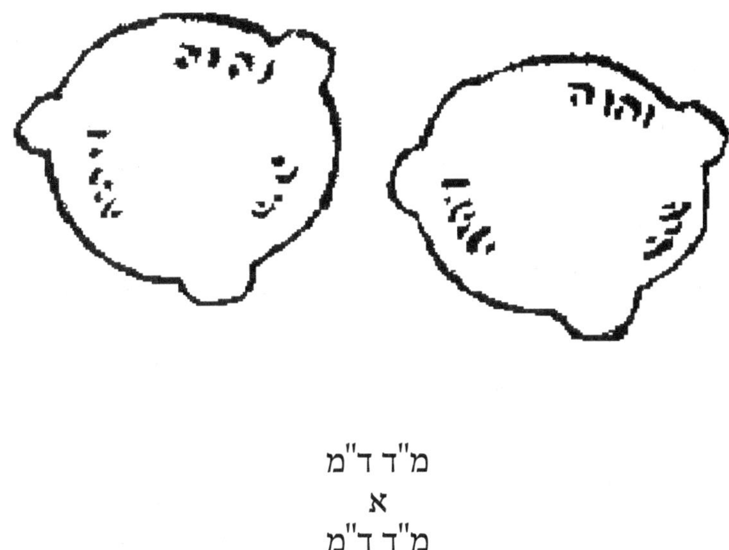

מ"ד ד"מ
א
מ"ד ד"מ

MD DM:
DM MD:[10]

9. Es decir, dos veces *Dam* (דם), «sangre».
10. La guematria de מ«ד ד«מ: ד«מ מ«ד es 176, y sumándole 1 (*Alef*) obtenemos 177.

והנה הוא ידוע לך, כי האל"ף לה ד' רוחות והיא בנתים שהוא רוח לרוח, והיא מורה על סוד הנהר היוצא מעדן, ומשם יפרד והיה לארבעה ראשים כן הד"ם אשר במוח כמו זאת הצורה:

Ahora sabes que el *Alef* tiene cuatro direcciones y reside en medio de ellas, siendo espíritu hacia espíritu, y señala el secreto del río que sale del Edén y de allí se divide y se convierte en cuatro cabezas. Así también la sangre (הד"ם) que está en el cerebro tiene una forma similar a esta estructura.

מ"ד ד"מ: ד"מ מ"ד
יפרד לארבעה ראשים, ומשקה לארבעה חלקי הגוף, וכל אחד מהם שמו נהר והשמות ההם הנזכרים בתורה על ד' הנהרות יש בם סודות נפלאות וזה דרכם, זאת הצורה חשובה שהיא עגולה ושהיא עומדת וכוחותיה מתגלגלין, כן בדרך הזה והמקום המיוחד קיים, וכאלו תאמר שגלגולה כמו שאצייר בעגולים אחרי אלו לפי המציאות הטבעי שכן גוף האדם עומד אך דמו והכוחות הרוחניות שבו שהם טבעים נעים ונדים לעולם:

Se divide en cuatro cabezas, y riega las cuatro partes del cuerpo, y cada una de ellas se dice que es un río. Y los nombres de estos ríos que están mencionados en la Torah contienen secretos maravillosos.[11]

Y así es su manera: esta figura es significativa, pues es circular y permanece de pie, y sus fuerzas giran. Así, de este modo, el lugar concreto permanece firme, y podrías decir que su giro es como lo representaré en círculos más adelante según la realidad natural, ya que el cuerpo humano permanece (quieto) de pie, pero su sangre y sus fuerzas espirituales, que son naturales, se mueven y fluctúan constantemente.

---

11. Es decir, Pisón, Guijón, Hidekel y Perat. Para los cabalistas, Pisón corresponde a *Hessed* (amor, expansión), Guijón a *Guevurah* (rigor, juicio), Hidekel a *Tiféret* (armonía, belleza) y Perat a *Maljut* (reino, fruto, concreción).

ואלו הצורות כולם מצויירות בדמות מעשה מרכבה של העולם העליון הרוחני מידיעת השמות הקדושים, ומן הספירות ומן המדות, והם גם כן נמצאת בעולם גם בעולם השפל, אלא שהעליונים בדמות שכליים והאמצעיים בדמות נפשיים, והיו הגופיים בדמות חמרים ומשכנים לנפשיים שבם ציור והיו הנפשיים כעין חמרים ומשכנים לשכליים שהם שבם ציורו כחותם ופעלתם, וע"כ יצוירו כל הנמצאים בתחתונים והיו העליונים רבות ועלות לכל הנפשות והגופים בעצמותם:

Y todas estas formas están representadas según el modelo de *Maasé Merkavah* (מעשה מרכבה)[12] del mundo superior espiritual, a partir del conocimiento de los nombres sagrados, de las *sefirot* y de las *middot* (מדות).

Y también se encuentran en el mundo, incluso en el mundo inferior, sólo que las superiores tienen forma intelectual; las de nivel intermedio, tienen forma anímica; y las corporales, forma material, y sirven de morada a los anímicos en ellos representados. Y los anímicos son como materia y morada para los intelectuales, que están en ellas representadas como un sello y su impresión. Por eso, todo lo que existe en los inferiores es imagen; y los superiores son muchos y son fuente de ascenso para todas las almas y cuerpos en su propia esencia.

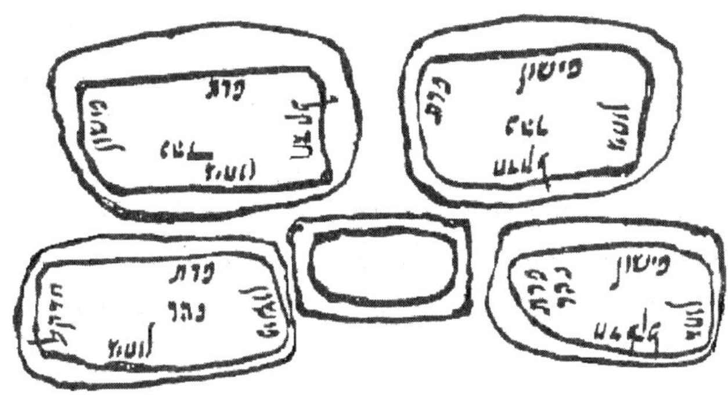

12. La Obra del Carro.

וזה הוא ציור הגלגול המתנועע בסבוב המרכבה, בדמות ארבע חיות מזו הצורה תכיר מאמר יחזקאל במה שרמז מענין המרכבה, ואמר וארבעה פנים לאחד שהם ששה עשר פנים וכל הפנים הארבעה נמצאים בכל רוח ורוח, מארבע רוחות עד שוב החיות כלן, כאלו הן מתנועעות במרוצה ושבות במקומן בלתי זמן, כדמות מראה הבזק כמו שנאמר והחיות רצוא ושוב כמראה הבזק (יחזקאל א, יד), ולא בזק ממש וכאלו אינן זזות ממקומן כי מציאות זה החיה דבוק במציאות זו, וכאלו היא זה בעצמה כדמות מה שציירתי בסוד ד"ם שש"ם שאם יתגלגל כדמות החיות סביב אין זה כי אם זה, ועל זה נאמר וקרא זה אל זה ואמר קדוש קדוש (ישעיה ו, ג), כי כל הצורה בעצמות הג' עולמות שוה, ועל כן צריך שתחלק שם ה'ע'ז' הכולל כללו לשלשה חלקים שוים ויעלה כל חלק נ"ט וכל ג"ן סודו אב"ן וסוד נ"ט עולה בשיניו משולש כשלוש שמות החותם פשוטים ומורכבים כי החותם הוא שם י'ה'ו' והוא במרובע אמת כ"א פ"ע כ"א כי הוא שם אהי"ה שבו סודות ונפלאות, ואמנם בחבירך י'ה'ו' פשוט עם סוד מבטאו שהוא מלא יו"ד ה"א וא"ו תמצא מספר שניהם נ"ט, והנה אם כן סוד החותם בג' קצוות פשוט, וסודו בג' קצוות הנשארות מורכב:

Y ésta es la imagen del giro que se mueve en la rotación de la *Merkavah*, a imagen de las cuatro *Jaiot*; y de esta forma reconocerás lo dicho por Ezequiel al insinuar el asunto de la *Merkavah*, cuando dijo: «Y cuaa tro rostros tenía cada uno», es decir, dieciséis rostros en total. Y los cuatro rostros se hallan en cada dirección, en cada uno de los cuatro vientos, hasta que las criaturas retornan todas, como si se movieran velozmente y regresaran a su lugar sin transcurrir tiempo alguno, como la imagen de un relámpago, tal como está dicho: «Y los seres vivientes iban y venían como la apariencia del relámpago» (Ezequiel 1, 14). Pero no se refiere a un relámpago verdadero, más bien, es como si no se movieran de su lugar, pues la existencia de una criatura está adherida a la existencia de la otra, como si fueran una sola y la misma, a semejanza de lo que representé en el secreto de *Dam-Shesham* (ד"ם שש"ם): que si gira como las criaturas en su entorno, no es otra cosa sino ella misma. Y sobre esto fue dicho: «Y éste llamaba al otro y decía: "Santo,

Santo, Santo"» (Isaías 6, 3). Porque toda la forma, en la esencia de los tres mundos, es igual.

Por eso es necesario dividir el nombre *Az* (ע"ז),[13] que lo contiene todo en su conjunto, en tres partes iguales, y cada parte sumará 59 (נ"ט). Y todo *Gan* (ג"ן) tiene por secreto un *Even* (א"ב"ן),[14] y el secreto de 59 se eleva por sus dientes (es decir, por sus permutaciones) como triple, tal como los tres nombres del sello: simples y compuestos. Porque el sello es el nombre *Iahú* ("י"ה"ו), y su cuadrado es *Emet* (אמת) porque es el nombre (אהיה),[15] en el cual hay secretos y maravillas.

Y si unes el nombre *Iahú* ("י"ה"ו), en su forma simple, con el secreto de su pronunciación en su forma completa, *Iod He Vav* (יו"ד ה"א ו"ו), encontrarás que ambos suman 59.[16] He aquí, entonces, que el secreto del sello es simple en tres extremos, y su secreto en los tres extremos restantes es compuesto.

אמנם זה סודו כ"א, וזה סודו ל"ח, הרי שניהם כ"ח א"ל, וכל א"ל סודו כ"ח, וכל כ"ח נקרא א"ל, והוא הוראת שתוף מציאות ההויה בהויה, כי ההויות י' וגלגולם על הד"ם שסודו י"ה יו"ד ה"א וא"ו ה"א ידמ"ה יד אדם, וסודו זה י' על י' פעמים שהם ה'מ'ט'ה', היו לו בידיו יד וי"ד עיין בסובובו ושלחי כך ואחוז בזנבו, ותדע כי ה'מ'ט'ה' הוא הל"ל כ"ב וסוד ובאו וכפלו י', כלומר שנים יחד עולים הנביאים ושלשתם קי"ח הידועים, וענינם הוא שבידי עת סוד ג' מעלות כ"ו ס"ה פ"ו, שהם משלשות משתלשות בחיים בעשרה, ובאו הנבואי"ם כולם ונולדו מחו"ה גוי"ם, והנה ויגדלו נאמר על גוי"ם ששניהם אחים ונקראו לאומים, ושניהם מלאים שהם הגנוזים הידועים שהם מורכב גוף בגוף הנקראים פנים גם עינים:

---

13. Es decir, 77. Sin embargo, el autor parece estar refiriéndose de nuevo al 177, que dividido por 3 es 59.

14. La guematria de *Gan* (ג"ן) y la de *Even* (א"ב"ן) son la misma, 53.

15. La guematria de *Iahú* ("י"ה"ו) y la de *Ehieh* (אהיה) son 21. Este número multiplicado por sí mismo es 441, la guematria de *Emet* (אמת), «verdad».

16. La guematria de *Iod* (יו"ד) es 21, la de *Iod He Vav* (יו"ד ה"א ו"ו) es 38. Sumadas son 59.

Sin embargo, 21 (כ"א) y 38 (ל"ח) tienen ambos el mismo secreto. Y he aquí que ambos suman 59 (נ"ט). Y cada *El* (א"ל) tiene por secreto 28 (כ"ח), y todo 28 (כ"ח) es llamado *El* (א"ל), lo cual indica la unión de la existencia en el ser, porque las existencias, la *Iod* (י) y sus rotaciones sobre la sangre (*dam*), cuyo secreto es *IH* (י"ה), *Iod-He-Vav-He* (יהו"ה), *Iadmah* (ידמה, asemejarse), la mano del hombre.[17]

Y el secreto de esta *Iod* se multiplica diez veces, formando ha*Maté* (ה'מ'ט'ה' la vara),[18] que en sus manos tiene *Iad* (יד, mano) y *Iod-Dalet* (יד).[19] Considera su rotación y extiende así tu mano y sujétalo por su cola.

Y debes saber que la vara (*Maté*) es *Halel* (הל"ל, alabanza) [22] (כ"ב),[20] y su secreto es que vinieron y se duplicaron en diez, es decir, dos juntos ascienden los profetas, y su triplicación es 118 (קי"ח),[21] los conocidos.

Y su asunto es que en la mano está el secreto de las tres gradaciones: 26 (כ"ו), 65 (ס"ה), 86 (פ"ו),[22] que se triplican y se multiplican en la vida por diez.

Y vinieron todos los profetas y nacieron de la matriz de las naciones (מחו"ה גוי"ם),[23] y he aquí que se dijo «y crecieron» (ויגדלו) respecto de las naciones, que ambos son hermanos y son llamados pueblos (*leumim*), y ambos son plenos: los conocidos ocultos que están compuestos de cuerpo dentro de cuerpo, llamados rostros (*panim*) y también ojos (*einaim*).[24]

---

17. Abulafia hace aquí una verdadera pirueta: *divide* ידמה *en* יד *y* מה, *es decir, Iad* (יד), *«mano» y Mah* (מה) *45, la guematria de Adam, «hombre».*
18. Guematria 59.
19. Es decir, 14.
20. Las 22 letras del alfabeto.
21. Es decir, 59 multiplicado por 2.
22. Guematria 177.
23. La guematria de *meJavah Goim* (מחו«ה גוי«ם), «la matriz de las naciones», es 118.
24. La guematria de *Panim* (פנים), «rostros», es la misma que la de *Einaim* (עינים), «ojos», 180.

והנה סודו ל"ב בעולם והסוד אכ"ו אס"ה אכ"ו, והכל לפי נסתרו אחזהו מחזהו, י"ו חזיונו ונסתרו בלתי אלפ"ו, הוא חוזה המחזה החזיון שבשלשתם ובאו הנביאי"ם, וזה הסוד אתה צריך לחוזרו מאד ולהכיל אמתתו מתוך דברי אשר רמזתי בו ואשר ארמוז כי העניינים יעורוך מציאות נסתריו ואל"ה ואל"ה, והיו לך לג' עדים נאמנים:

He aquí que su secreto es 32 (ל"ב) en el mundo, y el secreto es *Aku Asé Aku* (אכו אסה אכו),[25] y todo conforme a su ocultamiento: «Lo agarraré desde su visión». Su visión (*Jiziono*) es 16 (י"ו),[26] y su secreto es sin *Alef* (בלתי אלפו). Él es el que contempla[27] la visión,[28] la aparición,[29] que están en los tres, y vinieron los profetas. Este secreto necesitas repetirlo mucho y abarcar su verdad a partir de las palabras que insinué en él y que seguiré insinuando, porque los asuntos despertarán en ti la existencia de sus secretos, y Éste y Éste (אל"ה ואל"ה)[30] serán para ti como tres testigos fieles.

ובאמת אחרי חלקך מה שצויתיך לחלקו בב' ובג' חלקים כבר יהיה הדבר קל עליך לחלקו לחלוק החלקים היוצאים מן ב' או מן ג' שהכל תלוי בם, כי צד כפול ב' תמצא ד', הרכב בג' תמצא ה' כפול ה' תמצא י':

Y, en verdad, después de que hayas dividido, como te he indicado, en dos y en tres partes, ya te será fácil dividirlo también en divisiones derivadas del dos o del tres, pues todo depende de ellos. Porque si duplicas el dos, hallarás el cuatro; si lo combinas en el tres, hallarás el cinco; y si duplicas el cinco, hallarás el diez.

---

25. 27, 66, 27.
26. Multiplicado por 2 = 32.
27. *Jozeh* (חוזה) tiene guematria 26, como *IHVH.*
28. *HaMejazeh* (המחזה) tiene guematria 65, como *Adonai.*
29. *HaJitzion* (החזיון), tiene guematria 86, como *Elohim.*
30. Guematria 78, es decir, 3 veces la guematria del Tetragrama.

ודע כי סוד הברכה והקללה יודיעך סוד מרכבה כפולה, והסוד כפול ז' להפך רגע הרחמים בהפך, והנה תתחיל מן אחד ותלך עד שמנה פירוש שמנה בגי' ח"ת, והנה הם ט' זכר וט' נקבה, כלומר אחד זכר ואחד נקבה, והם דרך זא"ת שהיא דרך (אסה"ת) [עם ח"ת] חש"ק וכללם ח"ת, אשר בה פנים ואחור, גם בה רוח או פנים, ע"כ אמרתי לך שתמצא הברכה והקללה ברוח האופנים שהם כח הגופנים ואם הם חברו האופנים בהם נגלה האחרונים, וההפוך שוב הנחש שוב אדם או האדם נח"ש, כלומר שוב האדן שליח או השליח אד"ן, כי זהו הפוך הכונה:

Y así el secreto de la bendición y la maldición (סוד הברכה והקללה)[31] te revelará el secreto de una *merkavah* doble (סוד מרכבה כפולה),[32] y el secreto es un doble siete, para invertir el instante de misericordia en su opuesto.

Así, empezarás desde uno y avanzarás hasta ocho, pues ocho en guematria es *Jet* (ח). He aquí que son nueve varones y nueve hembras, es decir, uno varón y uno hembra; y éstos siguen el camino de *Zot* (זאת),33 que es el camino con *Jet* (ח) del deseo (*Jeshek* חשק), y su suma es *Jet* (ח"ת),[34] que tiene tanto rostro como dorso, y en ella hay también espíritu o frente.

Por eso te he dicho que encontrarás la bendición y la maldición en el espíritu de los *ofanim* (ברוח האופנים),[35] que son la fuerza de los cuerpos; y si los *ofanim* se unieran (חברו האופנים),[36] los últimos quedarían revelados.

Y la inversión: vuelve la serpiente, vuelve el hombre, o el hombre [se convierte en] *Najash* (serpiente), es decir, vuelve el *Adán* (אדן) [y es] el

31. Guematria 478.
32. Guematria 478.
33. Guematria 408, como la de *Merkavah Kafulah* (מרכבה כפולה), «*Merkavah* doble».
34. Guematria 408.
35. Guematria 408.
36. Guematria 408.

enviado (*Shaliaj*) o el enviado es *Adón* (אד"ן),[37] porque éste es el propósito del invertir.

ואמנם הכל שם אחד והוא שם מיוח"ד, והוא שם חיי"ם, ומאלה תכיר השאר, והנה עוד שוב כפול ב' וחבר הכפל עם הג' פשוט ונמצא ז', עוד הפך זה הכפל ותמצא ח', והנה במספר ח' נכפלו כל כוחות ההפוך והחבור והכפל כשניות, והוא ד' פעמים ב' שהוא שוה להפכו ולא יוסיף ולא יגרע ע"כ תתחיל עוד משלש הנפרעים הנקרא רביע שהוא ג' פעמים ג' ותמצא ט', ואמנם בכפלך בג' יחד תמצא י' וזו דרך מופלאה ועיין בה מאד והשתכל בצורות הספירות האלה לפי מדרגתם אלה ותבין סודם, א'ב'ג'ד'ה'ו'ז'ח'ט'י':

Pero, en verdad, todo es un solo nombre (הכל שם אחד),[38] y es un nombre único (מיוח"ד),[39] y es el nombre de la vida (שם חיי"ם).[40] Y a partir de estas cosas conocerás el resto.

Ahora bien, vuelve a duplicar el dos, y combina esta duplicación con el tres simple y encontrarás siete.[41] Luego invierte esta duplicación y encontrarás ocho.[42] Y he aquí que en el número ocho se duplicaron todas las fuerzas de inversión, unión y multiplicación como dualidades: pues es cuatro veces dos, que es igual a su inverso, sin que aumente ni disminuya. Por lo tanto, comienza otra vez desde los tres desglosados, lo que se llama «cuaternario» (*revi'í*), que es tres veces tres, y encontrarás el nueve. Y si multiplicas los tres juntos (es decir, 2 por 3 por 3), hallarás el diez. Y éste es un camino maravilloso. Obsérvalo bien y contempla las formas de las sefirot según su orden, y así comprenderás su secreto:

37. *Adán* (אדן), escrito con *Nun* y *Adón* (אד"ן), tiene la misma guematria, 55.
38. Guematria 408.
39. Guematria 68, como *Jaim* (חיים), «vida».
40. Guematria 408, como la de *Shem Melajad* (שם מיוחד), «nombre único».
41. 2 multiplicado por 2 = 4, y 4 sumado a 3 = 7.
42. Es decir, 3 multiplicado por 2 = 6, y sumado a 2 = 8.

א ב ג ד ה ו ז ח ט י

Alef, Beth, Guimel, Dalet, Hei, Vav, Zayin, Jet, Tet, Iod.

והנה זאת המערכה הפשוטה המיוחדת מספרה בכללה משולש
ונקרא משלשה ראשים בהכריח לפי הוראת צורה זו:

He aquí que éste es el orden simple, particular, cuyo número en total es triangular y se llama «de tres cabezas» necesariamente, según la indicación de esta forma:

אאאאאאאאא
אאאאאאאא
אאאאאאא
אאאאאא
אאאאא
אאאא
אאא
אא
א

זה המספר כשהתחיל למנות אותו מצד אחר תתחיל מן א', כי היא
מורה על ראש אחד פשוט מיוחד, ועוד תתחיל מן א' ג"כ, ועוד
תתחיל מן א' מצד שלישי הרי עלו בידך ג' התחלות, שסודם א"ב
והנשאר נ"ב, וזה סוד אלוהי גדול, ואם ישפיע השם עליך רוח אחת
שהיא רוח ט"ת, והיא רו"ח הקד"ש וסודו כולל ג' רוחו"ת בסוד
השלוש המרובע שנאמר ג' פעמים הם אחד, תדע מיד שהשם גלה
סודו זה רק מזהיר מן הטעות המאבד הנפשות בזה ובכיוצא בו,
שכבר טעו בו רבים ונאבדו, והשמר לך ושמור נפשך מאד פן ילאו
רעיוניך לסבול סוד היחוד ותחשוב שזה יורה על היות האלהות
שלשה, ותאבד עם הנאבדים באמונה מבני האדם:

Este número, cuando comiences a contarlo desde otro lado, empezarás desde uno (א), porque indica un único principio simple y particular; y otra vez comenzarás desde uno, y de nuevo comenzarás desde uno por un tercer lado. Así tendrás en tus manos tres comienzos, cuyo secreto es *AB* (א"ב) y el resto es *NB* (נ"ב),[43] y éste es un gran secreto divino.

Y si el nombre derramara sobre ti un solo espíritu, que es el espíritu de *Tet-Tav* (ט"ת), que es el espíritu de santidad (רוח הקדש), cuyo secreto abarca tres espíritus en el secreto del triple cuadrado –como está dicho: «Tres veces son uno» (ג' פעמים הם אחד)–[44] sabrás de inmediato que el Eterno ha revelado su secreto.

Sin embargo, advierte contra el error que lleva a la perdición de las almas en este asunto y en otros similares, pues muchos han errado en ello y se han perdido. Cuida de ti mismo y guarda tu alma cuidadosamente, no sea que tu pensamiento se agote tratando de soportar el secreto de la unificación (סוד היחוד) y llegues a pensar que esto insinúa que la divinidad es triple, y perezcas con aquellos que han perecido en la fe entre los seres humanos.

ואם יאמר לך אדם שהאלוהות שלשה אמור לו שקר וכזב, שכן שלשה בגמטריא שק"ר וכז"ב ואמנם על זאת האמונה שאומר לך נתנה התורה כמו שרמזתי בסוד כ"ו ס"ה פ"ו, והוא שסודם ג' פעמים חוליה, גם חומה וליחה וחומ"ה כי כל ליח"ה וחומ"ה, ר"ל בטבע ראשון מפני החו"ם הטבע"י הטוב הנקרא ג"ן עד"ן ואשר אומר אותו לך בעניין זה הוא זה:

Y si alguien te dijera que la divinidad es tres, respóndele: «Mientes y es falso lo que dices, pues *tres* (שלשה) en guematria equivale a *sheker* (שקר), es decir, mentira, y *kazav* (כזב), es decir, falsedad».[45]

---

43. *Av* (אב), «padre», guematria 3; y *Ben* (בן), «hijo», guematria 52.

44. Guematria 301, donde encontramos al 3 y al 1.

45. La guematria de *Shloshah* (שלשה) es la misma que la de *Sheker ve Kazav* (שק«ר וכז«ב), 635.

En verdad, sobre esta fe que te estoy indicando fue dada la Torah, como insinué en el secreto de 26, 65, 86 (כ"ו ס"ה פ"ו),[46] cuyo secreto son tres veces *Juliah* (חוליה, eslabón),[47] y también *Joma*, *Lijah* y *Joma*, porque toda *Lijah* (humedad) y *Joma* (calor), es decir, en la naturaleza primera debido a la materia (החו"ם)[48] natural buena llamada *Gan Eden*.

Y lo que te digo acerca de esto es lo siguiente:

דע כי כל שלוש הנאמר אשר זכרנו או אשר יאמרו באשר נזכור עוד בכל זה הספר, אין כונתינו בם על דבר מן המעלה הראשונה של כל המציאות, ולא על שום עלול רוחני נפרד מכל גלם ומכל צד ומכל פנה, אך כונתינו בשלוש על כחות בלתי נפרדות מגלם בעצמותם, או על רוחות, או על גופים, כי אלו הם ג' מדרגות גופים ורוחותיהם וכוחותם המניעים אותם, אבל כל שהוא בלעדם מן הנפרדים לא יתכן להורות עליהם על שלוש כלל ולא על אחדות, כי השלוש והאחדות הם מקרה רק למספרים ואינם דבר עצמי, ולא יושכל שום מספר על הנפרדים, אך מושכל בהם היותם בדמות מספר כדמות המספר הנמצא מן א' עד שהוא כלו מורה על עלות ועלולים, ואמנם הסבה הראשונה אין לה תכלית בשום פנים אדעתא דכולי עלמא ואיך יפול עליה שם מספר רק בשלי"ש בשליל"ה שנאמר עליה שהיא בלתי בעלת רבוי עצמים ואף המשלשים שהם המשקר והמכזב הנזכרים בעל כרחם מודים שאין לה עצמו משולש רק סגלתו היא שלישי:

Has de saber que todo tres que mencionamos, o que mencionaremos más adelante en este libro, no se refiere en absoluto a nada de la categoría suprema de toda la existencia, ni a ningún ser separado espiritual libre de toda materia y de todo aspecto y de toda dimensión. Sino que nuestra intención al hablar de tres es sobre fuerzas que no están separadas de la materia en su esencia, o bien a espíritus, o cuer-

46. Guematrias del Tetragrama, *Adonai* y *Elohim*, en total 177.

47. Guematria 59, como la de *Jomah* (חומה) que, multiplicado por 3 da 177.

48. Guematria 59.

pos, pues éstos son los tres grados: cuerpos, sus espíritus, y las fuerzas que los mueven.

Pero todo aquello que está más allá de ellos, de lo separado, no es posible atribuirle tres en absoluto, ni tampoco unidad, pues el tres y la unidad son accidentes aplicables sólo a los números y no son algo esencial en sí mismos, y no se puede concebir número alguno respecto de los seres separados. Lo que sí se puede concebir respecto de ellos es que tienen la apariencia de un número, un número del *Alef* en adelante, lo cual indica únicamente causa y efecto.

Y en cuanto a la causa primera, no tiene fin ni límite en ningún aspecto de la realidad, y no se le puede asignar un número excepto en la forma de negación triplicada, es decir, negación en tres niveles, pues se dice de ella que no posee multiplicidad de esencias. Incluso aquellos que dividen, que son los mentirosos y falsificadores que antes mencioné, admiten, muy a su pesar, que su esencia no es triple, sino que su propiedad es triple.

ואני איני יודע איך אזכרנה בספרי זה אם בלשון זכרות שקר הוא שאינו נופל עליה, ואם בלשון נקבה חס ושלום כי הוא כזב שאינו לשון נופל על האלוה, וא"כ אין דרך לדבר באמת עצמו, שכל מה שנאמר עליו נטעה בלשונינו, ומי יתן ואם היא תפלת שוא שלא היינו טועים בשכלינו בענינו כמה שאין אנו בקצת עלוליו ובקצת שמותיו ומדותיו ודרכיו ותאריו ופעולתיו קל וחומר בענינו במה שאין לנו שום דרך להשיגו בשום צד וא"כ השלוש הוא שפע הנשפע ממנו ראשון וכל מעשיו משולשים, וגם מרובעים ומחומשים, ומכופלים ומורכבים בדמות הרכבות הספירות הנכרות באותיות:

Y yo no sé cómo mencionarlo en mi libro: si lo hago en lenguaje masculino, sería mentira, pues no corresponde a él; y si lo hago en lenguaje femenino, Dios nos libre, sería falsedad, pues tampoco corresponde al lenguaje aplicado a lo divino. Por tanto, no hay modo de hablar verdaderamente de su esencia: todo lo que digamos de él en nuestro lenguaje será erróneo.

¡Ojalá, y aunque sea una plegaria vana, que no erráramos en nuestro entendimiento acerca de él, tal como no alcanzamos a comprender ni siquiera parte de sus efectos, de sus nombres, de sus atributos, de sus caminos, de sus cualidades y de sus acciones! ¡Cuánto más con respecto a su propia esencia, que no tenemos manera alguna de captar, de ninguna forma!

Por consiguiente, el tres es el influjo emanado de él en primer lugar, y todas sus acciones están estructuradas en forma triple, y también en forma cuádruple, y en forma quíntuple, y en multiplicaciones y composiciones, semejantes a las configuraciones de las sefirot, reconocibles por medio de las letras.

ואמנם בהכירנו מעשיו הנה נגלה לנו במציאותו וזה הוא תכליתינו
כי זה הוא המבוקש מכל חכם ונביא, שאז בהשיגו מעשיו הנוראים
נורא, ייִרא ממנו וישיג שאין תכלית למעלתו, ובזה אהבתינו ישמח
בהשגתו וזאת היא עבודתו, כי זאת ההשגה אשר בה השיג אותו
היא שפע נשפע מאתו, ועל זה ירדוף כל חכם להוסיף בכל יום חכמה
על חכמתו, בידיעתו כי בזה תתעלה אצלו נשמתו ותהיה חיי עד
בחיותו לפי מדרגתו:

Y, en verdad, al reconocer sus obras, se nos revela su existencia, y éste es nuestro propósito, pues éste es el anhelo de todo sabio y profeta: que, al alcanzar la comprensión de sus obras portentosas, le temerá y comprenderá que no hay fin a su grandeza.

Así, nuestro amor se alegrará en alcanzarlo, y ésta es su verdadera adoración, pues ese conocimiento por el cual se le alcanza es un influjo que emana de él. Y por ello todo sabio tratará de aumentar cada día su sabiduría, sabiendo que con ello su alma se elevará ante él y tendrá vida eterna en su existencia, según el nivel que haya alcanzado.

ואחר הודיע אלהים אותך את כל זאת בהיותך חוקר פעלו בתבונתך
אין נבון וחכם כמוך (בראשית מא, לט), והנה אם כן תבקשנו ימצא
לך, ואם תעזבנו יזניחך לעד, וכן כתוב ה' עמכם בהיותכם עמו ואם
תדרשהו ימצא לכם ואם תעזבהו יעזוב אתכם (דבה"י ב' ט"ו, ב),
ובקשתו ודרישתו האחרונה אצלינו ואמר קבלת הנבואה אשר
הגידה לנו דרך קלה להשיג בה השגתו יתברך הכל באמת בדרך
צירוף האותיות שהיא בעצמה דרך ידיעת שמותיו וידיעת מדותיו
ויודעיו ה', שבה החל מעשיו ובה כלה מלאכתו, ויש לנו על זה ראיות
תוריות אין להם קץ:

Y después de que Dios (אלהים) te haya hecho conocer todo esto, siendo tú un investigador de su obra con tu inteligencia, no hay nadie entendido y sabio como tú (Génesis 41, 39).[1] Así, si lo buscas, él se encontrará contigo, pero si lo abandonas, te abandonará para siempre, como está escrito: «El Eterno estará con vosotros mientras estéis con él; si lo buscáis, se dejará encontrar por vosotros; pero si lo abandonáis, os abandonará del mismo modo» (2 Crónicas 15, 2).

Y para nosotros su búsqueda y su indagación última es la recepción de la profecía, que nos enseñó un camino fácil para alcanzar en verdad su conocimiento, mediante la combinación de las letras (*Tziruf haOtiot*), que es en sí misma el camino para conocer sus nombres y conocer sus atributos y a quienes él da a conocer, pues con ella comenzó su obra y con ella completó su acción.[2]

Y sobre esto tenemos evidencias infinitas de la Torah que no tiene fin.

---

1. «Por eso le dijo a José: Dios te ha dado a conocer todo esto, y eso quiere decir que no hay nadie tan sabio e inteligente como tú».
2. Véase Proverbios 3, 19.

ועל זה אנו אומרין שהדורש והחוקר יותר בזה הדרך המעולה שבה השם מנהיג עולמו עד היום וינהיג עוד, כל מה שירצה להמשיך, וכל מה שיכנס יותר בעמקותיה מעט מעט כפי הראוי לכל חכמה, יוסיף מעלה ויקרב לשם, וכל מה שיקרב מדרך בה המביאה לידי השגתו יתברך בקלות ומן הדומה לה הנה יוסיף פחיתותו עד שיאבד כמו שנאמר אדם ביקר בל ילין נמשל כבהמות (תהלים מט, יג), ולא יבין וכו' ומפני הקשו עלינו אנשים רבים שהם חכמים בעיניהם ונגד פניהם נבונים, ואעפ"י שהאמת רחוקה מהשגתם אשר לא ידעוה מפני שלא בקשוה, הנה אצטרך להכריח עטי להודיע להם על פיהו אשר הוא כמליץ ביני לבינם בזה איך הורחקו מהאמת, ואיך המה כתות כתות מהם טפות ועשב כצאן רועות, ומהם בלתי יודעות ובכונה המתעות הידיעות המשופעות, ומהם כשוורים גופות ובקולות משתעשעות וקיש קיש קוראות, ובדמות חכמה מתגעגעות, ומהם צועקות כמשוגעות מבלתי היותן מבדילות בין הידיעות הטובות אשר מהשם נשפעות ובין הרעות, ואשר נמצאו בדורינו זה בעונותינו מרוב ארך גלתינו, ומאלו הכתות המשוכשכות בחכמות האלהיות, ובאמונות התוריות ובדיעות הנבואיות הן רבות מאד לאי לבי להזכירם כל שכן ידי, אך בכלל אזכור טעות רובם ואורם להם ואיך החשק אשר מהול בג' מילות, מילת הלב, ומילת השפה, ומילת המעור חייב כחיוב יהו"ה נקרא בשם קונו לכתבה ולהוסיף חקירה ושאלה ודרישה חייב עליה בכל יום תמיד עת אחר עת בכל יכולתו ובזה יושלם לפני יתברך, עיון טוב בחבור וראה מה הם חלקי ובורי רק הנמצא כי הבור הבוו, הנה הוא כשליח צבור:

Y por esto decimos que quien investiga y profundiza más en este camino elevado –por el cual el Eterno gobierna su mundo hasta hoy y con el que seguirá gobernando todo lo que quiera prolongar– cuanto más se adentre en sus profundidades, poco a poco, como corresponde a toda sabiduría, más mérito obtendrá y más se acercará al nombre. Y cuanto más se aleje del camino que conduce fácilmente a su conocimiento y de lo que se le asemeja sólo en apariencia, aumentará su bajeza hasta llegar a perderse, como está dicho: «Mas el hombre no permanecerá en honra; es semejante a las bestias que perecen» (Salmos 49, 13).

Y debido a que muchos se nos oponen, hombres que son sabios en su propia opinión y que se consideran entendidos, aunque la verdad esté lejos de su alcance porque no la han buscado, me veo obligado a forzar mi pluma a explicarles, aunque sea indirectamente, cual mediador entre ellos y yo, cómo se han alejado de la verdad y cómo están divididos en diferentes grupos: algunos son como gotas y hierba pastada por ovejas; otros, sin conocimiento y llevados por intenciones que extravían las ideas derramadas; otros como bueyes corpulentos, sólo cuerpos que se entretienen en voces y rebuznos que repiten, y bajo apariencia de sabiduría se lamentan; y otros gritan como locos sin distinguir entre los conocimientos buenos, que provienen del Eterno, y los malos.

Y en nuestra generación, debido a nuestras transgresiones y la prolongación de nuestro exilio, hay muchas de estas sectas enredadas en las ciencias divinas, en las creencias de la Torah y en las ideas proféticas.

No tengo corazón para mencionarlos a todos, y mucho menos mano para escribir sobre cada uno. Pero en general mencionaré el error de la mayoría y les señalaré cómo el *Jeshek* –que se compone de tres palabras: la palabra del corazón, la palabra de los labios y la palabra del acto– requiere, como el nombre *IHVH,* ser llamado por su creador para ser escrito, y exige investigación, indagación y búsqueda en todo momento, a cada hora, con todas las fuerzas. Y por esto se perfeccionará ante él, bendito sea, una buena contemplación en unidad.

Y observa bien cuáles son las partes del sabio y del ignorante, pues el ignorante es como un enviado de la comunidad *(Sheliaj Tzibur).*

סימן א
חלק ב סימן א
חלק א קטן סימנו ד':

CAPÍTULO 4

Parte II, primer apartado

כי מאמרי זה לא חברתי, כי אם להוציא שכלך מהכח אל הפועל, בהודיעי אותך דעתי זאת אשר תשמע ברצותך להמשך אחריה, כי אז תצליח את דרכיך ואז תשכיל וזה היא דעתי, הנה זאת חקרנוה כן היא שמענה, ואתה דע לך [כי] מבואר הוא שהאדם נקרא בגדרו השלם חי מדבר מת, אך החיות הוא אשר הבדלו ושתפו (כלים) [כלומר] הבדילו מכל הצמחים אשר לא נקראו חיים בשם מוסכם ישר עם ב"ח, חיים המרגישים המתנועעים מרצונם אשר כל אדם חי, כל חי מרגיש מתנועע מרצונו תנועה מקומית בשש קצות או בדמות מקומם רב או מעט, כלומר שברצונו ויכולתו הוטבע כל חי לעלות לעלייה בדמות מעלה, ולרדת לחבר בדמות מטה, וללכת לפנים דרך פניו ולשוב לאחוריו דרך אחוריו, ולנטות לימין לדרומו, ולנטות לשמאל לצפונו בדמות ד' רוחות מזרח ומערב דרום וצפון:

Porque este escrito mío no lo he compuesto sino para hacer salir tu intelecto de la potencia al acto, comunicándote esta opinión mía que escucharás si deseas seguirla, y entonces prosperarán tus caminos y serás sabio. Y ésta es mi opinión: he aquí, esto lo hemos investigado, así es, óyelo.

Y debes saber que está claro que el hombre, en su definición completa, es llamado ser vivo, parlante y mortal. Pero la vida es lo que lo distingue de todas las plantas, que no son llamadas vivas en sentido propio como los animales, seres vivos que sienten y se mueven por su voluntad.

Todo ser humano vivo, todo ser vivo, siente y se mueve por su voluntad mediante un movimiento local en seis direcciones, o dentro de su lugar en mayor o menor grado; es decir, que por su voluntad y capacidad ha sido impreso todo ser viviente para elevarse en movimiento hacia arriba en forma de ascenso, para descender en forma de bajada, para avanzar hacia delante de frente, para retroceder hacia atrás por su parte posterior, para inclinarse hacia la derecha hacia el sur, y para inclinarse hacia la izquierda hacia el norte, a semejanza de las cuatro direcciones: este, oeste, sur y norte.

והנה תנועותיו המקומיות הרצוניות בדמות ששה קצוות, וזה קרוב חי כפי יכלתו, וכאשר שתפו והבדילו לאדם ענין החיים אשר הוא עצמותיו המניעו לפי טבעו, נמצא בו עוד כח נוסף הבדילו מכל ב"ח, והוא הדבר הנקרא דבור, ובעבורו נקרא האדם בשם מוסכם, ואשר הסכים לקרוא את האדם בשם מדבר לא הסיח זה על דבורו, הנמצא יוצא מחמשת מקומות הפה, אך הסכים הכח המוביאו לדבר, אשר הוא הדבר המקבל הדבר מחוץ והשם פנים, והעד שנוי הלשונות הנמצא בין האמות הרבות:

He aquí que sus movimientos locales voluntarios son en forma de seis direcciones, y esto es lo que lo aproxima a ser un ser viviente conforme a su capacidad.

Y cuando a este ser humano se le añadió y distinguió el aspecto de la vida, que es su esencia y lo mueve según su naturaleza, se halló en él además una fuerza adicional que lo distingue de todos los demás seres vivos, y esto es a lo que se llama «el habla».

Y por ello el ser humano es llamado «parlante» (*medaber*). Y quien convino en llamar al hombre «parlante» no lo hizo por el habla que emerge de los cinco órganos de la boca, sino por la fuerza que lo lleva a hablar, es decir, aquello que recibe la palabra desde fuera y lo dirige el interior.

La prueba de esto es la diversidad de lenguas que se encuentra entre las muchas naciones.

שאם תאמר כי על הדבור החיצוני נקרא האדם מדבר, שהרי המדבר
הבדיל וסגולה מכוח שמתהפך בשווי ושני הפכים אמת, באומר
כל אדם וכל מדבר אדם לפי הסכמת האומרים שאין דבור נופל
על העם ולא על המלאכים, כי אם בשם משותף, לא בשם מוסכם
נאמר לו אנחנו שזה כלו אמת, רק אם היתה הסכמת הדבור נופלת
על הנמצא בלשון לבי, היו א"כ בני אדם נבדלים ומשותפים במהות
עצמותם, והיו עצמיהם משתנים לפי שנוי הדבר, וכל אשר היה אדם
יודע שבע לשונות או שבעים היו לו ז' עצמים, או ע' והיו עצמיהם
מתחדשים בם לפי לשונם לא לפי הכח הנפשיי מקבל כל הלשונות,
והיו אז בני אדם נבדלים באומות אלו מאלו ומשתפים אלו באלו,
והיה מספר מיני בני אדם כמספר לשונותם המשתנות, ואז היה
האדם סוג שתחתיו מינים רבים, נבדלים במהותם בה ככל בעלי חיים
במינהם לפי רבוים, כי אין החמור והשור, סוס וגמל ואע"פ שסוג
אחד כולל עליהם אותם והדומים להם, והוא שם חי:

Si dijeras que el ser humano es llamado parlante por el habla externa, observa que el parlante es distinguido y definido por una capacidad que puede expresarse en igualdad y en dos contrarios verdaderos, al decir todo hombre y todo hablante hombre, según la convención de quienes sostienen que el habla no se aplica ni al pueblo ni a los ángeles sino como un nombre compartido, no como un nombre acordado esencial.

Nosotros respondemos que todo esto es verdad, pero si el habla fuera atribuida a lo que se encuentra en el lenguaje del corazón, entonces los seres humanos estarían diferenciados y asociados en la esencia de su ser, y sus esencias cambiarían según el habla. Todo aquel que supiera siete lenguas o setenta tendría siete esencias o setenta, y sus esencias se renovarían según sus lenguas, no según la capacidad anímica que recibe todas las lenguas.

Así, los seres humanos estarían diferenciados entre las naciones unos de otros y asociados unos con otros. El número de tipos de seres humanos sería como el número de sus lenguas diversas. Entonces el hombre sería una categoría (*Sug*) bajo la cual habría muchas especies, diferenciadas en su esencia, como los animales que, aunque se agrupan bajo una categoría común (viviente), están divididos en muchas especies como asnos, toros, caballos y camellos.

רק הדבר הוא כמו שאגיד, וזה כי האדם אינו אדם באמת, כי אם מצד צורתו הפנימית והוא הכח הנקרא נפ"ש ונשמה וחיה ורוח ויחידה, והשמות הרבים הושמו לה כדי להודיע מהותה ולא תושג עצמותה כי אם לעצמה, ולא תפעל היא בעצמותה עד שתקבל דבור מזולתה מעלתה באמצעות הכלים, אשר בין שתיהם, והפועל אשר תפעל בה זולתה היא כדמות הכנה שמכינה אותה ומסירה את מונעיה מלפניה, עד שתוכל היא לקבל הכח הפנימי השופע עליה תמיד בלא זמן, והוא הדבר הנקרא אצל המקובלים רוח מרוח הקדש, שגם היא רוח הקדש והחוקרים מהאומות [קוראים] לזה הכח שכל שופע מהשכל הפועל והכל כונה אחת, ואין בינינו ובינם אלא שנוי שמות:

Pero en realidad sucede así: el ser humano no es verdaderamente humano sino por su forma interior, que es la fuerza llamada *Nefesh*, *Neshamah*, *Jaiah*, *Ruaj* y *Iejidah*. Y estos múltiples nombres se le han dado para dar a conocer su naturaleza, aunque su esencia no puede ser comprendida sino por sí misma.

Y ella (el alma) no actúa por su esencia sino cuando recibe palabra (*Dibur*) de otra superior a ella, mediante los instrumentos que median entre ambas. Y la acción que la otra ejerce sobre ella es como una preparación que la dispone y le elimina los obstáculos que se oponen delante de ella, hasta que puede recibir la fuerza interior que fluye sobre ella continuamente, sin tiempo.

Y esto es lo que los cabalistas llaman *Ruaj mi-Ruaj haKoddesh,* un espíritu proveniente del Espíritu de Santidad, que también es el mismo *Ruaj haKoddesh.*

Y los filósofos de entre las naciones llaman a esta fuerza *Sejel shofea min haSejel haPoel* («el Intelecto que fluye desde el Intelecto Agente»). Y toda la intención es una sola, y no hay entre nosotros y ellos sino diferencia de nombres.

וכבר ימצא השפע הנכבד ההוא האלוהי הנבואי עם אדם, אחר הרבה ממנו בפועל חזק מצד הנותן המנהיג, ומצד המקבל המתנהג על פיו אשר ההנהגה משותפת בין שניהם בהמצאה בפועל, וכבר ימצא ממנו עם אחרים מעט, ועם אחרים לא ימצא בפועל כלל רק בכח הוא נמצא עם כלם, ואע"פ שנשתנה הכח לפי מזגי הגוף והמתרבה והמתמעט לפי שינויו באישים רק בכלל המין הכח הוא שווה לכל, וא"כ לא נשתנה כי אם במקרה כהשתנות אור השמש לעיני הפרטים הרואים באורו, והם כל בעלי עינים אשר בארץ, אשר נמצא בעיניהם כח הראות, ומזה הצד השכלי נקרא האדם מדבר, רק בעבור שלא יושלם עצמותו השכלי בפועל, כי אם באמצעות הדבור החיצוני הקודם במציאות, למציאות פועל השכל השופע הפרטי, לפרטי שהוא מקבלו פרטי מצוי ואם הוא כללי מצד המשפיעו החונן אותו הוצדקנו לומר על זה שהמשלימו - דין הוא להקרא בשם דבור:

La abundante influencia divina y profética puede encontrarse en el ser humano, aunque de manera activa sólo en quienes la reciben y actúan según ella, con cooperación entre el que da y el que recibe. Con algunas personas se manifiesta un poco, y con otras prácticamente no se muestra de forma activa, aunque todos la poseen en potencia.

Esta potencia puede variar según la constitución física de cada persona, aumentando o disminuyendo según el individuo. Sin embargo, en general, todos los seres de una misma especie la poseen de manera igual. Es como la luz del Sol: todos la reciben, pero cada ojo percibe su brillo de manera distinta.

Desde el punto de vista intelectual, el ser humano se llama «hablante» porque su mente no se manifiesta completamente por sí sola, sino que necesita el habla externa para expresarse y activar la inteligencia en lo particular. Cuando la enseñanza y la guía vienen del que transmite y educa, se puede decir que la persona alcanza la completitud: por eso se le llama «habla».

והסוד תדע שכל דבור יורה על זה"ר חד"ר האו"ר העליון השופע, ועוד תדע כי סוד האותיו"ת יורה על זהרורי"ת הנפש המקבלת שכל על ידם, והם יעידון לדעת רזי תורה, גם חיות הקדש הם הזהרורית המודיעה רז"י תורה, ואחר שהדבר כן הנה יושלם האדם משני הצדדים האלה שהם הראשון והאחרון, ויש ביניהם מעלות רבות מאד, וכל המעלות אשר התחלתם מהראשונה עד האחרונה, לכל איש ואיש הן כולם עבודת השם הרוחניות בעצמותה, ובהן נשתנו הדעות והאמונות במקריהם לפי סוד הרבה הרבוי והמיעוט, והנה על זה תמצא באמת שהדין נותן להיות מי שהרבה בעבודה ההוא יותר לשם שמים נתעלה יותר, וכל מה שפחת נפחת, וכן הדין בגמולו, שאם פחת פוחתין לו ואם הוסיף מוספין לו:

Y debes saber el secreto de que toda palabra alude al resplandor oculto de la luz superior que fluye *(zehar jadar haOr haElion).* Además, el secreto de las letras alude a los destellos del alma que recibe el intelecto a través de ellas.

Ellos te servirán de testimonio para conocer los secretos de la Torah, y también los seres vivientes sagrados *(Jaiot haKoddesh)* son los destellos que comunican los secretos de la Torah. Y puesto que esto es así, el ser humano se perfecciona por estos dos aspectos: el primero y el último.

Y entre ellos hay muchos grados, y todas las gradaciones desde la primera hasta la última, para cada individuo, todas formas del servicio divino espiritual en su esencia. En ellas se diferencian las opiniones y las creencias en sus accidentes, conforme al secreto de la multiplicidad y la disminución.

Y por esto encontrarás que, en verdad, es justo que aquel que se multiplica en este servicio en nombre del Cielo se eleve más, y quien disminuye, se rebaje más. Y así es el principio en su recompensa: si disminuye, se le disminuye, y si aumenta, se le aumenta.[1]

1. Véase Talmud, tratado de *Iomah* (39a).

והנה התחלת זה המעלה היא מן הלימוד שלומדין תינוקות של בית רבן, מן לימוד ידיעת האותיות, שהיא העבודה הראשונה הרוחנית האלוהית כי איני מדבר פה במעשים, והנה תכליתה היא השגת הדבור האלוהי מפי הגבורה, פה אל פה, והיא מעלת משה רבינו ע"ה והאמצעיות שבין שתי הקצוות הם רבות מאד, אבל כלן יחד בכלל ובפרט שמן עבודת השם הרוחנית בהיותן לשם שמים באמת:

Y he aquí que el inicio de esta elevación se encuentra en el estudio que aprenden los niños en la casa del maestro, a partir del aprendizaje del conocimiento de las letras, que es el primer servicio espiritual divino, porque aquí no estoy hablando de acciones físicas.

Y su finalidad es la obtención del habla divina (הדבור האלוהי) de la boca de *Guevurah*, boca a boca, que es el nivel de Moisés nuestro maestro, la paz sea con él.

Y los grados intermedios entre estos dos extremos son muchos, pero todos ellos en conjunto y en particular forman parte del servicio espiritual a Dios, siempre que sean realmente en nombre del Cielo.

והנה זה העבודה נמצא נפעלת על דרך חלקים וסימן ענינם אותיות:

Y he aquí que este servicio se realiza por medio de partes, y el signo de su naturaleza son las letras.

החלק הראשון הוא הדבור, הנמצא בפה כשאין כח באזן להודיעו ללב, גם אם שמעתי האזן ולא הבינוהו הלב, הנה מציאותו נקרא דבור בלתי מובן, ואע"פ שהוא לשם שמים הוא הקצה הפחות שבכל קצות העבודה האלוהית הרוחנית, וזהו הדבור הנמצא בפי הנערים הקטנים הלומדים העברי ואינם מכירים מה הם אומרים, וגם הוא בעצמו הדבור הנמצא בתפלות עמי הארץ ובשיריהם ובקריאת הכתוב, שגם מדברים ואינם יודעים מה מדברים:

La primera parte es el habla, que se encuentra en la boca cuando no hay fuerza en el oído para hacerlo saber al corazón. Incluso si el oído ha oído, pero el corazón no lo ha comprendido, su existencia se llama «habla no comprendida».

Y aunque sea en nombre del Cielo, es el nivel más bajo de todos los niveles del servicio espiritual divino. Éste es el habla que se encuentra en la boca de los niños pequeños que aprenden hebreo y no comprenden lo que dicen.

Y también es la misma habla que se encuentra en las oraciones de la gente ignorante y en sus cánticos y en su lectura de la Escritura, donde también hablan, pero no saben lo que están diciendo.

כי לשון הקודש אצלם כלשון תתר"י ותוגרמ"י אשר אינך יודעו, כי אין ספק שלא תבין כונת המדבר בו אם לא תבין הסכמת לשונו, עד שתסכים בג' חלקי הדבור, שהם שם ופעל ומלה, ואלה אע"פ שכונתם לשם, גמולם קטן ומעט, בקטנות עבודתם ובמעט מציאות מעלתה:

Porque la lengua sagrada para ellos es como el lenguaje de Tateri[2] o Tugrami[3] que tú no conoces, pues no hay duda de que no entenderás la intención de quien habla en esa lengua si no comprendes el acuerdo de su idioma, hasta que coincidas en los tres componentes del habla, que son: nombre, verbo y palabra.

Y aunque su intención sea en nombre del Cielo, su recompensa es pequeña y escasa, por la pequeñez de su servicio y la escasez de la existencia de su grado.

2. Probablemente los tártaros.

3. Del Turcomano o del Cáucaso.

והחלק השני הוא הלכות, הנמצא בלב לבד ואינו נמצא בפה, והוא רק מי שהתחכם לעצמו, ולא שפע עליו מכריח פיהו להוציא דבורו לפעל להשפיע לזולתו מחכמתו, וזה האיש החכם המיוחד, אע"פ שהשלים עצמו - לא עבד העבודה האחרונה ולא הוליד פרות מעציו, אך פיהו עקר וערל שפתים הוא ואם [כי] לבו מהול, וכבר יש לו לעצמו גמול גדול כפי עבודתו:

Y la segunda parte son las *Halajot*, que se encuentran solamente en el corazón y no en la boca. Es propio de quien ha alcanzado sabiduría para sí mismo, pero no ha fluido sobre él una fuerza que obligue su boca a emitir su palabra en acto para transmitir su sabiduría a otros.

Este hombre sabio y singular, aunque haya perfeccionado su ser, no ha realizado el servicio final ni ha producido frutos de sí mismo, pues su boca es estéril y tiene labios incircuncisos, aunque su corazón esté circuncidado.

Y aunque así sea, él mismo recibe una gran recompensa conforme a su esfuerzo.[4]

והחלק השלישי הוא הדבור המשלים כונת השם והוא הנמצא בלב ובפה בשלמות, והוא אשר מי שהושלם בו, ראוי לומר עליו שעלה במדרגת הנביאים כמו שתשמע שבזה החלק ראוי לבאר קצת מענייניו המופלאים, ואשר צריך להתבונן בו, הוא שתדע שהדבור היוצא מהפה הוא קודם במציאות לדבור הנמצא בלב, והדבור הנמצא בלב הוא קודם במעלה לדבור הנמצא בפה, ובהשתתפות שניהם יהיו כאלו הם דבר אחד, והלב נותן לפה הדבור הנמצא בו, כי הוא אצלו בדמות מעין נובע, והפה מוציא הדבור ומגלגלו באויר ומוציאו ומוליכו בלא זמן אל האזנים השומעות, והנה אזניו שומעות הדבור אשר בא להן מפי המדבר באמצעות הקול והרוח האויר:

4. Véase Pirke Avoth 5, 23: לפום צערא אגרא, «según el esfuerzo es la recompensa».

Y la tercera parte es el habla, que completa la intención del eterno, y se encuentra tanto en el corazón como en la boca en forma plena. Y de aquel que ha sido perfeccionado en ello, se puede decir que ha ascendido al nivel de los profetas, como escucharás que en esta parte es apropiado explicar algunos de sus asuntos maravillosos.

Y aquello en lo que se debe reflexionar es en saber que el habla que sale de la boca es anterior en existencia al habla que está en el corazón, y el habla que está en el corazón es anterior en excelencia al habla que sale de la boca.

Y mediante la unión de ambas, es como si fueran una sola cosa: el corazón da a la boca el habla que hay en él, pues para él es como una fuente que mana, y la boca saca el habla, lo hace girar en el aire y lo expulsa, llevándolo sin demora a los oídos que escuchan.

Así, los oídos escuchan el habla que les llega de la boca del hablante por medio del sonido y el espíritu del aire.

והדבור היסודי אשר כ"ב אותיות יסוד לו, והאזנים ג"כ מוליכות הדבור הרוחני אחר שקבלוהו גופני אל הלב, והלב מביט ובוחנו, ולפי הבחינה של הלב תהיה הבנתו בדבור, ומפני שמנהג הלב הוא להיותו נמשך אחר הלמוד שהוא ההרגל, וההרגל חצי הטבע, הנה לא יוכל הלב לבחון סוד הדבור הבא אליו, בין יהיה הלב לב המדבר אשר הוציא הדבור בעצמו מפיו בין יהיה הלב לב זולתו, אלא לפי חכמתו, ואין לאדם חכמה בשום פנים בלתי למוד, כי זה דבר נמנע בטבע מכל אדם, כמו שאין שום אדם מלח או נגר או ספן וכיוצא באלה המלאכות ודומיהם, אם לא הורגל לעשותם תחלה ולהוציאם מכח לפועל, כי לא יהיה אומן שלם אם לא יפעל הפועל פעמים רבות:

Y el habla fundamental, cuyo fundamento son las veintidós letras, es recibida por los oídos, que también conducen la palabra espiritual después de haberla recibido corporalmente, hacia el corazón. El corazón observa y examina, y según el examen del corazón será su comprensión del discurso. Y debido a que la costumbre del corazón es seguir el aprendizaje, que es el hábito, y el hábito es la mitad de la naturaleza,[5] el corazón no puede examinar el secreto del discurso que le llega, ya sea que se trate del corazón del hablante que ha emitido el discurso con su propia boca, o del corazón de otro; todo dependerá de su sabiduría. Y el ser humano no tiene sabiduría en ningún aspecto sin estudio, porque esto es algo naturalmente imposible para toda persona, del mismo modo que nadie es, por ejemplo, salinero, carpintero o navegante, ni en oficios semejantes, si no se ha ejercitado previamente en ellos y los ha hecho pasar de potencia a acto. Pues nadie llega a ser un maestro completo si no ejecuta la obra muchas veces.

והנה הנער הלומד לא יחקק הדבור או הפסוק או הענין שלמד בלבו חקיקה קיימת, עד שירכיב הענין, הרכבות רבות בלבו, וישנה וישלש וירבע ויחמש עד שוב ההרגל אצלו בטבע שלם, וגם על זה אמרו חכמינו ז"ל (הגיגה ט.) אינו דומה מי ששנה פרקו מאה פעמים למי ששונה מאה ואחת שנאמר החכמה מאין תמצא מאי"ן (איוב כה, יד) בגי' הכ"י הו"ו, והכונה בזה מה שזכרתיו לך, ואין מי שיכחיש זה, כי הוא דבר מורגש ומושכל ומקובל, והמושכל הוא מושג בהשגה אנושית מרוב חכמה, אבל אינו מושג מחכמת האדם החכם לכל, אבל הוא דבר שהודיעו השכל האלוהי לחכם המתנבא, וע"כ קראנוהו מקובל, כלומר שקבלנו סודו מדברי הנביאים או מדבר מי שקבל מהם, או מהשם יתברך באמצעות שכלנו גם אנחנו, והוא אם כן למעלה מן המושכל האנושי המוטבע בנו, והם ג' מדרגות ההשגה המגדת האמתיות לנו והמבחנת בין האמת והשקר:

Y he aquí que el joven estudiante no grabará el discurso, el versículo o el asunto que ha aprendido en su corazón con una inscripción permanente, hasta que componga y recomponga varias veces el asunto en su corazón, y lo repita una, dos, tres, cuatro y cinco veces, hasta que el hábito se vuelva para él su naturaleza. Y también sobre esto dijeron nuestros sabios, de bendita memoria (*Jaguigah* 9b): «No es comparable

5. Véase Talmud, tratado de *Sotah* (3a).

quien ha repetido su estudio cien veces con quien lo ha repetido ciento una vez»: «¿De dónde se hallará la sabiduría?» (Job 28, 12), y la palabra «de dónde» (*meAín*, מאין) tiene el mismo valor numérico que *Meah veAjat*, es decir, 101.

La intención de esto es lo que ya te he explicado, y nadie puede negarlo, porque es algo tanto perceptible como comprensible y aceptado. Y lo comprensible (מושכל) es comprendido por medio de la comprensión humana gracias a una gran sabiduría, pero no es comprendido por la sabiduría del hombre que es sabio en todo, sino que es algo que fue dado a conocer por el intelecto divino al sabio que profetiza. Por ello lo llamamos *kabbalah* (קבלה), es decir, «recibido», porque hemos recibido su secreto de las palabras de los profetas o de alguien que lo recibió de ellos, o del propio Eterno, bendito sea, por medio de nuestro intelecto también, y esto entonces está por encima del entendimiento humano natural que nos fue implantado.

Y éstas son tres categorías de comprensión que nos revelan las verdades y distinguen entre la verdad y la mentira.

וא"כ כבר התבאר בלא ספק כי הענין היוצא לפועל בחכמה מהחכמות, צריך להרכיבו בכפלים רבים עד שיבחן הלב אמתתו ויוחקק בו חקיקה בלתי נמחקת, וזה הכח בהיותו שלם נקרא אצלינו זכרון, אבל יש בו שני דרכים, אחד להיותו נזכר בקלות, ואחד להיותו נזכר אחר רוב מחשבה, אבל מה שהורגל ונשכח, הרי הוא דומה לאות הנכתב בלוח ונמחק, והנזכר בקלות דומה לסופר אשר קולמוס בידו והלוח לפניו והדיו בקסתו שמיד הוא כותב כל מה שרוצה, והנזכר אחר רוב מחשבה, דומה לסופר שרוצה להודיע דעתו בכתב לזולתו, ואין לו כלי הכתיבה שהוא לא יוכל לכתוב עד שיטרח למצוא הכלים, ובהמצאם יכתוב מה שירצה, כן הענין הנזכר אחר השכחה, אם ירצה הזוכר לחקקו עוד בלבו עד שלא ישכחנו לעולם הוא צריך אל השמות:

Y así, ya ha quedado claro sin duda alguna que el asunto que se concreta en una sabiduría cualquiera necesita ser compuesto repetidamente hasta que el corazón examine su verdad y quede grabado en él con una inscripción imborrable.

A esta facultad, cuando está completa, la llamamos memoria. Pero ésta tiene dos formas de proceder: por un lado, recuerda ciertas cosas con facilidad y, por otro lado, recuerda después de mucha reflexión.

Ahora bien, aquello que fue aprendido por costumbre y luego olvidado es semejante a una letra escrita en una tabla que después ha sido borrada.

Lo que se recuerda con facilidad es semejante a un escriba que tiene la pluma en su mano, la tabla ante sí, y la tinta en su tintero: de inmediato escribe todo lo que quiere.

Lo que se recuerda después de mucha reflexión es semejante a un escriba que quiere transmitir su conocimiento por escrito a otro, pero no tiene las herramientas de escritura, y no puede escribir hasta que se esfuerce en encontrar los instrumentos, y cuando los encuentra, escribe lo que desea.

Sucede lo mismo con lo que se recuerda tras haber sido olvidado: si el que recuerda desea grabarlo nuevamente en su corazón de modo que no lo olvide jamás, necesita de los nombres.

והשומר אין לו מציאות עד שיצא הענין הנזכר לפועל שלם, ולא יוצא לפועל לעולם אלא ברבוי הרכבות הלימוד, כלומר הקריאה בדבר פעמים רבות מאד, והנה יקרה זה השמור המורגל לפה וללב עד שפעמים רבות לא יבין האדם בלבו שום דבר מכל מה שיוצא מפיו, אבל הוא נשמר בפה מרוב הלמוד, כמו שקורא הזמירות בבית הכנסת בקול ערב ורם, ואינו מבין דבר מכל מה שיוציא מפיו, ועד שהמבין השומע דבריו יחשוב שהצועק ההוא מבין הוא כל מה שמרנן בו:

Y el recuerdo no tiene existencia hasta que el asunto recordado salga al acto de forma completa, y nunca sale al acto sino mediante la multiplicación de repeticiones del estudio, es decir, la lectura del asunto muchas veces.

Así sucede que este recuerdo, adquirido por costumbre tanto en la boca como en el corazón, llega al punto en que muchas veces la persona no entiende en su corazón absolutamente nada de lo que sale de su boca, pero se conserva en su boca por la mera repetición del estudio. Es como quien recita los cánticos en la sinagoga con voz agradable y elevada, y no comprende nada de lo que su boca pronuncia, hasta el punto de que quien lo escucha y sí entiende sus palabras puede llegar a creerse que el que canta comprende todo lo que está entonando.

ואמנם הבחינה אצלו שידע אם הוא מבין אם לא אינה שוה לכל השומעים דבריו, כיצד חשוב שהבחינה היא לה שתהא בדרכיו אם הטעה בפשוטים בקריאתו, שכל מה שיוסיף לטעות יהיה יותר סכל אצל השומע, וכל מה שהבוחן יותר חכם מבוחן יגדל, אצלו סכלות הקורא הטועה:

Y lo cierto es que el juicio de si entiende o no entiende no es el mismo para todos los que escuchan sus palabras. Pero lo importante es que el juicio se aplique a sus propios métodos: si se equivoca al hablar con los simples, todo lo que aumente su error hará que el oyente sea más necio, y cuanto más sabio sea el evaluador en comparación con el examinado, mayor será la necedad del lector que se equivoca.

ולפי מה שהודעתיך בדברי תוכל להבין שאין בחינה אלא צירוף, כאמרת המלך דוד ע"ה אמרות ה' אמרו"ת טהורו"ת כסף צרוף (תהלים יב, יז), ואמר בחנני ה' ונסיני צרפה כליותי ולבי (שם כו, ב), ואמר שלמה המלך ע"ה מצרף לכסף וכור לזהב ובוחן לבות ה' (משלי יז, ג) ואמרו חכמים ז"ל (ויק"ר יג, ג) לא נתנו המצות אלא לצרף את הבריות, וזהו בעצמו מה שאמרו בברכות (נה,) יודע היה בצלאל צרו"ף לצרף אותיות שבהם נבראו שמים וארץ:

Y conforme a lo que te he explicado en mis palabras, podrás comprender que no hay prueba sino mediante el refinamiento, como dijo el rey David, la paz sea con él: «Las palabras del Eterno son palabras puras, plata refinada» (Salmos 12, 7). Y dijo: «Examíname, oh Eterno, y pruébame; purifica mis riñones y mi corazón» (Salmos 26, 2). Y dijo el rey Salomón, la paz sea con él: «El crisol es para la plata y el horno para el oro, pero el señor prueba los corazones» (Proverbios 17, 3). Y dijeron los sabios, bendita sea su memoria (Vaikrá Rabbah 13, 3): «No fueron dadas las *mitzvot* sino para refinar a las criaturas».

Y esto es precisamente lo que dijeron en Berajoth (55a): «Betzalel sabía combinar las letras con las cuales fueron creados el Cielo y la Tierra».

ואחר כן כבר התבאר לך על פי העדים כלם שאמרנו צירוף האותיות, רצוננו לומר בזה בחינת האותיות וסוד צירו"ף, הבחינ"ה לשו"ן היחודי"ם, וכללם בסודם גולגל"ת גלגו"ל גלג"ל הנשמ"ה, מגלג"ל השמימ"ה מגלג"ל השנ"ה והבחינ"ה האמתית, לא יתכן לאדם לדעתה ולהשיג אל מעלתה אלא אחר מה שתשמע, והיא שאתה צריך תחלה לאמת בלבבך בכל דרך שתוכל לאמתו, שהאותיות הם סימנים ורמזים בדמות מדות ומשלים בעצמותם, ונמצאו להיותם כלים להורות בם דרך ההשגה לאדם, ואצלינו הם בדמות מיתרי הכנור, שבהוצאת קולו עם הבאת העץ אשר ביד על המיתירים, ובהשתנות ההבאה ממיתר אל מיתר ובצרוף ההברות אשר יולדו ממנו, תתעורר נפש האדם המבקש לשמוח אל השמחה והששון והתענוג, והתקבל מעדנה ורוב הנאת הנפש בזה, כי השמחה טבעית לכל אדם ואם לא יעוררהו אליה בציור המחשבה לא תתפעל הנפש לשמוח, ואם האדם עצב ועצל בעת התפעלות לבו אל תכלית קבלת השמחה, לא יקבלנה לעולם, כי העצבות והעצלות הנחקקים במחשבתו בדרך מן הדרכים, הם חזקים מאד, והם הפך השמחה, ואם ההפך קיים עומד או חזק, איך יתכן להמצא הפכו בפעל, אחר אשר כוחו בתכלית החלשה:

Y tras esto, ya te ha quedado claro, según todos los testimonios que hemos mencionado, el asunto de la combinación de las letras. Nuestra intención al hablar de esto es la consideración de las letras y el secreto de su *Tzeruf* (combinación), la consideración de los nombres únicos (*Lashon haIjudim*), y todo ello en el secreto de *Gulgolet Guilgul, Guilgal haNeshamah* (la reencarnación, la transmigración, la espiral del alma), procedente del *Guilgul HaShamaim* (la rotación de los cielos), desde el *Gilgul HaShanah* (el ciclo del año).

Y esta contemplación verdadera no le es posible al ser humano conocerla ni alcanzar su nivel sino después de haber entendido lo siguiente: debes, primero, afirmar en tu corazón, por todos los medios posibles, que las letras son signos y alusiones, con la forma de atributos y parábolas en su esencia misma. Y se encuentran como instrumentos para indicar el camino de la comprensión para el ser humano.

Para nosotros son como las cuerdas de la lira que, al hacer salir su sonido, con el movimiento del palo que se tiene en la mano sobre las cuerdas, y con el cambio del movimiento de cuerda en cuerda y con la combinación de las sílabas que de allí nacen, se despierta el alma del hombre que busca regocijarse hacia la alegría, el júbilo y el deleite, y recibe dulzura y abundancia de gozo en su alma.

Porque la alegría es algo natural en todo ser humano; pero si éste no se despierta hacia ella mediante una representación mental, el alma no se conmoverá para alegrarse. Y si la persona se encuentra triste y perezosa en el momento en que su corazón debería activarse hacia la recepción de la alegría, jamás la recibirá. Pues la tristeza y la pereza, cuando están grabadas en su pensamiento por algún medio, son fuerzas muy potentes, y son lo opuesto a la alegría.

Y si lo contrario está presente, se mantiene o resiste, ¿cómo podría manifestarse su opuesto en la realidad, si su fuerza está en el extremo de la debilidad?

ועל זה תראה רבים מן המתאבלים הנאנחים והנאנקים מפני שדבק לבם בציור האבל וחזקו, שאפילו יבואו כל בעלי מינים זמר, וינגנו וירקדו לפניהם, לא יסור מהם ציור היגון שכבר גבר מאד, כמו שקרה ליעקב אבינו ע"ה על ענין יוסף שנאמר ויקומו כל בניו וכל בנותיו לנחמו וימאן להתנחם (בראשית לז, לה), ואלו מדות חלוקות בנבראים, ולהם קצות שתים כמנהג הדברים כולם, ואמצעיות קרובות ורחוקות רבות, ולפי קרבתם וריחוקם יתעלו ויופחתו, כי הקרוב אל הטוב ייטיב, והקרוב אל הרע ירוע, כמו שנרמז בכיוצא בזה במאמר שלמה המלך ע"ה הולך את חכמים יחכם, ורועה כסילים ירוע (משלי ג, כ), ולפי דרכי זאת כבר תבין סוד כל המדות מאותן קצוות התעוררות הנזכר בשמחה ובהפכה, ובמה שביניהם מן הקרבה והריחוק, וכבר ידעת מאמר חכמינו ז"ל (שבת ל.) כמאמר אין הנבואה שורה לא מתוך עצבות ולא מתוך עצלות אלא מתוך שמחה, וכן אמר עוד (שבת צ"ב א) אין הנבואה שורה אלא על חכם גבור ועשיר, ואלה הם בלא ספק מדות ראויות להיותן קודמות לכל נביא אלא שהן מדרגות, ואמנם הפכיהם לגמרי הם מונעיהם:

Por esto verás a muchos de los que están de duelo, suspirando y gimiendo, porque su corazón está adherido a la imagen del duelo con tal fuerza que, aunque vengan todos los músicos y toquen y dancen ante ellos, no se apartará de ellos la imagen de la tristeza, que ya se ha impuesto con gran poder.

Así ocurrió con nuestro padre Jacob, la paz sea con él, respecto al asunto de José, como está dicho: «Se levantaron todos sus hijos y todas sus hijas para consolarlo, pero él rehusó ser consolado» (Génesis 37, 35).

Y éstas son cualidades diversas en los seres creados, y tienen dos extremos, como es la costumbre en todas las cosas, y múltiples intermedios más cercanos o más lejanos de ellos.

Y conforme a su cercanía o lejanía aumentarán o disminuirán: el que está más cerca del bien será mejor, y el que está más cerca del mal será peor, como fue insinuado en palabras del rey Salomón, la paz sea con él: «El que anda con sabios será sabio, y el compañero de necios sufrirá daño» (Proverbios 13, 20).

Y siguiendo este camino podrás entender el secreto de todas las cualidades entre estos extremos: la excitación de la alegría y su contrario, y todo lo que está entre ellos en cuanto a cercanía o lejanía.

Y ya sabes el dicho de nuestros sabios, bendita sea su memoria (Shabbat 30b): «No reposa la profecía ni en la tristeza ni en la pereza, sino en la alegría». Y también dijeron (Shabbat 92a): «La profecía no reposa sino en un sabio, valiente y rico». Y sin duda éstas son cualidades dignas de preceder en todo profeta, pero son grados, mientras que sus contrarios los impiden completamente.

ואמנם אומר (מכילתא בא) אין הנבואה שורה בחוצה לארץ, אלא א"כ שרתה תחלה בארץ, הוא מאמר אמתי, רק אין הדבר כפשוטו שהרי אברהם היה חוצה לארץ כשאמר ה' יתברך לך לך מארצך (בראשית יב, א), וזה היתה נבואה ראשונה לפי הוראת התורה, ולדעת הקבלה זה אחד מן הנסיונות, וכולן נאמרו לו בנבואה, ואם יאמר אומר הדורות משתנים פיו כמאה עדים, ואף אתה הקהה את שניו ואמור בעבור זה עשה ה' לי ולא לו (שמות יג, ה), שכמו נשתנה הדור אז ישתנה האדם, ואם יאמר לך הפרש בין לפני הבחירה בין לאחר הבחירה אמור לו אמת אך הבחירה הראשונה היה באדם והיא באברהם כמו שנאמר הוא ה' האלהים אשר בחרת באברם והוצאתו מאור כשדים ושמת שמו אברהם (נחמיה ט, ז), והבחירה השנית בארץ, וענין הארץ הוא היה הפנימי אשר השכינה שם שורה תמיד ועליו נאמר אשר ה' אלהיך דורש אותה תמיד עיני ה' אלהיך בה מראשית השנה ועד אחרית שנה (דברים יא, יב), ולפי דעת המאמינים כי זה בארץ ממש לבד לית דינא אצלו והותרה לו הרצועה הסחו הקשורה אחורי הפרגוד לעדות על השכינה שורה עליו והסתיר ה' פניו ממנו והיה לאכו'ל ואע"פ שמי שאינו בו היה לאכול שסודו באנ"ו כ"י ה' מדה כנגד אינו מהם ואמר הלא על כי אין אלהי בקרב"י (דברים לא, יז), וגם צריך שיכחיש שריית השכינה במצרים ובמדבר ואמרו והיו עיני ולבי שם כל הימים (מלכים א ט, ג) לעדות על שכינת השכינה בארץ הנזכרת אבל אמרם שתשרה שכינה בחוצה לארץ אחרי שכנה בארץ, ר"ל שכינתה במה שהוא כח אזי ציונו למשכנה לפי סוד מציאות השכינה:

Y en cuanto a lo que se dice (Mekhilta, *parashat* Bo) de que la profecía no reposa fuera de la tierra salvo que haya reposado primero en la tierra,[6] es ésta una afirmación verdadera.

Pero el asunto no debe entenderse literalmente, pues Abraham estaba fuera de la Tierra cuando el Eterno, bendito sea, le dijo: «Vete de tu tierra» (Génesis 12, 1), y ésta fue su primera profecía según lo indica la Torah.

Según la tradición recibida (cábala), ésta fue una de sus diez pruebas, y todas ellas fueron dichas a él por medio de la profecía.

Y si alguien dijera que las generaciones cambian, su boca sería como la de cien testigos. Entonces tú, deberías despejarle su argumento, diciéndole: «Por esto hizo el Eterno por mí y no por él» (Éxodo 13, 5); así como cambió la generación, así cambia el ser humano en cada época.

Y si te dice que hay diferencia entre antes de la elección y después de la elección, dile: «Cierto, pero la primera elección fue en un hombre, en Abraham, como está dicho en Nehemías 9, 7: "Tú eres el Eterno Dios que escogiste a Abram y lo sacaste de Ur de los caldeos, y le diste el nombre de Abraham"».

Y la segunda elección fue en la Tierra. Y el asunto de la Tierra era el interior en el cual la *Shekinah* reside siempre, sobre el cual está dicho: «La tierra que el Eterno tu Dios cuida; los ojos del Eterno tu Dios están siempre sobre ella desde el principio del año hasta el fin del año» (Deuteronomio 11, 12).

Pero según la opinión de aquellos qu creen que esto se refiere sólo a la tierra física, su juicio no tiene fundamento; a ellos les fue soltada la corre, como una señal de que la *Shekinah* se apartó de ellos. Pues cuando el Eterno oculta su rostro, el hombre se convierte en presa de los enemigos, y quien no tiene dentro de sí la presencia divina es devorado, pues su secreto está en *«Ein-O»* (אין־ו), «mano» de Dios. Y se dijo: «¿No será por cuanto no hay Dios en medio de mí?» (Deuteronomio 31, 17). También, quien diga que no hubo *Shekinah* en Egipto o en el

6. No se refiere al planeta, sino a la tierra de Israel.

desierto, debe negar lo que está dicho: «Y estarán mis ojos y mi corazón allí todos los días» (1 Reyes 9, 3), en testimonio de que la *Shekinah* reside en la tierra mencionada.

Sin embargo, cuando se dice que la *Shekinah* reposa fuera de la Tierra después de haber reposado en ella, el sentido es que su presencia se manifiesta allí en potencia; y por eso se nos ordenó hacerle una morada según el secreto de la existencia de la *Shekinah*.

וכדברי דעת סוד מאמר האומר (ספר יצירה פ"ו מ"ב) לב בנפש כמלך במלחמה, ולא אמר נפש בלב, וסוד באר"ץ בחמ"ר הל"ב שסוד"ו עליו"ן ותחתו"ן, והנה טו"ב ור"ע וסו"ד בחו"ץ לאר"ץ נפש"י, שהיא זוה"ר האו"ר ושמה תה"ו ובה"ו, ואחר שתשרה שכינה בפר"ט שסודו פרגו"ד שהוא גו"ף צדיק שתשרה בנפש שהיא חוצה לארץ, ומאלו הראיות המקובלות יש בידינו מהם בלי קץ, רק חכמת הטבע מעידה שהשכינה בכל מקום ושורה על הראוים ולא תשרה על מי שאינו ראוי, לא בארץ ולא בחוצה לארץ, בין לדעת הפשט בין לדעתינו שלא תשרה על מי שאינו ראוי, לא על לבו ולא על נפשו וזו מבואר:

Según las palabras del conocimiento del secreto está el dicho que afirma (*Sefer Yetzirah* 6, 2): «El corazón en el alma es como un rey en la guerra», y no dijo «el alma en el corazón».

Y el secreto es «en la Tierra», en la materia del corazón, cuyo secreto es lo superior y lo inferior. Y he aquí, el bien y el mal y el secreto están fuera de la Tierra de mi alma, que es el resplandor de la luz, y su nombre es *Tohu* y *Bohu*.

Y después que la *Shekinah* repose en el *Pargod*,[7] cuyo secreto es el cuerpo del justo, la *Shekinah* reposa en el alma que está fuera de la Tierra.

7. Un velo o cortina que separa el mundo físico del mundo espiritual.

Y de estos testimonios recibidos tenemos muchos sin fin, pero la sabiduría de la naturaleza atestigua que la *Shekinah* está en todo lugar y reposa sobre quienes son dignos, y no reposa sobre quien no es digno, ni en la Tierra ni fuera de la Tierra, tanto según la interpretación literal como según nuestra interpretación: no reposa ni sobre su corazón ni sobre su alma, y esto está claro.

ואמנם יש לבני אדם מדרגות רבות יש מהם בהכנה טבעית, יש מהם בהרגלות, והטבעית וההרגלות השלמות הם מכונות בהכנה קרובה מאד לקבל השפע הנבואי, וכל מה שהופסדו מהכח, הורחקו מהשפע, ומפני היותינו קרובים אחר הכנת לב טוב אל השפע הוא, ואותיות שהם חומר הדבור לאמצעיים בינינו ובין השפע כדי מחשבותינו אליו, רבים המה הנשפעים הנמצאים עם הנפש, היא ריאה על יד אמצעים כי ארמונה טיט ורפש:

Lo cierto es que entre los seres humanos hay muchos grados: hay quienes los alcanzan por disposición natural, y hay quienes los alcanzan por el hábito adquirido.

La disposición natural y el hábito perfeccionado son considerados como una preparación muy próxima para recibir el influjo profético.

Cuanto más se deteriora esa capacidad, más se aleja uno del influjo (שפע). Y debido a que, una vez purificado el corazón, nos aproximamos al influjo, las letras, que son la materia del habla, actúan como intermediarias entre nosotros y el influjo, para dirigir nuestras meditaciones hacia él. Así, son muchos los influjos que se encuentran con el alma mediante los intermediarios pues su palacio es de barro y lodo.

סימן ב
חלק ב סימן ב
חלק ב' קטן סימנו ה':

CAPÍTULO 5

Parte II, segundo apartado

מאחר שקבלת קבלת היות האותיות וידעת שנמצאו לנו כדמות: כלים שבם יעשה כל אומן ואומן מלאכה, ראוי שתדע מחכמינו ז"ל אמרו לנו דבר וקבלנוהו מהם והוא אומרם (פסחים נד.) אלפים שנה קדמה תורה לעולם והביאו ראיה מדברי שלמה ע"ה באמרו במשלי פסוק אחד והוא זה, ואהיה אצלו אמון ואהיה שעשועים (משלי ה, ל), יו"ם יו"ם משחקת לפניו בכל עת, ועוד אמרו לנו (ירושלמי שקלים פ"ו ה"א, סוטה פ"ה ה"ג) עד שלא נתנה היתה כתובה באש שחורה על גבי אש לבנה, וכבר נאמרו פירושים רבים על שני הדברים האלה, אבל מה שאומרו בו אני הוא ענין בפני עצמו, ואתה תראה דברי ודברי זולתי בם, ובחנם, ואשר יסבול שכלך מהם יותר, אותו תקבל, והשאר שמור כי הכל טו"ב, אבל יש בטוב קצוות רבות, ואתה תמשך מטוב לטוב שעליו העולם מתגלגל כחותם מעשה בראשית, וה"ו התחלת מעשה מרכבה וראשית כל תנועה, וה"ו הדי"ן להיותו סוף הגלגו"ל מו"מ, ואם תוכל גם אתה לחדש יותר טוב חדש והצלח

Dado que has aceptado la existencia de las letras y has comprendido que se encuentran entre nosotros como instrumentos con los que cada artesano realiza su labor, debes saber lo que nos dijeron nuestros sabios, bendita sea su memoria, y hemos recibido de ellos.

Ellos dijeron (Pesajim 54a): «Dos mil años antes de la creación del mundo existía la Torah». Y trajeron prueba de las palabras de Salomón, la paz sea con él, en un versículo de Proverbios, que dice: «Y yo estaba junto a él como un arquitecto, y era su deleite día tras día, jugando todo el tiempo en su presencia» (Proverbios 8, 30).

Y también dijeron (Yerushalmi Shekalim 6, 1; Sotah 5, 3): «Antes de ser entregada, estaba escrita con fuego negro sobre fuego blanco».

Se han dado muchas explicaciones sobre estas dos afirmaciones, pero lo que voy a decirte ahora es un asunto aparte.

Examina mis palabras y las de otros, sin prejuicio, y aquello que tu intelecto pueda aceptar mejor, acéptalo; y el resto consérvalo, porque todo es bueno.

Pero en el bien hay muchos grados, y tú debes avanzar de un bien a otro, pues en torno a ellos gira el mundo, cual sello que imprime la obra de la creación.

Y la combinación de las letras *He-Vav* es el principio de la Obra del Carro (*Merkavah*) y el principio de todo movimiento, y la combinación de las letras *He-Vav* es el juicio, siendo el fin del ciclo de mutación. Y si tú también puedes renovar algo mejor, renuévalo, y así prospera.

ואמנם מאמרי אני בענין אלפים שנה כפי מה שהורוני רעיוני הלב, לפי דרכי ידעתי סו"ד אלפי"ם שהם פמלי"א שלו אשר התור"ה אשר היא צל"ם ודמו"ת קדמה מציאותה לעולם שהנה שם פני האל תמיד והרמז מיעקב, שנאמר ויקרא יעקב שם המקום פני"אל כי ראיתי אלהים פנים אל פנים ותנצל נפש"י (בראשית לב, לא), וסודו נפשי הנאצלת שהיא הנצלת באמת, כי כל באמת סח הגוף זולתה הוא בכח מת ואם הוא חי בשתופה בפועל זמן אחר אין חפץ בו, שרצה פמליא של מעלה ופמליא של מטה הם אלפים ורבבות (של) שנאמר אלף אלפין ישמשוניה ורבו רבוין קדמוהי יקומון (דניאל ז, ח), ואמנם אלה שניהם אלף שהם אלפים, וכן אלפים פלאים, וכן כל פמליא בסוד נשימה לאף שהיא אימה לנפש, שלפי האומן הפליא שמן מלפני האש, וסוד אש אורה ומה שאעוררך אל מה שרמזתי לך הוא מספר הדבור שסודו שהוא נאצל, וענינו אל יה מנפש אלהים מהשם, ומשם פנה לאמש והוא שמאל והאש לפנים כמו שהיו לאש, ומשם נמצאו פנים לאשה, כי כל גוף מהם מלא נפישה, והנה סוד אלפים שנה עול"ם שלם, והוא דמות גלגל, כלומר מדות האין, שבם נשלם מעשה המלאכה ודעם, וסוד בכל עת ה"א אלפים שנה נכתבין על כתב בשני ההפכים כמות בחיים וע"כ נאמר ואהיה אצלו אמון (משלי ה, ל) כפול, והנה אצל אמון אצולה מא"ל וי"ה ושניהם שעשועים, מדת הדין שמה א"ל ומדת רחמים שמה וי"ה, והנה אליהו מוכיח גם חנו"ך שהוא מטטרו"ן והוא סוד בכל עת, וסוד הע"ת האור הנברא שהוא מנפ"ש שהוא משקל המציאות, וסוד שעשועים בשפה אחת, וכללם שש מאות ושלוש עשרה מצוות, גם מספר ר"ת שעשועי:

En cuanto a mi explicación sobre los «dos mil años», y según lo que me enseñaron las reflexiones de mi corazón, en mi camino comprendí el secreto de los *Alefim* (miles), que son su *Pamalia* (corte celestial).[1] Pues la Torah, que es *Tzelem* (imagen) y *Demut* (semejanza),[2] antecedió en su existencia al mundo. Allí está siempre el rostro de Dios, y la

1. La guematria de *Alefim* (אלפים) es la misma que la de *Pamalia* (פמליא), 161.

2. La guematria de *haTorah* (התורה) es la misma que la de *Tzelem veDemut* (צלם ודמות), o sea 616, que se compone de los mismos números que 161.

alusión viene de Jacob, como está dicho: «Y llamó Jacob el nombre de aquel lugar Peni-El, porque vi a Dios cara a cara y fue salvada mi *Nefesh*» (Génesis 32, 31).

Y su secreto es: *mi Nefesh* emanada, que es la que verdaderamente es salvada, porque todo lo que verdaderamente es del cuerpo, aparte de ella, está en potencia de muerte; y aunque esté vivo con ella en acción por un tiempo, no hay en ello deseo. Pues quiso la *Pamalia* de arriba y la *Pamalia* de abajo que fueran «miles y miríadas», como está dicho: «Mil millares le servían y miríadas de miríadas estaban de pie ante él» (Daniel 7, 10).

Y en efecto, esos dos mil son los *Alefim*, y también *Alefim* como maravillas (*Peleím*),[3] y toda hueste (*Pamalia*) está en el secreto del aliento hacia la nariz, que es el temor para el alma (*Nefesh*), según el artífice que hizo maravillas desde antes del fuego. Y el secreto del fuego es *luz*. Y lo que te despierto con lo que te he insinuado es el número del habla, cuyo secreto es que es emanado, y su asunto: *El-Iah* desde la *Nefesh* de Dios, desde el nombre. Y de allí giró hacia *Emesh* (la palabra compuesta de las tres letras madres), que es izquierda, y el fuego al frente, como si fuesen fuego. Y de allí surgieron los rostros hacia la mujer (*Ishah*), pues todo cuerpo de ellos está lleno de *Nefishah* (vitalidad).

Y he aquí el secreto de los *dos mil años*, que es un *Olam* completo, y es imagen de un ciclo (*galgal*), es decir, medidas del *Ain* (Nada), por las cuales se completa la obra de la labor y del conocimiento.

Y el secreto de «en todo tiempo» (*Bejol Et*) es que los *dos mil años* están escritos sobre la escritura en dos opuestos, como la muerte dentro de la vida. Y por ello está dicho: «Y yo era con él un arquitecto» (Proverbios 8, 30), dos veces. Y he aquí que con «arquitecto» (*Emun*) hay emanación (*Atzilah*) de *El* y de *Iah*, y ambos son *Sha'ashuim* (deleites). La medida del juicio se llama *El*, y la medida de la misericordia se llama *Iah*.

---

3. La guematria de *Peleim* (פלאים) es la misma que la de *Alefim* (אלפים) y la de *Pamalia* (פמליא), 161.

Y he aquí que Elias es testigo, así como Enoc, que es Metatrón, y ése es el secreto de «en todo tiempo». Y el secreto de *Et* (tiempo) es la luz creada, que proviene de la *Nefesh* (vitalidad), que es el peso de la existencia. Y el secreto de *sha'ashuim* (deleites) es en una sola lengua, y su conjunto: seiscientos trece mandamientos (*mitzvot*), también el valor numérico de las iniciales de *sha'ashuai* (mis deleites).[4]

וסוד מצות ממלכות כי מצוה וממלכה באה ממלוכה כוללת לחיותה מלאך האדם המשתעשע מהמלאכה שעשה, וסוד יו"ם יו"ם כופ"ו בשוה, וסוד משחקת לפניו, וכאלה רבות ודעם, ואמנם אומרם ז"ל (סנהדרין צז.) שיומו של הקב"ה אלף שנה, אין כונתם לומר לנו שיש לשם זמנים, ובאו להפליג זמן ארוך בקוצר, כי הזמן ימצא, ואיך יתכן שהשם יתברך תחת דבר שהוא בראו, ואפילו אם הייתי אומר שיומו של הקב"ה רבי רבבות אלפי רבואות שנה, היה זה דבר מורה שהוא חי תחת כל הזמן, רק הסוד הוא דרך שנאמר דבר צוה לאלף דור (תהלים קה, ה) שהוא לדורי דורים, וכן אומר עושה חסד לאלפים (שמות כ, ה) והגמול לאלף דור, שזה יורה על רבוי גלגול הזכות של המדה או חובתה:

El secreto de los mandamientos es *Maljut*, porque mandamiento y reino provienen de un mismo reino integral, destinado a la vida; y el ángel-hombre se deleita en la obra que realizó. El secreto de «día tras día» tiene el mismo valor que *Kaf Vav*.[5] Y el secreto está en que se trata de un juego delante de él, y así muchos otros misterios que debes conocer.

Respecto a lo que dijeron nuestros sabios, de bendita memoria, que el día de Dios equivale a mil años,[6] no se pretende afirmar que para el Eterno existan tiempos, sino que quieren dar a entender lo largo del tiempo mediante una forma breve, pues el tiempo existe [sólo para nosotros]. ¿Y cómo es posible decir que el Eterno, bendito sea, está

4. La guematria de *Shaashuai* (שעשועי) no es 613, sino 756.
5. O sea 26, la guematria del Tetragrama.
6. Véase Talmud, tratado de *Sanhedrín* (97a).

bajo algo que él mismo creó? Y aun si dijera que «el día del Santo, bendito sea, es decenas de millares de miles de millares de años», eso seguiría indicando que vive bajo todo ese tiempo.

Más bien, el secreto es como está dicho: «Estableció su palabra por mil generaciones» (Salmos 105, 8), que es por generaciones y generaciones. Asimismo, dice: «Que hace misericordia por millares» (Éxodo 20, 6), y recompensa hasta mil generaciones. Esto alude a la multiplicidad de ciclos de mérito de la medida, o también de su deuda.

וכבר נודע (סוטה יא.) שמדה טובה יתירה על מדת הפורענות אחת מת"ק וזה צבאו"ת, וכן אחת מאלף היא המתהפכת לקצים, שהמדה מתהפכת לשני מיני קצים, והם חמשיות ועשריות, וידוע שחצי העשריות הם החמשיות, והם חמשיות ועשר ספירות אמת הן חמש כנגד חמש מספר עשר אצבעות ומכריע כולם את כולם (ספר יצירה פ"א מ"ג), והנה אברהם זכר העשרות בענין סדום ועמורה, ואמר ימצאון חמשים צדיקים (בראשית יח, כה) והוריד חמשה למעט המדה, ועוד הוריד עשרות עד יו"ד כי אברהם הכיר סוד המדות, וסוד הספירות, וסוד השמות, מתוך מה שגלה לו השם בענין שם אשתו ושמו, כלומר הפוך שם משם לשם, כלומר והלא מעט כחו וזה להוסיף על כחו כח שלא היה בו כענין שוב שם שר"י שר"ה, ושוב שם אבר"ם אברה"ם, ואין זה כי אם הודעת הסוד בשתוף ובחלוק וצרפם ארבעתם ותכיר סודם:

Y ya es sabido (Sotah 11a) que la medida del bien sobrepasa a la medida del castigo en una parte de quinientos, y esto es *Tzevaot*. Asimismo, una de cada mil es la que se invierte hacia los límites, pues la medida se transforma en dos clases de límites: los de cinco y los de diez. Y es sabido que la mitad de los dieces son los cincos, y que son cincos y dieces, y las diez sefirot de verdad son cinco frente a cinco, como el número de los diez dedos, y todas se equilibran unas a otras *(Sefer Yetzirah* 1, 3).

Y he aquí que Abraham mencionó las decenas en el asunto de Sodoma y Gomorra, cuando dijo: «Quizás se hallen cincuenta justos» (Génesis 18, 25), y rebajó en cinco para disminuir la medida, y luego siguió rebajando en decenas hasta llegar a diez. Porque Abraham reconoció el secreto de las medidas, y el secreto de las sefirot, y el secreto de los nombres, a partir de lo que le reveló el Eterno respecto al nombre de su esposa y a su propio nombre.

Es decir: trasladar un nombre de un nombre hacia otro nombre, cambiándolo. Y no es que fuera poco su poder y se le añadió poder que antes no tenía, como en el asunto del cambio de Sarai a Sarah, y de Abram a Abraham. Y esto no es sino la manifestación del secreto por medio de la asociación y de la división, y al combinarlos a los cuatro reconocerás su misterio.

ותדע כי יש עשרה כמאמר האבה, ועל כן חלק י' לה'ה' להורות לו שעשר ספירות נחלקים ימין ושמאל, אלה מימינים לזכות, ואלה משמאילים לחובה, והשם חוזה בתו"ך, וזה בכחות, והוא חתום תמיד בשנוי הטבע כלומר בשם כ"ו פ"ו באמ"ש הסו"ך, שהוא מהפכו באש, וסודו ב"ן ב"ת יח"ד בנפשי פנה שרי, שהם עיני שרי, והנה משם התעורר אברהם למדות וידע (ב"ר מד, יב) כי אברם לא יוליד אבל אברהם יוליד מנה ד' השמות ותמצא סוד חצים חמשים, כפלם ויהיו מאה ואברהם בן מאת שנה בהולד לו(בראשית כא, ה), וכן אברהם בר מאה שנה הוליד, וסוד קו"ף חלקם ותמצאם מג"ן לך (בראשית טו, א), וזו היא מלת מגן צריך בידך, וכן השם בעשר ובחמש כאומרו ושמת עליהם שרי אלפים שרי מאות שרי חמשים ושרי עשרות (שמות יה, כא), א' היא אלף שהיא י' מאות, וק' היא מאה שהם י' עשרות, ונ' היא חמשים שהוא ה' עשרות, וי' היא עשרה שהיא עשרה אחדים, יהיה הסימן היוצא מהם א'ק'נ'י', והם אלפים בעצמם, וזה הוא סוד ז"ה מערכות מנה מאה אלף כפול ותמצא שד"י, ומנה עוד חמשים כפול תמצא שעשועי"ם, ומנה עוד עשרה כפול ותמצא ס"ה פ"ו הוא סוד קנ"א, וסוד העולם ס'ו'פ'ה' שנאמר ה' בסופה ובסערה דרכו (גהום א, ג), וכסופה מרכבותיו (ירמיה ב, יג) כ"ו ס"ה פ"ו ואכן אומר אלף שנה (תהלים צ, ד), סודם על הפוך יום ושנה, וסוד העולם ו' אלפים שנה, וזהו יומו של הקב"ה אלף שנה, כי יום יום סודו ו"ו ימים וזהו אומרם (סנהדרין צז.) שתא אלפי שני הוו עלמא, לא שיש לו ימים ולא שנים חס וחלילה מלהאמין זה:

Y debes saber que hay diez, como se dice de la extremidad (*Ever*), y por eso se dividió la *Iod* (י) hacia la *He* (ה), para indicar que las diez *sefirot* se dividen en derecha e izquierda: unas a la derecha para el mérito, y otras a la izquierda para la deuda.

Y el Eterno contempla en medio de la Torah, esto es en las fuerzas, y está sellado siempre en el cambio de la naturaleza, es decir, en el nombre de valor 26 (*IHVH*) y 86 (*Elohim*) en *Alef-Mem-Shin*, el final del secreto (*Sof haSod*), que se invierte en fuego (*Esh*).

Y su secreto es *Ben Bat Iehad beNafshi Panah Sarai*, que son «los ojos de Sarai». Y desde ahí despertó Abraham hacia las *midot* (cualidades), y supo (Bereshit Rabbah 44, 12) que Abram no engendraría, pero Abraham sí engendraría, a partir de los cuatro nombres.

Y encontrarás el secreto de las mitades: cincuenta por dos son cien, y «Abraham tenía cien años cuando le nació [su hijo]» (Génesis 21, 5). Así también: «Abraham de cien años engendró». Y el secreto de la *Kof* (ק)[7] es su división, y la hallarás en *Maguen Lejá* (Génesis 15, 1). Y ésta es la palabra *Maguen* (escudo), que es necesaria en tu mano.

Y así el nombre está en diez y en cinco, como dice: «Y pondrás sobre ellos jefes de mil, jefes de cien, jefes de cincuenta y jefes de diez» (Éxodo 18, 21). *Alef* (א) es mil, que son diez centenas; *Kof* (ק) es cien, que son diez decenas; *Nun* (נ) es cincuenta, que son cinco decenas; y *Iod* (י) es diez, que son diez unidades. El signo que resulta de ellos es אקני (*Aqni*), y éstos son los mismos *Alefim* (millares).[8]

Y éste es el secreto de «éstas son las órdenes»: cuenta cien mil multiplicado, y encontrarás *Shaddai* (שדי). Y cuenta otros cincuenta multiplicado, y encontrarás *sha'ashuim* (שעשועים, «deleites»).[9] Y cuenta otros diez multiplicado, y hallarás *Sofe-Pe-Vav*, que es el secreto de *Kena* (קנא).

Y el secreto del mundo es *Sofah* (סופה), como está dicho: «El Eterno en el torbellino y la tempestad es su camino» (Nahúm 1, 3). Y

7. Valor numérico 100.

8. Pues tienen la misma guematria, 161.

9. Guematria 796.

también: «Como un torbellino sus carros» (Jeremías 4, 13). *Kaf-Vav, Samej-He, Pe-Vav.*

Y ciertamente se dice «mil años» (Salmos 90, 4), y su secreto es el intercambio entre día y año. Y el secreto del mundo es seis mil años, y éste es «el día del Santo, bendito sea, [es] mil años», porque *Iom Iom* (día tras día) es el secreto de seis días (*Vav Iamim*).[10]

Y esto es lo que dijeron (Sanhedrín 97a): «Seis mil años tendrá el mundo». No porque él tenga días ni años. ¡Lejos esté de nosotros creer tal cosa!

אבל מדות העולם מתהפכות לקצים ידועים והם יורו על המועדים והזמנים והשנים והמחזורים והשמטים והיובלים, וזהו אשר נעלם סודו מחכמי המחקר, וע"כ לא השיגו סוד החדוש האמתי, וסלקו ההשגחה האלהית מהארץ, אמנם אומרו והיו לאותות (בראשית א, יד), הוא סוד האותיות, והיו אלף מועד מועדים וחצי ד"ת שעות י"ב כ"ד ו' הרי לך שם בן מ"ב ל"ה האותיות, ולמועדים מועדים כ"ח וחצ"י זמנם אלף, שהם י"ב עידן כ"ד ועדנין ופלג עידן, וימים ושנים גלגול המדות בם בכל עת:

Pero las medidas del mundo se invierten en puntos determinados, y éstos gobiernan las festividades, los tiempos señalados, los años, los ciclos, los *Shemitot* (años sabáticos) y los *Iovelim* (años de jubileo). Y éste es el secreto que ha permanecido oculto para los sabios del análisis racional *(Jokhmah haMejkar),* y por ello no alcanzaron el verdadero secreto de la renovación, y eliminaron la supervisión divina *(Hashgajah Elyonah)* de la Tierra.

Sin embargo, dice: «Y serán por señales» (Génesis 1, 14), ése es el secreto de las letras.

Y serán mil las festividades y medio de doce horas cada una –*Moed, Moadim veJetzí* («tiempo, tiempos y medio»)–, es decir, veinticuatro

10. La guematria de *Iom Iom* (יום יום) es 112, como la de *Vav Vav Iamim* (ואו ימים).

horas y seis, ahí tienes el nombre de 42 (*Shem ben Mem Beth*), que son 35 letras.

Y respecto a las festividades, *Moedim Moedim* (tiempos y tiempos), habrá 28 y *Jetzí* (su medio): su tiempo es mil, que son 12 eras *Idanim* (eras, edades), 24 *Idanim* y medio *Idan* (era). Y los días y los años son la rotación de las medidas en todo momento.

ואמנם ענין היות התורה כתובה באש שחורה על גבי אש לבנה זהו במציאות, ובאדם אש על גבי אש, צורה על גבי צורה, שכך הם צורת המרכבה, וכך הם בשני היצרים, שחורה חשך לבנה יום, מדת יום מדת לילה, רוח לב השנה, לב רוח השנה, וכל זה הכנה בעלמא לקבל הדבור:

Y, en verdad, el asunto de que la Torah esté escrita con fuego negro sobre fuego blanco, eso es en la existencia. Y en el ser humano, fuego sobre fuego, forma sobre forma. Así es la forma del Carro, y así ocurre con los dos impulsos: negra oscuridad y blanco día, medida del día y medida de la noche, espíritu sobre corazón del año, corazón sobre espíritu del año. Y todo esto es sólo una preparación para recibir la palabra.[11]

ואמנם סוד קבלת הדבור האלוהי הוא ענין משותף בין מדת הדין ומדת רחמים, שהדבור ההוא כדמות ל"ב ל"ו גם הוא בקולמוס ואומר הלא הוא כמוס עמדי (דברים לב, לד), שעניני קול כמוס וסמך ועי"ן לעדים על זה, וסוד קול סמך עי"ן ו"ו:
והנה מעידך על סוד קבלתו, אחד שהתבאר לך שכל האותיות הנכתבות בספר הביאור, כלים ראשונים חצבם להשגת השכל, והם במדות מיתירים הרי שהם כלים ראשונים חיצונים להתעוררות הנפש אל השמחה, והקול המשותף עם הרוח היוצא מן הפה עם הדבור הוא בדמות הניגונים שהם המושיעים קולם ברוב שנוי:

11. O «la cosa».

El secreto de la recepción de la palabra divina es un asunto compartido entre la medida del juicio y la medida de la misericordia, pues esa palabra es como una forma de treinta y dos, treinta y seis, también en el cálamo. Y se dice: «¿No está esto guardado junto a mí?» (Deuteronomio 32, 34), porque los asuntos de la voz están guardados y ocultos. *Samej* y *Ayin* como testigos de esto. Y el secreto de la voz es *Samej*, *Ayin*, *Vav*.[12]

He aquí que soy testigo tuyo, de que ya se te ha aclarado que todas las letras que se escriben en el Libro de la Explicación (ספר הביאור) son los primeros instrumentos que él talló para alcanzar la comprensión. Y en las medidas que permiten, son instrumentos externos primarios para el despertar del alma hacia la alegría. Y la voz, compartida con el aliento que sale de la boca junto con la palabra, tiene la forma de una melodía, que hacen resonar su voz con mucha variación.

ובתנועות מתהפכות עולות ויורדות ונוטות ומתגברות ומחממות כלי השמע לקבל ולצייר דמיונות הקול עד שיבחן הלב ויהנה ויחשק לשמוע ותתפעל הנפשיי ותשמח ותחשק ותתגבר שמחתה, כן בדמות זה הדבר בעצמו הוא הדבור הפועל קול ורוח ודבור בהאזנים, והאזנים מוליכין מה ששמעו אל הלב וכשהלב מכין עצמו להבין הדבור הבא אליו לא על ידי האזנים, הנה הנפש פותחת לו אזנים ומתגברות אזני הלב, ונפתחות מקורות הצינורות ומזדכך הדם והנפש מעיונת בדם החיצוני שבלב שצבעו הראשון בדמות צבע האש הראשון, שהוא צבע תכלת בדמות דם חלזון אשר בים (סוטה יז, א) שתכלת דומה לים וים דומה לרקיע ורקיע דומה לכסא הכבוד, והנה דם חלזון שהוא מן המי"ם הים, למ"ד חזון והוא חמרן גדול מי"ה, וממנו נולדו הנולדים הכלליים וסודו תכל"ת ב"ר כ"ת כ"ו ק"ל ל"ת פ"ו, ברכת ה' היא תעשיר (משלי י, כב), קללת אלהים תלוי (דברים כא, כג), והנו שמוש בשמוש משוש במשוש בסוד זכר ונקבה, ציור שם בציור שם, כי סוד שם הוא א'מ'ש' א'ש'מ' והוא מעשה מרכבה:

12. O sea 136, la guematria de *Kol*, «voz».

Y en los movimientos que se transforman, que ascienden y descienden, que se inclinan, que se intensifican y calientan el órgano de la audición para recibir y formar imágenes del sonido, hasta que el corazón lo discierne, se deleita, y desea oír, y el alma se conmueve, se alegra, desea, y su alegría se intensifica, así, de forma semejante, es exactamente la palabra: produce voz, aliento y discurso en los oídos. Y los oídos conducen cuanto oyen al corazón. Y cuando el corazón se prepara para comprender la palabra que llega a él, ya no por medio de los oídos, entonces el alma le abre los oídos, y se intensifica la escucha del corazón, se abren las fuentes de los conductos y se purifica la sangre, y el alma se concentra en la sangre exterior del corazón, cuya coloración original es semejante al color del primer fuego, que es color azul celeste (*Tejelet*), como la sangre del *Jalazón* que yace en el mar (Sotah 17a). *Tejelet* se asemeja al mar, el mar se asemeja al firmamento y el firmamento se asemeja al Trono de Gloria.

Y he aquí que la sangre del *Jalazón*, que es del *Maim* del mar, es *Lamed* de *Jazon* (visión), y es una materia grande de *Iah*. Y de él nacen lo seres en general. Y su secreto está formado por las letras:

תכלת
ברכת
כ"ת
כ"ו
קל
לת
פו

Tejelet, Berajoth, Keter, YHVH, Kel, Letet, Peh Vav.

«La bendición del Eterno es la que enriquece» (Proverbios 10, 22); «la maldición de Dios está pendiente» (Deuteronomio 21, 23).

Y he aquí: uso en el uso, gozo en el gozo, en el secreto de varón y hembra, imagen de nombre en imagen de nombre, pues el secreto del Eterno es *Alef-Mem-Shin*, *Esh-Maim*, y esto es el *Maasé Merkavah* (la Obra del Carro).

והענין שם האיש כשם האש, וזו היא הרכבת מה שנאמר במה שכתבתי שהתורה היתה כתובה באש שחורה על גבי אש לבנה, אש באש, וכן נודע בלא ספק שהדבור האלוהי בא באמצעות האש, שנאמר ודבריו שמעת מתוך האש (דברים ד, לו), ונאמר כשמעכם את הקול מתוך החשך (דברים ה, יט):

והנה הדבור והקול מתוך האש אשר הוא האש היסודי שהוא חשך, כי האש ההיא בלתי מאירה והיא אספקלריא שאינה מאירה, והיא הכח הגבורה כח יצחק ומדתו פחד, תחשוב סוד ופח"ד יצח"ק תמצא הא"ש (בראשית לא, מב), כגבריא"ל והנה האש והעצים (בראשית כב, ז), והנה צבעה תכלת ומורכבה ומתעלה כמראה ב"ת הנפש המעיינת ושם רואה בעין השכל, מה שרואה פירוש במראה הנבואה, כי הנפש מעיינת וחוקקת המורגל בפיה ובאזניה ובלבה, בכח הדמיון המשותף עם השכל וההרגל, ומתוך היות חקיקתה חזקה נשמרת ונזכרת בדמיון עם כח שפע השכל, וכאשר תסתכל הנפש בצבע האש ורואה אותו בדמות תכלת שהוא דמות כסא הכבו"ד והוא טבע הלב, הנה השכל מצטייר בתוך הצבע ההוא הזך הנקי מכל מראה, כי אמרנו עליו שהוא צבע אינו אלא דמות צבע לא צבע ממש, וזהו אומרו כתובים באצבע אלהי"ם (שמות לא, יה), שסודו בצבע וטב"ע, והבין מה בין צבע וטבע, הנמצא שסוד צב"ע הוא טב"ע:

Y el asunto es que el nombre del hombre es como el nombre del fuego. Ésta es la combinación de lo que dije al escribir que la Torah estaba escrita con fuego negro sobre fuego blanco: fuego dentro de fuego. Y también se sabe sin duda que la palabra divina viene por medio del fuego, como está dicho: «Y sus palabras escuchaste desde dentro del fuego» (Deuteronomio 4, 36). Y también: «Cuando escuchasteis la voz desde la oscuridad» (Deuteronomio 5, 19).

Y he aquí que la palabra y la voz [provienen] desde dentro del fuego, que es el fuego elemental, que es oscuridad. Porque ese fuego no ilumina, y es una *aspaklaria* (espejo) que no brilla; y es la fuerza de *Guevurah*, la fuerza de Isaac, y su medida es el temor. Piensa en el secreto de «ufajad Itzjak» (Génesis 31, 42): hallarás «el fuego» (*haEsh*), como en *Gabriel.*

Y he aquí el fuego y la leña (Génesis 22, 7). Y he aquí que su color es *Tejelet* (azul celeste), y está compuesto y se eleva como la visión de la hija del alma que contempla; y allí ve con el ojo del intelecto lo que ve en la visión profética. Pues el alma contempla y graba lo que acostumbra por su boca, por sus oídos y por su corazón, con la fuerza de la imaginación unida al intelecto y a la costumbre.

Y como su grabado es fuerte, se conserva y se recuerda en la imaginación con la fuerza del influjo del intelecto. Y cuando el alma contempla el color del fuego y lo ve como *Tejelet*, que es la forma del trono de gloria y es la naturaleza del corazón, entonces el intelecto se representa dentro de ese color puro, limpio de toda imagen, porque dijimos sobre él que es un color que no es color realmente, sino una forma de color, no color propiamente dicho.

Y esto es lo que está dicho: «Escritos con el dedo de Dios» (Éxodo 31, 18), cuyo secreto es en el color y la naturaleza (*Tzeva* y *Teva*). Y comprende la diferencia entre *color* y *naturaleza*, que se encuentra en que el secreto de *Tzeva* es *Teva*.[13]

וזהו סוד בעצב תלדי בנים (בראשית ג, טז), כי עד שיהיה הטבע
מורכב מזכר ונקבה לא יתכן להוליד וע"כ בא טבע כפול אחד לזכר,
והנה נודע כי הצבע הוא הנראה בקשת הנולד מהשמש באמצעות
העין המימיי שנאמר את קשתי נתתי בענן והיתה לאות ברית ביני
ובין הארץ (בראשית ט, יג), ועוד כתיב לזכר ברית עולם בין אלהים
ובין נפש כל חיה (בראשית ט טז), והנה אלהי"ם סודו הוא הטב"ע
ועל כן זכר נפש מדברת לבד ואע"פ שנאמר ויהי האדם לנפש חיה
(בראשית ב' ז), והנה אמרו חכמינו ז"ל (ב"ר ז, ה) כי מה שאמרה
תורה תוציא הארץ נפש חיה למינה (בראשית א, כד) זו נפשו של
אדם הראשון, ותרגום לנפש חיה לרוח ממללא כל נפש מדברת,
וכבר כל זה אינה שוה כי האדם חי ומדבר נגבר:

13. La guematria de *Tzeva* (צבע) es 162, es decir, el doble que la de *Teva* (טבע), 81.

Éste es el secreto de «con dolor parirás hijos» (Génesis 3, 16), hasta que la naturaleza no esté compuesta de masculino y femenino, no es posible engendrar. Y por ello la naturaleza vino doble: una para el varón.

He aquí que es sabido que el *color* es lo que aparece en el arcoíris, que nace del Sol mediante el ojo acuoso, como está dicho: «Mi arco he puesto en la nube, y será por señal del pacto entre mí y la Tierra» (Génesis 9, 13), y aún está escrito: «Como recuerdo del pacto eterno entre Dios y toda alma viviente» (Génesis 9, 16).

Y el secreto de *Elohim* es la *Teva* (la naturaleza),[14] y por eso se menciona el alma parlante solamente. Y aunque está dicho: «Y fue el hombre un alma viviente» (Génesis 2, 7), nuestros sabios, de bendita memoria, dijeron (Bereshit Rabbah 7, 5) que lo que dice la Torah de «produzca la tierra alma viviente según su especie» (Génesis 1, 24) se refiere al alma del primer hombre. Y la traducción de «alma viviente» es «espíritu que habla», toda alma parlante. Y todo esto no es equivalente, porque el hombre vive, habla y es superior.

וכבר אמרתי לך כי כל הדבור הפנימי אינו כי אם ציור לבד, והוא הציור המשותף בין השכל והדמיון, וא"כ בשר נפש רואה הצורות שהם למטה ממנה, הנה היא מיד רואה עצמו מצויירת בתוכם, ועוד מעינות אחרות במשפיעה באמצעות שפעה הסכלית עד שמשגת המשפיע בה במציאותו לא בעצמותיה, וכל זה לא תגיע הנפש אליו אלא עד שתשלם, ולא תשלם בשום פנים כי אם באמצעות האותיות הנרמזות, וענין האותיות הוא שהם צריכין לתנועה חזקה שיתגלגלו פנים ואחור במהירות במקום מבטם, ר"ל שימהרם המצרפם בפיהו כדי להרגיל להוציא מחשבת הלב לפעל השגה מהשגותיו, ותהיה האוזן שומעת ובוחנת מה שיוציא מן הפה, כמו שנאמר כי אזן מלין תבחן וחיך יטעם אוכל (איוב לד, ג), כלומר כמו שדרך החיך לבחון טעם הדבר אם הוא מר או מתוק או חמיץ או עפיץ או מלוח או תפל, כן דרך האוזן לבחון טעם הדבר אם הוא דבור טוב או רע, או אם בו ברכה או קללה, או מות או חיים:

---

14. La guematria de *haTeva* (טבע) es la misma que la de *Elohim* (אלהים), 86.

Ya te he dicho que toda palabra interior no es sino imagen solamente, y es la imagen compartida entre el intelecto y la imaginación. Y así, la carne del alma ve las formas que están por debajo de ella, y enseguida se ve a sí misma representada dentro de ellas. Y también hay otras fuentes en lo que influye, mediante su influjo intelectual, hasta que alcanza al que influye en ella en su existencia, no en su esencia.

Todo esto no lo alcanza el alma sino cuando se perfecciona. Y no se perfecciona de ningún modo sino por medio de las letras insinuadas. Y el asunto de las letras es que necesitan de un movimiento fuerte, que giren hacia delante y hacia atrás con rapidez en el lugar de su emisión; es decir, que quien las forma en su boca las acelere, para acostumbrarse a sacar el pensamiento del corazón a la acción del entendimiento en sus percepciones. Y que el oído escuche y discierna lo que sale de la boca, como está dicho: «Porque el oído examina las palabras, y el paladar gusta los alimentos» (Job 34, 3). Es decir, así como el paladar distingue el sabor de una cosa, si es amarga o dulce, agria, áspera, salada o sosa, así también el oído distingue el sabor de la palabra: si es buena o mala, si hay en ella bendición o maldición, muerte o vida.

ואלה הם ששת דרכי הדבור הנופלים על הענינים שכך היא העידה התורה הקדושה עליהם בתחלתה ובסופה, שבתחלתה נאמר שיש במציאות הדבור גן והוא הגן אשר בו הוא שם האדם להתעדן בעדנו, שהוא הדבור המושכל המצויר הנשפע מאצילות קדמונו של עולם מקדם שנאמר מעולם נסכתי מראש מקדמי ארץ (משלי ה, כג), ונאמר ה' קנני ראשית דרכו קדם מפעליו מאז (שם ה, כב), כי התורה הכלולה מכ"ב אותיות קדמה לעולם יו"ם יום, וסודה בזה ופירוש יום הם י"א אותיות שורשים גם יו"ם עוד הם י"א אותיות שורשים ושמשים הידועים, והרמז בם אומרו והחכמה מאין תמצא (איוב כה, לב), ואין זה מקום בינה מן אי"ן תמצא, ואין הוא מקום בינה, והנה שניהם מגולים החכמה והבינה, והנה המספר מן א' עד י' הוא הכל חבר אליו י"א, ותמצא א'להי'ך, וכן גם כן עוד י"א עם הכל וסודם גבוה ועליון והנה גלג"ל גלג"ל שסודם גלג"ל אלהי"ך, גלגל עוז והוא גן זה גנזו, זו מגלגל זו, ס"ו ס"ו, וזה הגן הוא גופני ורוחני,

הגופני הוא המ"ח ושעריו ז' וסודו ליח"ה, חמה אשר בה יגדלו כח
החכמה וכח הבינה, והפועל בה תחלה לתת בה זהר ואור וכח לקבל
דרכי הדבור הוא כוכב החמ"ה באמצעות חם החמה שהוא סופר
לחמה, והוא כוכב השכל והוא כללי ופרטי כשמי בסוד שם אדם, ובו
נברא העולם שהוא משמש תחלת ליל אחד במוצאי שבת במוצאי
שבתאי למלוך בשמי צבאו"ת בשטר שם, בדם הקשת, כלומר
בשרש הדם שהוא קשת הגאולה, והוא שרש הדלה, וסודו חומר
ראשון בדם, והוא שבתאי עם דלי שדי בתלי, והם ספירות כלומר
מחשבו"ת בשמחו"ת משבחות, י' שמות שהם שם עדים על ו' שהיא
מלכות במזרח, וסוד כ"ו כוכ"ב כפול כ"ו כ"ב בשם והאותיות והוא
הרוחני הפועל המניע, והנה בג"ן ב' עצי"ם סודם צבעי"ם שבם שוכן
זוהר האו"ר ושמן זכור, והנם בדמות תכלת שהוא מקבל זהרורית
כמראה וראשיתם כל יסוד לבן שהוא מקבל כל צבע ונקרא צל
הלבנה והוא נצבע והוא מטבע האלהים, טבע צבעים ושמ"ו צבען
גם הוא מכין הלבנה לקבל כל דבורי, בכל צלם כלומר בכל נקוד, כי
הנקוד הוא הצלם, והאור הלח, הוא הדמות, והוא בשפע הנשפך
בע"ט שהוא כדמות הדעה, ומה ע"ט החיצוני המתנועע בכח היד
וכל הכחות הקרובים והרחוקים להעד הלב והמוח והנפש והשכל
והחושק לכתיבה, והיות העט מטבל בקחת הנושא חמר הדיו ונושא
ציור צורת האותיות ומכל כיוצא בזה והדומה, תתעורר נפשך אם
עשו בה עץ החיים ועץ הדעת ופירות שכליות וספירות אלוהיות,
עד שתבין ענין המציאות העליון והתחתון הנכללים בך, ולא תצטרך
אז בזה להטריח עצמך לבקש ספרים או חברים או רבנים ללמדך
מה שיחסר לך מן החכמה, כי רבך הוא לבך, ואלהיך הוא בקרבך,
ושאלהו בכל הענינים, והוא יענה לך בכל ענין וענין כראוי אהבת
חשק שחק יצאה מהשם, מיראתו תעשה עלי ולפיך הסיעהו,
וסיבבתו חבתך גלגלי:

Éstos son los seis caminos de la palabra que recaen sobre los asuntos, tal como atestiguó sobre ellos la sagrada Torah en su principio y en su final. Pues en su principio fue dicho que en la existencia de la palabra hay un jardín, y se trata del jardín en el cual fue puesto el hombre para deleitarse en su deleite: ésta es la palabra inteligible, figurada, que fluye de la emanación de Aquel que es anterior al mundo desde antiguo, como está dicho: «Desde la eternidad fui ungida, desde el principio, antes de la Tierra» (Proverbios 8, 23). Y está dicho: «El Eterno me poseyó al inicio de su camino, antes de sus obras de antaño» (Proverbios 8, 22). Porque la Torah, que está compuesta de veintidós letras, precedió al mundo «día tras día».

Y su secreto en esto es que la interpretación de *Iom* (día) son once letras radicales, y *Iom* de nuevo son once letras radicales y de servicio conocidas. Y la alusión en ellas está en lo dicho: «¿De dónde se hallará la sabiduría?» (Job 28, 12). Y no se trata de un lugar físico, sino de un estado o nivel donde se revelan la sabiduría y el entendimiento. Y he aquí que, desde el *Alef* hasta el *Iod*, todas suman 11, y de esta combinación surge *Alef-Lamed-He-Iod-Kaf,* y nuevamente se vuelve al 11 con el todo, y su secreto es elevado y superior.

Y he aquí *galgal galgal* (círculo dentro del círculo), cuyo secreto es *galgal Eloheija* (rueda de fuerza). Este círculo se manifiesta en el jardín y este jardín es corporal y espiritual. Lo corporal corresponde a *Moaj* (cerebro), cuyas puertas son siete y cuyo secreto es *Leiajah* (a tu lado), que se asocia al Sol en el cual crecen la fuerza de la sabiduría y la fuerza del entendimiento. Y lo que actúa en él primero para darle resplandor, luz y potencia, para recibir los caminos de la palabra, es el planeta del Sol, mediante el calor del Sol, porque es el planeta del intelecto, y es general y particular como los Cielos en el secreto del nombre del hombre. Y con él fue creado el mundo, que sirve en el comienzo de la primera noche al salir del sábado, al salir de Saturno para reinar en los cielos de *Tzevaot* en el decreto del Eterno, en la sangre del arco, es decir, en la raíz de la sangre, que es el arco de la redención, y ésta es la raíz del signo de Acuario.

Y su secreto es la materia primera en la sangre, y éste es Saturno con Acuario, *Shaddai* en *Teli*, y ellos son sefirot, es decir, pensamientos en alegrías, alabanzas; diez nombres que son testimonio sobre la *Vav*, que es *Maljut*, en oriente, y el secreto de veintiséis estrellas multiplicadas, veintiséis (כו) en el nombre y las letras, y éste es el espíritu activo que mueve, el motor.

En el jardín hay dos árboles, cuyo secreto son los colores, en los cuales mora el resplandor de la luz y el aceite del recuerdo, y se encuentran en la figura de *Tejelet*, que recibe destellos como apariencia, y su principio es todo fundamento blanco, que recibe todo color y es llamado sombra de la Luna, y ella se colorea y es de la naturaleza de Dios, naturaleza de colores, y su nombre colorea también, prepara a la Luna para recibir toda palabra, en toda imagen, es decir, en todo punto, pues el punto es la imagen, y la luz húmeda es la figura, y es en la efusión que fluye en el cálamo, que es como la figura de la conciencia.

Y como el cálamo exterior que se mueve por la fuerza de la mano y todas las potencias cercanas y lejanas hacia el testimonio del corazón y del cerebro y del alma y del intelecto y del deseo de escribir, y como el cálamo se moja al tomar la materia de la tinta y traza la figura de las letras, y de todas estas cosas semejantes, se despertará tu alma si ha crecido en ella el Árbol de la Vida y el Árbol del Conocimiento y los frutos intelectuales y las sefirot divinas, hasta que comprendas el asunto de la existencia superior e inferior que están dentro de ti.

Entonces no necesitarás esforzarte en buscar libros o compañeros o maestros que te enseñen lo que te falta de sabiduría, porque tu maestro es tu corazón y tu Dios está dentro de ti. Pregúntale en todos los asuntos y él te responderá siempre como es debido: el amor, el deseo, la alegría salen del Eterno; de su temor hazlo por encima de ti, y ante ti condúcelo, y en torno a ti circulará tu afecto, oh ruedas mías.

סימן ג
חלק ב סימן ג
חלק ג' קטן שסימנו ו:'

CAPÍTULO 6

Parte II, tercer apartado

אל תפלא אם מתחיל ענין אחר ואני מדבר בו קצתו, נראה לך מה שאגלה לך כל מה שיש תחתיו ובשעת חשקך בו אני מדלג לדבר אחר זולתו קרוב לענינו, אך רחוק בתכלית הרוחק, כי שבע החכמה, כן חייב להיות האדם צופה בה בדמות רצוא ושוב (יחזקאל א, יד), כי רוב החשק כמו שהוא מחיה, כן הוא ממית בדמות רוב הדבש ורוב היין, כי הבינתו מועיל ומפרנס ומרוה הרעב והצמא עד שמישב כח החשקו גבור וחזקו וגבורתו ומתיש כחו הרב ומשיבו אחר שרץ אל הכח, המיושב לכח אשר היה עומד בו טרם רוצו, ועוד מניעו ומכלכלו ומושכו ומניחו ומושיבו מן הפועל, אל הכח כמו שהוא בתחלתו היה בכח ומציאות לפועל, וזהו סוד גלגולו וסבובו ומחזורי של כל המציאות הנגלה והנסתר, והוא התגלגלות וחוזרת כל נמצא חללה תמיד מכח לפועל ומפעל לכח, בזה הצורה כתוב בספר ממנו תמיד מופעל לכח, לכח ארבעה ארבעה וארבעה חמשה הוא ארבעה ארבעה, ואמנם ק בלי ציור, ואין ציור כי אם לדבר מצייר משיג בהכריח, וכל חי מצייר וכל מצייר חי, וא"כ שני היצרים חמשה הוא הוא סבוב ארבעה, ההוא שמחה כי אדם אצל עצמו, ואמנם כלי חמשה שהם כלי שמחה, אשר התחלתם שנים הם סוד החשק, כי סבוב החושק הוא המניע כל המתנועע הראשון בעצם, ואין חש שהם מציירים הם חיים, והם כשני אחים תאומים, כדמות האותיות והנקוד אחים תאומים, כדמות האותיות והנקוד היוצאים מהפה יחד אחד באחד ידובקו יתלכדו ולא יתפרדו, אלא שהם מרקדים חללה והם בן ובת, זכר ונקבה מרקדים סביב לא ילאו חמש מדות בזה זה בזה, הזכר מימין ונקבה משמאל, והעולם נידון במדת זכרות, הנקבה מימין והזכר משמאל העולם נדון במדות נקבות, ומפי

שהשמאל הכנת מפי הגבורה הוא מדת היראה, והפחד מדת זמן, מדת הפחד פח בדמות והיא מדת הדין, נחלקת לב' קצוות ראשונות וביניהם אמצעיות הרבה ונוטות לכאן ולכאן, שם המדה הימנית חסד נולד מן הבינה, כלומר מן הבלבול בסבוב גלגול מלב, ושם המדה שמאלית פחד מן הלבנה ופעולתה במים והוא הרכות שבלב, ושם (המדבר) [המדה] השמאלית כי כל מי שהוא רך הלבב הוא רוחנ"י, גם תולדתו מו"ח וזה שם ע"ב תמצא ח"ם ול"ח בגמטריא פח"ד, והוא לחלוח לבנ"ה וענינו מ"ח מ"ד במא"ד מא"ד, הדם הלח מדה לחה מים שהיא לבה מכהו וסודה הדם והלב גדול וגדול מביניהם המגוס זהו פחד, גדול לגוי והטובה ליהודי, שהנה יו"ד מזכה, כי הלבנה בלב החמה, ועל כן ההוד מזכה גם הסוד עליהם הוא אשר הוא הכהן, והנה נודע כי השכלים הם ראשית המציאות במים שהם לב האיברים, וכבר נבדלו הם בהם להיות האדם לזאת מהם או מקבל חכמה באמצעותם אשר חייב מזכה וכל אשר זכה וא"כ הנה מדת כאחת מתגלגלת וכן דרך נלמדה ומדה, חבר ב' הנה חס"ד ופח"ד, תמצא ח"ד סו"ף ח"ד ז"ה סו"ף ז"ה והוא סוף הזזה:

Y no te asombres si comienzo otro asunto y hablo de él sólo en parte, ni te parezca que paso a otro tema distinto: te revelo todo lo que hay oculto y, justo en el momento de tu deseo por ello, salto a otro asunto diferente, cercano en contenido pero lejano en extremo por su espíritu. Porque siete son las sabidurías, y así debe el ser humano contemplarlas como en la visión de *Ratzoh Vashov* («ir y venir») (Ezequiel 1, 14), pues así como el deseo en exceso da vida, también mata, como el exceso de miel o de vino.

Porque el entendimiento nutre, alimenta y sacia al hambriento y sediento, hasta que asienta la fuerza de su deseo, su vigor y su potencia. Pero luego debilita su gran fuerza y lo devuelve, tras haber corrido hacia el poder, al estado anterior en el que se encontraba antes de lanzarse. Y aún lo mueve, sostiene, atrae y hace reposar, pasando de la acción a la potencia como al principio, existiendo en potencia antes de pasar a acto. Éste es el secreto del ciclo, la rotación y el giro de toda la existencia manifiesta y oculta, es el girar constante y retornar de todo lo existente en el espacio, siempre de potencia a acto y de acto a potencia.

En esto, la forma está escrita en el libro, de manera que de la acción pasa siempre a la potencia, manifestándose en cuatro y cinco: cuatro elementos, cuatro veces y cinco en la combinación final. Eso es alegría,[1] porque el hombre está junto a sí mismo. Los utensilios de cinco son los utensilios de la alegría, y su comienzo son dos, que son el secreto del deseo, porque el giro del deseante es el que mueve todo lo que primero se mueve esencialmente. No hay deseo sin imagen, ni imagen sin un objeto que se imagine necesariamente. Todo ser vivo imagina, y todo ser que imagina está vivo. Así, los dos impulsos, los que imaginan y los vivos, son como dos hermanos gemelos, como las letras y los puntos vocálicos, hermanos gemelos que salen juntos de la boca, unidos, enlazados, sin separarse.

Ellos danzan en el espacio como varón y hembra, masculino y femenino, danzando en círculo sin cansarse en cinco medidas, cada uno en el otro. El varón a la derecha y la hembra a la izquierda, y el mundo es juzgado con medida de masculinidad. La hembra a la derecha y el varón a la izquierda, y el mundo es juzgado con medida de feminidad. La izquierda, que es preparación desde la valentía, es la medida del temor, y el temor es medida del tiempo; la medida del temor *(Pajad),* el pánico, es en forma de trampa, y es la medida del juicio.

Se divide en dos extremos principales y entre ellos muchos grados intermedios que se inclinan a un lado y al otro. La medida de la derecha es la misericordia, nacida de la inteligencia, es decir, de la confusión en el giro del ciclo del corazón. La medida de la izquierda es el temor, de la Luna, y su acción en las aguas, que es la blandura del corazón.

La medida de la izquierda, porque todo aquel que es blando de corazón es espiritual, y su origen también es húmedo, y allí encontra-

1. La guematria de *Jamishah* (חמשה), «cinco», es la misma que la de *Simjah* (שמחה), «alegría», 353.

rás en el nombre *Ayin Beth,*[2] en la guematria del temor (פחד)[3] se hallan *Jet Mem* y *Lamed Jet,* que es humedad de la Luna, y su sentido es *Mem Jet Mem Dalet* en *Mem Alef Dalet Mem Alef Dalet.* La sangre húmeda es medida húmeda de agua, que es su corazón que la golpea. Su secreto es la sangre y el corazón grande, y el gran medio entre ellos es el pánico, grande para las naciones y bueno para el judío, pues la *Iod* purifica, porque la Luna está en el corazón del Sol.

Por eso, *Hod* (esplendor) purifica también el secreto sobre ellos, porque es el sacerdote. Y se sabe que los intelectos son el principio de la existencia en las aguas, que son el corazón de los órganos. Ya fueron distinguidos en ellos para que el hombre, mediante ellos, reciba sabiduría, la cual purifica y purifica a quien es purificado.

La medida rueda como una rueda y mide como medida. Une los dos, misericordia (חסד) y temor (פחד), y encontrarás en el final de las palabras ח"ד סו"ף ח"ד ז"ה סו"ף ז"ה, y éste es el final del movimiento.

2. Es decir, 72.

3. Guematria 188.

והנה העולם הזה, לעלם בהעל"ם הזה מעין עדן, מגיע לפנים לפנים שמו דין ערפל אשר שם האלהים (שמות כ, יה), והמדה האמצעית שמה תפארת, והוא מכריע מעריך ומסדר ואחר שהדבר כן מה תבקש ממי שמדבר בזו החכמה העליונה שהיא משותפת עם התחתונה בשתוף האור עם הנקוד, ובשתוף החמה עם הלבנה, ובשתוף החכמה עם הבינה, שיוכל לדבר לך בזו מלב עדי זה כי הכרח הוא למי שידבר בזו שישוב לזה וירוץ וישוב מזה לזה ומזה לזה, גם הוא הכרחי שיכנס בנתים האמצעי שהוא מבדיל בין שתיהם, וע״כ גם תראני מתחיל בדבר ואני מדלג ממנו לזולתו אל תאשימני כי כן חיים החכמה, וע"כ נאמר עליה ונעלמה מעין כל חי ומעוף השמים נסתרה (איוב כה, כא), לפיכך אמר ותעלומה יוצא אור, ואחר שהפשטתי צורת האשם מלבך לבלתי תאשימני, על מה שרמזתי מהדלוג אעסק שלא יקשה עליך מה שאדבר בו, ועתה, ואמנם הדלוג הגדול הדלוג מרבבה, כלומר דלוג מאחר מרכבה, וכן התורה מעידה על זה ומעידה לבבנו אל זה הסוד המופלא שאגיד לו חכמו ישכילו זאת יבינו לאחריתם (דברים לו, כב), איכה ירדוף אחד אלף ושנים יניסו רבבה (שם לב, ל), ורמזה עוד ורדפו מכם חמשה מאה ומאה מכם רבבה ירדופו (ויקרא כו, ה), ואף שלמה אמר בחכמתו מבוארת מצאתי אמרה קהלת אחת, לאחת למצוא חשבון (קהלת ז, כז):

He aquí que este mundo, oculto eternamente en este ocultamiento, es un manantial del Edén, que llega al interior del interior, cuyo nombre es *Din* (ley), *Arfel* («niebla», «oscuridad»), «donde está Dios» (Éxodo 22, 18). La medida intermedia se llama *Tiferet*, y es la que decide, ordena y organiza. Y siendo así, ¿qué puedes esperar de quien habla de esta sabiduría suprema que está unida a la inferior mediante la asociación de la luz con los puntos vocálicos, de la unión del Sol con la Luna, y de *Jojmah* con *Binah*?

Es necesario que quien hable de esto vaya de un lado a otro, de aquí para allá y de allá para acá. También es imprescindible que pase por el medio, que separa ambos extremos. Por eso me verás comenzando un asunto y saltando a otro; no me culpes, porque así vive la sabiduría. Por eso está dicho de ella: «Está oculta de los ojos de todo ser viviente, y encubierta a las aves del cielo» (Job 28, 21).

Por eso dice: «Y de la oscuridad sale luz». Y ahora que he apartado de tu corazón la forma de la acusación, para que no me culpes por lo que he insinuado sobre los saltos, trataré de que no te resulte difícil comprender aquello de lo que te hablo.

Ahora bien, el gran salto, el salto de la miríada, es decir, el salto que viene después del Carro. Así también la Torah atestigua sobre esto y dirige nuestro corazón hacia este secreto maravilloso, del cual dice: «Los sabios comprenderán esto y entenderán su final» (Deuteronomio 32, 29). Y también: «¿Cómo podría perseguir uno a mil, y dos hacer huir a una miríada?» (Deuteronomio 32, 30).

Y también lo insinuó: «Cinco de vosotros perseguirán a cien, y cien de vosotros perseguirán a una miríada» (Levítico 26, 8).

Incluso Salomón dijo en su sabiduría: «He hallado lo siguiente, dice *Kohelet*, una por una, para encontrar la cuenta» (Eclesiastés 2, 27).

וזה הוא סוד כל ההשגות לבך אליו תחלה הקדמתי זאת המועילה מאד, אין שום חכם סופר בזה ואף כי הוא מורגש ונגלה לכל, שהאדם שבו כח פנימי נפעל ומשתנה לעתים מקבל צורת הדבור, ויודע שאם הוא שומע לדבר טוב, כחו מתפעל מיד לפי מה ששיער וצייר מהטוב ההוא השמחה והתענוג לציור ההוא, עד היות הציור ומהציור המצוייר, והמצייר דבר אחד בפעל אחד שהיה בכח, כי תחלה היא הציור כח, וצריך אל נושא מונהג כל כח אשר נשאוי:

Éste es el secreto de toda comprensión: que tu corazón se dirija a él primero. He anticipado esto, que es de gran utilidad. Ningún sabio ha escrito sobre ello, aunque se perciba y se revele a todos: que en el ser humano hay una fuerza interior que actúa y cambia en los momentos en que recibe la forma del habla. Y, si escucha una palabra buena, su fuerza se conmueve de inmediato, según lo que haya estimado y representado de ese bien, la alegría y el deleite por esa imagen, hasta que la imagen, y lo imaginado a partir de ella, y quien la imagina, se convierten en una sola cosa, en una única acción que estaba antes en potencia.

Porque primero la imagen es potencia, y luego necesita de un sujeto que lleve y conduzca toda fuerza que ha de ser conducida.

אמנם הנושא כח הציור הנשוא הוא האנוש, כלומר שיש לו כח לצייר, ואע"פ שפעל הציור נעדר ממנו עתה בפועל, כלומר שעיקר אינו מצייר, וא"כ הפעל שהוא הכח הנפשי הדברית הוא המצוייר הנושא כח הציור, כמו עין בכח האיש נושא כח, כמו פעמים בכח ופעמים בפעל, והנה מוציא מהכח אל הפועל הוא הפועל באמת, וכבר יקרא הפעול חוץ ממנו, שאלו היה בו היה צורת הכח נמצאת בפועל תמיד לא היה לו מונע, ואם היה לו מונע, ואם היה לו והוא סר בעצמו מכח זולתו שהסירו ידוע שהמסיר המונע הוא אשר מונע לו עליו שהוציא מן הכח את הפועל, ע"כ באנו דע לנו שכל שמועה טובה, אצל האדם בכח קרוב או רחוק שישמענה ועתה לא שמע שמעה:

Sin embargo, el sujeto que tiene ese poder de conducir es el ser humano, es decir, aquel que tiene la capacidad de imaginar, aunque el acto de imaginar esté ahora ausente en él en acto, es decir, que esencialmente no está imaginando. Así, el poder interno del sujeto que puede crear sigue existiendo como la fuerza que sostiene la capacidad de crear, como el ojo que tiene potencial para ver en el hombre, que a veces ve en potencia y a veces en acto.

Así, quien saca de la potencia al acto es el que verdaderamente actúa. Y a veces se llama «actuado» a lo que está fuera de él, porque si estuviera en él, la forma de la potencia estaría siempre en acto y no tendría impedimento. Pero si tiene impedimento, se reconoce que quien retira el impedimento es el que permite que la potencia se transforme en acto.

Por lo tanto, debemos saber que toda noticia buena, respecto al hombre, está en potencia, próxima o lejana, que él ha de oír, aunque ahora todavía no la haya oído.

הנה זה השמועה הוא אשר הוציאה לפעל השמחה, והוא אשר את שימעול בדבריו, ובכה יקרא בהפך המדה הטובה להפעיל שחשבה בה לקבל הציור המוליד האנחה שהיא הפך השמחה ואין בכל חמדות, וכן בלא ספק כשאדם מברך את חבירו לשמוח ומוליד חשק בלב, המוכן בכחו לקבל הפועל בעת ההיא, והחשק בדבר הוא המוניע הראשון, ולכל חושק חשוק וידוע לא יצוייר ענין הברכה ומהותה בשומעו והדבור הברכה בהסכמה, לא יתכן שיתפעל לעולם לא לפעל בברכו אותו ולא לפועל דאגה מכעסת בקללו אותו, וע"כ יברך או יקלל איש את איש בלשון בלתי אך מוסכם בין שניהם לא יתעורר המקולל או המדבר, אל שום ציור הפעולות בנפש מפני שהחסר הכלי שעל ידו פועל זו ונפעל זה, וסוד שזה דבר וזה לא יבין דבר מעלימה שדבר, וג"כ מצד המדבר המכוון, הרי הוא אצל המדבר כאלו לא אמר שום דבר ואצל השומע כאלו לא שמע כלום, והיה הכח הנמצא במקבל אצל זה הפועל לבטלה גמורה, והנה ג"כ בו כאלו הוא לבטלה, וג"כ מצד המדבר המכוון להשמיע ולכונן את כוח השומע המכין בכל היה דבורו לבטלה אחר שלא פעל דבורו הפועל אשר אליו כיון במדבר, כן הענין בעצמו זה הסוד שאנו מדברים בו לא תשלם להוציא השכל מן הכח אל הפועל, עד שיהיו הדברים נשמעים ונבחנים עד שיושכלו, ואחר שהדבר כן, כל מה שתשמע בחכמת צרוף האותיות או בהפוכם ובגלגולם ובהמרתם ובקשרתם ובסופם ובתוכם ובמשקלם בבחינת כל דבר ודבר ראוי שתדע שאין בו לית, גם בכל מה שאודיעך שתפעל אלא כדי להוציא שכלך מכח לפועל:

He aquí que esa noticia es la que provocó la alegría en acto, y es aquello en lo que se percibe el gusto de sus palabras. Y en llanto se llama lo opuesto a la buena medida: hacer que el pensamiento reciba la imagen que genera el suspiro, que es lo contrario de la alegría, y no hay en ello ninguna delicia.

Así también, sin duda, cuando una persona bendice a su compañero para que se alegre y genera deseo en el corazón, que está dispuesto en su potencia para recibir la acción en ese momento, el deseo por la cosa es el primer motor. Para todo deseante hay un objeto de deseo, y es sabido que no puede concebirse la bendición ni su esencia al ser escuchada, y que la palabra de bendición con aceptación no puede jamás producir efecto: ni al pronunciarla bendiciendo ni al producir una preocupación al maldecirlo.

Por lo tanto, si alguien bendice o maldice a otro sin que haya aceptación entre ambos, no se despertará en el maldecido o en quien escucha ninguna imagen de acciones en el alma, porque falta el recipiente mediante el cual uno actúa y el otro es actuado. Y el secreto es: si uno dice algo y el otro no entiende lo dicho, entonces también, por parte del que habla con intención, es como si no hubiese dicho nada, y por parte del que escucha, como si no hubiera oído nada. Y la fuerza presente en el receptor, respecto de este acto, ha quedado en total inutilidad. Y también para el hablante, como si fuera en vano.

El poder que se encuentra en el receptor para esta acción queda en total inutilidad. Así también, del lado del hablante que intenta hacer oír y preparar la fuerza del oyente, todo su discurso ha sido en vano si no ha producido efecto con su palabra según su intención al hablar.

Así es exactamente este secreto del que estamos hablando: no se completará la salida del intelecto de la potencia al acto hasta que las palabras sean oídas y sean examinadas hasta que sean comprendidas. Siendo así, todo lo que oigas en la sabiduría de la combinación de las letras, o en su inversión, en su rotación, en su transformación, en su unión, en su final, en su interior y en su peso, en la evaluación de cada asunto, debes saber que en ello no hay vacío, y todo lo que te comunique actuará para sacar tu intelecto de la potencia al acto.

והנה אתן לך התחלה לך שערי הבינה בה כאשר תעשינו, ומזה החכמה שתדע שבכל עת שאתה עושה מה שאומר לך מן הצרוף, ולבך מתעורר בו שאתה מוסיף עליו חשק על חשקך, וכחך חזק עליו מצד החושק, ואם מציאות הפועל עודנו נעדר ובחשק הזה מוליד בלבך חשק שני חזק הראשון, ובשלישי חזק מן השני עד שיהיה חשקך השני כפול, הרי הוא בשיעורו כפלים מן הראשון, והשלישי הורכב עד שיהיה בשיעורו הוא שלשת כפלים, כלומר שוה בשיעורו לראשון ולשני והרביעי כפלים מהשני, ושוה לראשון ולשלישי בשיעורו, והחמישי שוה לשיעורו לראשון לרביעי שהוא שיעור השני והשלישי, וכן עד תשלים עשרה שחקים שסודם עשרה חשקים, שלשה חשקים ראשונים, ושבעה חשקים אחריהם שאלה שלשה שחקים ואלה שבעה שחקים, כלומר שמהם סיבבו עשרה גלגלים, אז תדע שהגלגל השכלי העשירי שהוא גלגל השכל המצוייר באותיות בפועל, ומוציא שכלך מכח לפועל תמיד כל עביו שלא יחסר החשק מחמרו הנושא אותו שהוא צורף שוכלת בו, וזה היא צורת החשק המופלא הזה הנזכר ועין בו מאד ותפלא מנפלאות מאמתו, עיין באלו הצורות הנאצלות בדמות החשק, וראה סוד הכפל וזכור שלמה למשה בסוד האפר שסוד ידוע ו'ז'ח'ט'י', מן חציו שהוא חצי פע"ל, והוא נול"ד מן י"ט מחזור הלבנה וחכו א'ד'ם' נולד מן ט' כפול ומן ו' פעמים י"ב שעלו כל"ם מל"ך, וזהו סוד מים בהם רחמים רבים, ותשוב כ"ט כפול ותכיל בלבך מחשבת חכמה כלומר חכמת ספירתו, ותבין ממנו סוד היותו מעשה חושב וצבעו תכלת וארגמן ותולעת שני ושש משזר, והם אבני החושן שעליו סודם יגידנו לך החש"ק שהוא מקור בינה, והוא ג"כ הנשימה גם חותם שהנה אהרן אור החשק הוא אור עצום, והוא זהר כל העולם, והוא שם המיוחד אשר והשם מיחדו בצורת ספר החיים, והוא קץ כי הנה הוא מנהיג כיצד שהוא מצד החכמה, כדמות משה הנביא, וככה ראהו יחזקאל בצורת המ"ח ספירי, ואם ימחול לך עונותיך ביום הכפורים, ותוכל לומר אהבתה של החכמה נדבקה בה, ונפשי חשקה במציאותה:

He aquí que te daré un comienzo: entra por las puertas del entendimiento en ella cuando la pongas por obra. Y de esta sabiduría has de saber que, cada vez que hagas lo que te diga en relación con el *Tzeruf* (combinación de letras) y tu corazón se despierte en ello, estarás añadiendo deseo sobre deseo, y tu fuerza se fortalecerá en ello desde el lado del que desea.

Aunque la existencia del agente aún esté ausente, con este deseo se engendra en tu corazón un segundo deseo más fuerte que el primero, y un tercero más fuerte que el segundo, hasta que tu segundo deseo sea el doble del primero en medida, y el tercero esté compuesto de tal modo que sea el triple, es decir, igual en su medida al primero y al segundo juntos. El cuarto será el doble del segundo, igual en medida al primero y al tercero, y el quinto igual en medida al primero y al cuarto, que es la medida del segundo y del tercero.

Así hasta que completes diez cielos, cuyo secreto son diez deseos: tres primeros deseos y siete posteriores deseos. Estos tres son los tres cielos, y aquellos siete son los siete cielos, de los cuales giran diez esferas. Entonces sabrás que la décima esfera intelectual es la esfera del intelecto formado en las letras en acto, y extrae tu intelecto de la potencia al acto constantemente, todo su grosor sin que falte el deseo de su materia que lo soporta, que es el orfebre que lo trabaja.

Ésta es la forma de este maravilloso deseo mencionado. Obsérvala bien y maravíllate de las maravillas de su verdad. Observa estas formas emanadas en la semejanza del deseo y contempla el secreto de la multiplicación, y recuerda lo que Salomón enseñó a Moisés sobre el secreto del polvo *(Efer),* cuyo secreto es conocido: *Vav, Zain, Jet, Tet, Iod,* desde su mitad, que es la mitad de «acción» *(Paal),* y que nace del ciclo de diecinueve de la Luna, y de su medida Adam nace del nueve multiplicado y del seis veces doce que suman *Kulam Melej* (la plenitud del Rey).[4]

Éste es el secreto de las aguas, en las cuales hay mucha misericordia. Y vuelve a veintinueve multiplicado, y abarca en tu corazón el pensamiento de la sabiduría, es decir, la sabiduría de su numeración *(Sifrató).* Y comprenderás de ahí el secreto de su ser «obra de artífice», y su color es azul celeste, púrpura, carmesí y lino torcido. Y son las piedras del *Joshen* (pectoral) sobre el que su secreto te lo anunciará: el *Jeshek* (deseo), que es fuente del *Binah* (entendimiento), y también es la respiración, también el sello.

He aquí que Aarón es la luz del deseo, una luz intensa que es el resplandor de todo el mundo, y es el nombre singular que el nombre aparta en la forma del Libro de la Vida. Y es el fin, porque he aquí que es el conductor conforme a la sabiduría, a la manera de Moisés el profeta. Y así lo vio Ezequiel en la forma de las cuarenta y ocho piedras preciosas, *Majetz Safiri* (el resplandor de zafiro).

Y si él perdona tus pecados en el Día del Perdón *(Iom Kippur),* podrás decir: el amor por la sabiduría se ha adherido a mí, y mi alma ha deseado su existencia.

והנה החשק מיין בבטני ומנגן בחדרים מיד תדע זה הפועל בהיות פעלו עצום בך שאלוהיך בקרבך וכדבר חבת על כבוד קונך הלא הוא אביך קניך (דברים לב, ו):

He aquí que el deseo es como vino en mis entrañas y entona melodías en ellas; inmediatamente sabrás, al ser esta acción intensa en ti, que tu Dios está en tu interior. Pues como quien expresa afecto por el honor de su creador, ¿acaso no es él tu padre y tu hacedor? (Deuteronomio 32, 6).

4. Guematria 180.

והנה סוד פתוחי חותם חמשה, קח ממנו פתוח והופך הנשאר מסופו עד עשרה ותבין מיד, וגם סוד פתוח החותם, והסוד החשק מתהפך בסוד אותיות שהם מגלה הדעת, והם מפתח היסודות, ו'מ'ת'ח' ומפתח הסבות כי מפתח נפש גם מפתח הגויות וזהו ענין בכלי מרכבה מכוחותיו ומת החכמות מהכוחות והכוחות מהחכמות, ומזה תדע כי הנשמה המחיה ממיתה ג"כ נשמה הממיתה ממה, והסוד תרם הוא כי הזכר מחיה והנקבה ממיתה והזכר המחיה ממית את הנקבה, והנקבה והזכר עידי המציאות כולו:

He aquí que el secreto de *Petujei Jotam* (grabados de sello) son cinco. Toma de ello un grabado y voltea lo que queda desde su final hasta llegar a diez, y entenderás de inmediato. Y también el secreto del *Petijat haJotam* (la apertura del sello). Y el secreto es que el deseo se transforma según el secreto de las letras, que revelan el conocimiento y son la llave de los fundamentos: *Vav*, *Mem*, *Tet*, *Jet*, y la llave de las causas, porque son la llave del alma y también la llave de los cuerpos.

Éste es el asunto en el Carro *(Merkavah)* de las fuerzas: de las sabidurías provienen las fuerzas, y de las fuerzas las sabidurías. Y de esto sabrás que el alma que da vida también da muerte, y el alma que da muerte da vida.

El secreto elevado es que el varón da vida y la hembra da muerte, y el varón que da vida mata a la hembra. Así, la hembra y el varón son testigos de toda la existencia.

והנה המדות המתהפכות פנים ואחור וחכמתי חכמתי וחכמתו חכמתי, ואם תחכם בחכמתיך תדע דעתי וכשתצא בו בדעתו בדעת, כלומר שתשיגנו בחכמתו בדעתו בדעות בחכמות חכמתו דעת, והנה חכמתו דעתי גם דעתו חכמתי, אז תדעי דעתי זאת ותבין כונתי בגלגול פתוחי חותם אשר הוא חתום בגשם, והוא מורה הצורות בחותם בשר, גם צורתן המורה היא מבשרת:

He aquí que las medidas se transforman hacia adelante y hacia atrás: mi sabiduría es mi sabiduría y su sabiduría es mi sabiduría. Y si te haces sabio en tu sabiduría, conocerás mi conocimiento, y cuando entres en su conciencia, en su conocimiento, es decir, cuando lo alcances en su sabiduría, en su conocimiento, en los conocimientos, en sus sabidurías, su sabiduría será conocimiento, y he aquí que su sabiduría es mi conocimiento y también su conocimiento es mi sabiduría.

Entonces conocerás este conocimiento mío y entenderás mi intención en el giro de los grabados del sello, el cual está sellado en la materia, y muestra las formas en el sello de carne, y también su forma reveladora, que es la que anuncia.

ודע שאם הייתי רוצה להאריך בזה כל צורכו הייתי לחבר עליו ספר מיוחד לבאר בו סוד פתוחי חותם, אבל פי אהלו כי לפי כונתי בזה החבור מרכבתי הרכבה, ואמנם צריך שתדע כי אמרו שהם ב' והשמות י"ב וסוד פתוחי חותם, אבל הוא אור השמות שזה כלו היה להגיד שהאבנים הם בדמות ועל שמם נקראו ג"כ האותיות אבנים, בספר יצירה (פ"ד מי"ב) באומרו שתי אבנים בונות שתי בתים, וג"כ הנה האותיות הם הנשמות לאבנים והאבנים ממרים נושאהם לנשמות, ומפני שהחומר נושא את הצורה והוא כולנו בזה הצורה בדמות שקועה, והיודע סודם ידע כי הקבוע שקלנו והטבוע קל, כי השקוע כולנו גם הטבע כולנו ממית חותם מפתוח, כי האבנים שהיו אבני שהם היו מפותחות פתוחי חותם איש על שמו, כי כך הם על שמות בני ישראל, והם אבני זכרון:

Debes saber que si quisiera extenderme en esto como corresponde, necesitaría componer un libro especial para explicar en él el secreto de los grabados del sello *(Pitujei Jotam)*. Pero he contenido mi boca, porque según mi intención en esta composición, mi estructura es otra. Sin embargo, debes saber que, aunque se dice que son dos y que son doce los, y el secreto de los grabados del sello *(Pitujei Jotam)* es la luz de los nombres, todo ello era para indicar que las piedras son formas, y que por su nombre también las letras son llamadas «piedras».

Así en *Sefer Yetzirah* (4, 12), se dice: «Dos piedras construyen dos casas». Igualmente, las letras son las almas de las piedras, y las piedras muestran sus portadores, las almas. Y puesto que la materia sostiene la forma, y nosotros estamos completamente sumergidos en la forma. Quien conoce su secreto sabrá que lo fijo pesa y lo impreso es ligero, pues lo sumergido en nosotros y también lo natural en nosotros produce muerte a partir del sello abierto.

Porque las piedras que eran piedras de ónice *(Avnei Shoham)* estaban grabadas con grabados de sello, cada una con su nombre, tal como eran los nombres de los hijos de Israel, y son piedras de memoria.

והנה החשק רבות כפול שנאמר רבוע היה כפול זרת ארכו וזרת רחבו (שמות לט, ט), והנה רבוע כפול יחד יורו על סוד חצי האו"ת כחי"ת, וסודו ארכו רחבו תחלה, והוא סוד הלח"ת הלח"ת, וכן ארכו ורחבו השנו הלחו"ת המדרש בדמות שם, עגול זרת וזרת סודם התרה הקשרה, כלומר אם ארכו יותר על רחבו יקשור ואם רחבו יתר ארכו יקשור, כי יתכן להיות זולת זה כי הוא חשן משפט שמו צרפהו ותדעהו, כי הוא מונה על שמים וארץ, והוא מבריח מן הקצה אל הקצה (שמות כו, כה), מן ר' אל ר' ועיין ותכירהו:

He aquí que el deseo es múltiples veces duplicado, como está dicho: «Era cuadrado, doble, un palmo de largo y un palmo de ancho» (Éxodo 39, 9). Y he aquí que cuadrado y doble juntos aluden al secreto de la mitad de la letra *Jet* (ח), y su secreto es que su largo y su ancho son primero, y éste es el secreto del *Lajet Lajet.*[5]

Así también su largo y su ancho repiten las *Lajut* (הלחו"ת), «inscripciones», la enseñanza en forma de nombre. Círculo, palmo y un palmo, es el secreto de desatar lo atado: es decir, si su largo excede su ancho, ata; y si su ancho excede su largo, ata.

Porque es posible ser de otra manera, ya que es el pectoral del juicio; su nombre combínalo y lo conocerás, porque cuenta sobre los Cielos y

5. «Ardor ardor», guematria 886.

la Tierra, y atraviesa de un extremo al otro (Éxodo 26, 25), de *Resh* a *Resh*; obsérvalo y lo reconocerás.

והנה סוד אבנ"י זכרון שמו (שם לט, ז), ונודע מצויר מצויר ומצירו דעם:

He aquí el secreto de las «piedras de memoria» (Éxodo 39, 7), y es sabido: grabado, grabado, y el que graba tiene *Daat* (דעם).

וצריך אתה לדעת סוד ק"ץ שהוא פנימי עולם מעלים כחו מכניע זולתו מבקש למצוא יום יום נקם כאומרו כי יום נק"ם בלב"י ושנת גאול"י בא"ה (ישעיה סג, ד), בשנת א'מ' [ה' אלפים מ'] וכל קצה נקמה הם קצה ה', והנה כולל כמה כללים ג' פעמים כמה נקמה, ואם שלשה שמות וכולם כפ"ל בה"ם שתתעורר אל הגלולים שתחשוב, שכונתי בך לבלבל דעתך עד שלא תבין דבר מרוב הצרופים:

Debes saber el secreto de *Ketz* (קץ),[6] que es el interior del mundo, que oculta su fuerza, somete a su prójimo, buscando hallar cada día la venganza, como está dicho: «Porque el día de la venganza está en mi corazón y el año de mi redención ha llegado» (Isaías 63, 4), en el año cinco mil. Y todo fin de venganza es el fin de Dios.

Y he aquí que incluye varios principios: tres veces *kama* (cuánta) venganza, y también tres nombres, y todos ellos duplicados con la letra *He*, para que te despiertes hacia los ciclos que pienses; mi intención es confundirte hasta que no entiendas nada debido a la abundancia de combinaciones.

---

6. Literalmente, «final».

אבל תדע בדמות שכונתי היא הפך ממחשבתך, אבל מפני שתתחדש לך שום ידיעה מן הענינים אשר הם עמוקים, על כן כתבתי מה שראיתיו ראוי לכתבו וחשבתיו למועיל בחכמה הזאת, המורה סוד תחת אשר החבור מעורר הנפש אל דבקותו, ועל זאת אתה צריך להשתדל מאד בעיין השכלי כי הכח יתכן שמה שמר אהלך לבטלה מפני גלגלתו מחשבתך הגלגול הצריך לו, הוא השרש והעיקר ותחתיו סוד נורא מאד והמופת על זה הוא זה, דע כי פעמים רבות תמיד שיכתוב אדם דבר אחד מצור"ף, והצירוף ההוא הוא נודע ומבואר מאד לפי שכלו וצרפו לך, וכונתו לבחון כח השגת מחשבתך בו, אם היא זכה וברה שיעור השתדלות ודעתך בחכמה ונתן לך נתיבות שתשיגנו מהם, וכל זה כדי לחדד שכלך והדבורים שיכתוב לך יתכן שיהיו רבים או דבר אחד או שנים, ויתן לך רמזות עד שיפתח לבך ויכינהו לקבל המושכל, והצרוף ההוא יהיה כדמות זה שאצרף לך אני להורות לך דרכי על דרך משל ההוא זה, ת"ג ר"ש:

Pero debes saber que mi intención es lo opuesto a lo que tú piensas. Sin embargo, como se te renovará algún conocimiento de los asuntos que son profundos, por eso he escrito lo que consideré adecuado escribir y lo estimé útil en esta sabiduría, que enseña el secreto bajo el cual la obra despierta el alma hacia su adhesión (*devekut*).

Por ello debes esforzarte mucho en el estudio intelectual, pues es posible que lo que inicialmente te parezca confuso sea en realidad –por la rotación misma de tu pensamiento, porque éste requiere de rotación–la raíz y el principio, y que debajo de ello haya un secreto sumamente temible. Y la prueba de esto es la siguiente: debes saber que muchas veces, habitualmente, una persona escribe una cosa compuesta *(Tzeruf)*, y esa combinación es conocida y muy clara de acuerdo con su intelecto, y la compuso para ti.

Su intención es examinar la capacidad de comprensión de tu pensamiento respecto a ello; si es puro y claro, medirá tu esfuerzo y tu conocimiento en la sabiduría, y te dará caminos por los cuales puedas alcanzarlo.

Las palabras que te escribirá pueden ser muchas, o una sola, o dos, y te dará indicios hasta que se abra tu corazón y se disponga a recibir lo inteligible.

Esa combinación *(Tzeruf)* será como la que yo mismo voy a combinar para ti, para mostrarte mis caminos a modo de ejemplo, que es ésta: ת"ג ר"ש.[7]

והנה אלו הם שני דברים מצורפים ומספרם ודה"א המוכרח ת'ת'ק'כ'ט', והוא ידוע אצל הכתוב ככותבו מצורף ו"ה כ' תיבות שאין בכל התורה כמותן, והם בספר בראשית שהוא ראשון חומשי תורה, והתיבה הראשונה בת שלוש אותיות, וחרבתה דבקה אל חזק ואמיץ וחשוקיהם כסף וזה שאם תדע הראשונה שהיא הקטנה, ותדע השנית שהיא הגדולה מפני רוב הדבקות שביניהם וצירופם ונראה שבזה הדרך הקטנה שהראיתיך תוכל להבין דרכים רבים אחרים:

He aquí que éstos son dos cosas combinadas y su número es 559, y es conocido respecto al texto tal como está escrito, combinado en 25 palabras,[8] que no hay en toda la Torah otras como ellas, y están en el libro de Génesis, que es el primero de los cinco libros de la Torah.

La primera palabra es de tres letras, y su destrucción está unida a «fuerte y valiente» y su anhelo es plata. Y esto es que, si conoces la primera, que es la pequeña, y conoces la segunda, que es la grande, debido a la gran unión entre ellas y su combinación, parecerá que por esta vía pequeña que te he mostrado podrás comprender muchos otros caminos.

---

7. Es decir, «corona-cabeza».
8. Los versículos Génesis 1, 1-2, suman exactamente 25 palabras. Podría aludir también a las 25 letras del *Shemá Israel* (Véase Zohar 2, 12b; y 2, 115b). En el Zohar 2, 139b, podemos leer que Moisés grabó y estableció veinticinco letras en correspondencia con el versículo del *Shemá*, como está escrito: «Escucha, Israel: el Eterno es nuestro Dios, el Eterno es Uno» (Deuteronomio 6, 4). Y estas veinticinco letras están grabadas y talladas de acuerdo con el secreto de Arriba.

כי זה הדרך האלוהית המקובלת ענינה הוא תמה לשפע השכל בעצמו אשר ממנו נשפעה, שאין ספק כל אצל משכיל דבר ממנו שהשפע זעם שיקבלנו המקבל וישיג ממנו צורת חכמה כללית בלא זמן שכל חכמות גדולות עצומות ורמות, שאם היה עומד עליהם שנתים ימים עד"מ לא היה יכול למצאם, והוא ימצאם ויקבלם בהגיע בממריה כהרף עין השפע, ומרוב שמחתו בו יוסיף לו השכל תענוג מצורף עם חמ"ר חכמה ומחובר עם בינה ומשותף עם דעת עד שיראה למשכיל המקבל ששובו הבלי עולם, והפרדו מהשכל הוא דמות אצלו ושתופו עמו הוא חיים, אע"פ שיש להשגתו גבול ולא יעברנהו, כי הוא הכרחי בדמות טבעיי וגם השחוק יותר מדאי יתחייב שתפיר נפשו מגופו כטבע או יקרה לו מקרה ופגע הקורה למי שלא ששמח פתאות יותר מכדי יכלת הטבע לבו או דאג, כי שתי המדות הללו כשאר מדות הנפש עוברות בגבול ונטרד בעליהן, גם נחסרות ומתהפכות כדמות הפוך השחוק המביא לידי בכיה כשירבה מציאותו, וכן הפכי הדמות כלן, וכבר אמרו ז"ל (סנהדרין פא.) כל הבועל ארמית קנאין פוגעין בו, וסודו תמורה כוללת כל הלשונות, וכן נאמר ויקחו לי תרומה (שמות כה, ב), כמו שביאר:

Porque éste es el camino divino recibido: su esencia es maravilla para el influjo (שפע) del intelecto mismo del cual mana. No hay duda alguna, para quien posee entendimiento, de que ese influjo se vierte sobre el receptor, y le transmite la forma de una sabiduría general sin necesidad de tiempo, con la cual comprenderá grandes, inmensas y elevadas sabidurías tales que, si hubiera intentado alcanzarlas durante dos años, por ejemplo, no habría podido encontrarlas. Y, sin embargo, las encuentra y las recibe al llegarle el influjo en sus palabras tan rápido como parpadea un ojo. Y de la gran alegría que siente, el intelecto le añadirá un deleite unido con la sustancia de la sabiduría, acompañado de comprensión y compartido con conocimiento, hasta que al sabio receptor le parezca que todo retorno a las vanidades del mundo es como muerte, y su unión con el intelecto es vida.

Aunque su percepción tiene un límite que no podrá sobrepasar, porque así es necesario conforme a la naturaleza. Además, una alegría desbordada podría hacer que su alma se desprendiera de su cuerpo, como es natural, o podría sufrir un accidente o una desgracia, como suele ocurrir a quien se alegra repentinamente más allá de la capacidad natural de su corazón, o a quien se angustia.

Porque estas dos facultades, como las demás cualidades del alma, si exceden su límite, el que las posee se ve perturbado por ellas; y también pueden disminuir y transformarse como en el caso del exceso de risa, que lleva al llanto cuando se torna excesiva su presencia. Así ocurre con todos los opuestos de las formas.

Y ya dijeron nuestros sabios (Sanhedrín 81a): «Todo el que se une a una aramea, los celosos lo hieren», y su secreto es una permutación que incluye todas las lenguas. Y también está dicho: «Y tomaréis para mí una ofrenda» (Éxodo 25, 2), como ya ha sido explicado.[9]

תמורה ומתרה ומוזהרת לאדם להיות ולקחת לשם השם, מפני שלא יהיו רשאין המה נוהגין לפגוע כי הוא סודה מאיר"ת עינים והיא ארמאי"ת ונסתרה מתירה, כלומר גוף ראשון, ור"ל אשר גופה ראשון, והנה אצל תרומה תרי ממאה וגלו הסוד שהוא מצורף מהארמית וכבר דמותו בכ' התיבות המצורפות שהם בסוד א'ג'ו'ר'ג' כ"א לע"ד לעבד"א, ואחר זה תעיין במדרגת המערכות האלה:
א' י'. י"א כ'. כ"א ל': ב' ט'. י"ב י"ט. כ"ב כ"ט: ג' ח'. י"ג י"ח. כ"ג כ"ח:
ד' ז'. י"ד י"ז. כ"ד כ"ז: ה' ו'. י"ה י"ו. כ"ה כ"ו:

Permutación (תמורה), liberación (מתרה)[10] y advertencia (מוזהרת) son dadas al hombre para que sea y tome en nombre del Eterno, para que no tengan ellos licencia de actuar por sí mismos para herir, pues su secreto ilumina (מאיר"ת)[11] los ojos y es de lengua aramea, y se oculta y libera, es decir, cuerpo primero, queriendo decir que su cuerpo es primero.

---

9. La guematria de *Aramit* (ארמית), «aramea», *Temurah* (תמורה), «permutación», y *Terumah* (תרומה), «ofrenda», es la misma: 651.

10. La guematria de *Temurah* (תמורה) y la de *veMatreh* (ומתרה) es la misma: 651.

11. La guematria de *Mairat* (מאיר«ת) también es 651.

Y respecto a *Terumah* (ofrenda) que es dos de cada cien, revelaron el secreto de que está compuesta a partir del arameo. Ya se ha asemejado en las veintidós palabras compuestas, que son en el secreto de: *Alef, Guimel, Vav, Resh, Guimel, Kaf, Alef, Lamed, Ayin, Lamed, Ayin, Beth, Dalet, Ayin, Beth, Dalet, Alef.*

Después de esto, contempla los niveles de estos sistemas:

Alef Iod, Iod Alef Kaf, Kaf Alef Lamed;
Beth Tet, Iod Beth Iod Tet, Kaf Beth Kaf Tet;
Guimel Jet, Iod Guimel Iod Jet, Kaf Guimel Kaf Jet;
Dalet Zain, Iod Dalet Iod Zain, Kaf Dalet Kaf Zain;
He Vav, Iod He Iod Vav, Kaf He Kaf Vav.

הנה אלה שלשה מערכות של סוד הספירות מתגלגלות מן ט' אל ט' ומן י' אל י' אל י"א, ועל זה תהיה ספירות י' בדמות מכריע בנתים, וזהו מה שנאמר בספר יצירה (פ"א מ"ד) עשר ולא תשע עשר ולא אחת עשרה, שענינו עשרה ולא תשעה שהוא מורה על התגלגלות כח סוון י' ולא י"א שהוא מורה על השארות התוספות מתגלגל והוא מזכה ואם הוא שמאלו, והראשון הוא מחייב ואם הוא ימיני, אבל מורה על ההשואה ועל שימת שלום בין ט' שחסר אלף מן יכין י"א שנוסף בו על י' ובהשיב ה"י אל ט' צורת אל"ף שלקח ממנו לחסרו ישובו עם ט' לספירת י' ויהיו אך ג' ספירות מן ג' יודין האלה י"י, יובן סודם ויורו שלשתם על יהו"ה אחד עד שיהיה סוד כחו מתגלה ממנו באמתתו בסוד הכפל בדמות מציאות:

ב' מן א"א: וג' מן א"ב: וד' מן א"ג או מן ב"ב: וה' מן א"ד או מן ב"ג: וו' מן א"ה או מן ב"ד או מן ג"ג: וז' מן א"ו או מן ב"ה או מן ג"ד: וח' מן א"ז או מן ב"ו או מן ג"ה או מן ד"ד: וט' מן א"ח או מן ב"ז או מן ג"ו או מן ד"ה: וי' מן א"ט או מן ב"ח או מן ג"ז או מן ד"ו או מן ה"א ה"ה:

He aquí que éstas son tres configuraciones del secreto de las sefirot, que se despliegan de nueve en nueve, y de diez en diez hasta once. Por esto están las diez sefirot como un árbitro entre ellos, y esto es lo que se dice en el *Sefer Yetzirah* (1, 4): «Diez y no nueve, diez y no once», cuyo sentido es: diez y no nueve, indicando el despliegue de la fuerza del número diez; y no once, indicando que todo exceso adicional se despliega, pero es purificado incluso si es a su izquierda. El primero, aunque esté a la derecha, obliga.

Pero indica la igualdad y el establecimiento de la paz entre el nueve, que carece del *Alef*,[12] y el once, que suma una sobre el diez.[13] Y al devolver la He a nueve, se restituye la forma del *Alef* que fue retirada, y así vuelve con el nueve a formar la sefirah de diez.

Así, serán tres sefirot provenientes de tres *Iodim: Iod-Iod,* y se entenderá su secreto, y los tres señalarán a *IHVH* uno, hasta que el secreto de su fuerza se revele verdaderamente en el secreto de la duplicación (הכפל) reflejada en la forma de la existencia:

Dos de *Alef-Alef.*
Tres de *Alef-Beth.*
Cuatro de *Alef-Guimel* o de *Beth-Beth.*
Cinco de *Alef-Dalet* o de *Beth-Guimel.*
Seis de *Alef-He* o de *Beth-Dalet* o de *Guimel-Guimel.*
Siete de *Alef-Vav* o de *Beth-He* o de *Guimel-Dalet.*
Ocho de *Alef-Zain* o de *Beth-Vav* o de *Guimel-He* o de *Dalet-Dalet.*
Nueve de *Alef-Jet* o de *Beth-Zain* o de *Guimel-Vav* o de *Dalet-He.*
Diez de *Alef-Tet* o de *Beth-Jet* o de *Guimel-Zain* o de *Dalet-Vav* o de *He-Alef Hei-He.*

ובהחלק י' אל הה' הנה נחלקה האות המורה על התכלית ועל
הראשית לשני חלקים שוים בלתי מכריע ביניהם:
בכ"י חסר החלק השלישי, וחבל על דאבדין

12. Porque es 10 menos 1.

13. Porque es 10 más 1.

Y al dividir la *Iod* en la *He*,[14] he aquí que la letra que señala el fin y el principio se ha dividido en dos partes iguales, sin que una predomine sobre la otra.

En todos los manuscritos falta la tercera parte, y qué lástima por los que se han perdido.

14. Dividir 10 entre 5.

ÍNDICE